CLARA Castillo Lara

Derechos humanos. Derechos indígenas

CLARA Castillo Lara

Derechos humanos. Derechos indígenas

Y la participación de las mujeres

PUBLICIA

Imprint

Cover image: www.ingimage.com

Publisher:
PUBLICIA
is a trademark of
International Book Market Service Ltd., member of OmniScriptum Publishing Group
17 Meldrum Street, Beau Bassin 71504, Mauritius

Printed at: see last page
ISBN: 978-620-2-43159-0

Clara Castillo Lara
Coordinadora

Derechos Humanos, Derechos Indígenas y la Participación de las Mujeres del Siglo XXI

Índice

Agradecimiento... 7
Prólogo... 8
Introducción

1. La violencia en contra de la mujer como una expresión de poder..............19
Clara Castillo Lara.

2. La mujer indígena y desarrollo humano... 33
Liliana Fort Chávez.

3. Trata de mujeres indígenas, ciudadanía y empoderamiento.......................49
Armando Sánchez Albarrán.

4. Migración, condición y participación de la mujer indígena como parte del desarrollo de su comunidad (caso mujeres triquis)............................ 71
Cruz Velázquez Galindo.

5. La realidad de los derechos humanos de los pueblos originarios, entre la contradicción de un sistema capitalista...89
Marcela Salgado Díaz y Miguel Ángel Sámano Rentería.

6. Derechos Humanos, educación y pluriculturalismo en México.................109
Santa Isabel Sierra Martínez.

7. El Convenio 169 de la OIT, un recuento de su historia y aplicación...........119
David Villegas Garabita.

8. El Estado pluricultural: derechos humanos y los derechos culturales de los pueblos indígenas en México...128
Jhonatan Antonio Hernández

9. Marco Jurídico del delito de feminicidio...140
Deyanira Martínez Castro.

10. *Análisis crítico del nuevo tipo penal de tortura mexicano desde la óptica del Derecho Internacional...158*
María José Araya Álvarez y Jorge Arturo Ulloa Cordero.

A mi familia,
y a mis amigos

Agradecimiento

El presente trabajo surge gracias a la participación de los autores interesados en el tema de los derechos en general y de los derechos humanos en particular, es por eso, que, Liliana Fort Chávez; Armando Sánchez Albarrán; Cruz Velázquez Galindo.; Marcela Salgado Díaz y Miguel Ángel Sámano Rentería; Santa Isabel Sierra Martínez; David Villegas Garabita; Jhonatan Antonio Hernández; Deyanira Martínez Castro; María José Araya Álvarez y Jorge Arturo Ulloa Cordero, quienes colaboramos en la elaboración de este libro, tenemos como objetivo único enviar un mensaje para aquellos interesados en el tema del derecho indígena, para que lo lean y nos permitan la oportunidad de formar parte de su acervo bibliográfico, con la esperanza de aportar un granito de arena para crear un mundo donde participemos todos y especialmente, los pobladores indígenas, donde mujeres y niñas tengan más oportunidades de participar en la consecución de desarrollo individual y público en todos los ámbitos donde se desenvuelven.

Gracias al interés, dedicación y participación de los autores, se logró concluir este trabajo elaborado por los profesores y alumnos, interesados en el tema de los derechos indígenas, por lo que concretaron un compromiso académico que hoy se asoma a la luz. Es un proyecto alentando por el esfuerzo conjunto que compendia el esfuerzo de los profesores investigadores de la UAM-A y de Chapingo, asi como de alumnos de licenciatura, maestría y doctorado, por lo cual, resulto fructífero porque nos aportó grandes enseñanzas y gratos momentos.

Agradezco la participación y dedicación de Santa Isabel Sierra, quien, evidencio su participación comprometida para la realización de este libro, apoyando la revisión bibliográfica del texto, y puso de manifiesto su interés en el tema como estudiosa de los derechos humanos en la maestría en derecho de la UAM-A.

Igualmente, agradezco a Jhonatan Antonio Hernández, cuyo interés y dedicación en la concreción del libro comprometió sus ideas, producto de su formación académica en la UAM-A, en el estudio del tema de los derechos humanos y su búsqueda de explicaciones de las diversas formas de pensamientos que revelen el sentido de la existencia del lienzo que matiza sus ideas y aportaciones como estudioso de la maestría en derecho.

Gracias a Marcela Salgado, porque este proyecto forma parte de su lucha contra las ideas con las que pelea a diario, por los obstáculos que viven los pobladores indígenas cada vez más, pues se ven compelidos a abandonar sus tierras para migrar a otros sitios, lo que cambia su forma de vida y la de sus hijos, afectando seriamente su desarrollo. El compromiso académico de la maestra Salgado es consigo misma y con la sociedad. Por eso, continua sus estudios doctorales en la Universidad Autónoma de Chapingo.

A Itzel Ximena Camacho Oviedo, le agradezco su dedicación y perseverancia en el apoyo de la revisión bibliográfica del texto, por su dedicación y seriedad para que este material salga a ver la luz ahora.

Agradezco a todas y todos, por este proyecto conjunto y por hacer de este espacio de trabajo, un lugar donde podemos compartir ideas y conocimientos que nos unen siempre con el compromiso académico en el área de conocimiento que nos distingue haciendo de la universidad un lugar que se autoconstruye y retroalimenta indefinidamente, hacia un mejor mundo para vivir, con la plenitud que proporciona la satisfacción del trabajo arduo. Por eso, agradezco la oportunidad brindada con su amistad, colaboración, interés y apoyo, al contribuir en este libro que hoy se materializa.

Muchas gracias.

Clara Castillo Lara

Prólogo

El contenido de este libro se ubica en el marco de los *Derechos Humanos, Derechos Indígenas y la Participación de las Mujeres del Siglo XXI*, donde subyace la problemática del tema acerca del respeto a los derechos humanos, y fundamentalmente, de la posibilidad de lograr su viabilidad en México, como un país multicultural cuyas características se reflejan en un abanico colorido y heterogéneo, que cobija a una sociedad compuesta por diversas culturas complejas.

En este tenor, los autores participantes han realizado distintas investigaciones con el objeto de identificar la problemática sobre participación y desarrollo de los pueblos originarios, específicamente, respecto al planteamiento, estudio, análisis y critica de la situación de las mujeres, referido a su normatividad jurídica-social, en materia de Derechos Humanos, tanto en el estudio y comprensión del sistema jurídico doméstico, como en la implementación e incorporación de los instrumentos internacionales de protección a los derechos humanos, contenidos en los Convenios y Tratados suscritos por México, tal como lo enfatiza el artículo primero, de la Constitución Política de los Estados Unidos Mexicanos.

Para cumplir con el objeto del presente libro, se convocó a los estudiosos de la materia a participar en el proyecto de investigación, con el fin de crear; preservar y difundir la cultura respecto de la problemática de la participación y desarrollo de las mujeres indígenas migrantes del territorio mexicano. Como resultado del estudio en cuestión, surgen las voces de los académicos que integran el Área de Investigación en Derechos Humanos y Alternatividad Jurídico Social de la Universidad Autónoma Metropolitana, Unidad Azcapotzalco, de investigadores de la Universidad Autónoma de Chapingo y de la Universidad de Costa Rica, con diversos artículos que abordan temas de derechos humanos, como los llamados grupos emergentes, sobre la igualdad, los derechos de género, de la niñez, los adultos mayores, las mujeres y de los pueblos originarios, y de derecho penal, entre otros.

Entre los autores que participan en este libro, se encuentran también estudiantes de la licenciatura y maestría en Derecho, de la maestría en Planeación y Políticas Metropolitanas, y del Doctorado en Ciencias Agrarias. Por tanto, los textos que se reúnen en este libro son fruto del trabajo colectivo de profesoras, profesores, alumnas y alumnos interesados en temas de Derechos Humanos.

Clara Castillo Lara contribuye con el tópico *"La violencia en contra de la mujer como una expresión de poder"*, donde plantea que las mujeres carecen de oportunidades en distintos ámbitos y niveles, como lo serían el jurídico, educativo, político y económico. Debido a esto, México ha ratificado diversos Organismos Intergubernamentales y Supranacionales para unirse a su lucha por sus derechos.

Liliana Fort Chávez aportó el tema *"La mujer indígena y desarrollo humano"*, en el cual presenta al cosmos como una máquina imperfecta en un proceso en vías de desintegración e integración, en el entendido de que cada uno hace una apuesta al orden o al desorden, dos tendencias que coexisten y que no se superan una a otra en los casos que expone: los derechos políticos y humanos en el caso de "El resplandor" y en el caso de "Corazón del tiempo".

Armando Sánchez Albarrán presenta el tema de la trata de personas con fines de prostitución o venta de órganos como un problema complejo, siendo en esencia un problema político, debido a que la impunidad y corrupción de las autoridades judiciales en instancias locales, estatales y federales participan en la naturalización de este tipo de práctica. Lo anterior es consecuencia del gran distanciamiento entre el Estado y la sociedad, siendo un problema relevante puesto que ocupa el tercer lugar en los negocios ilícitos con mayor presencia en el mundo, seguido de la venta de armas y narcotráfico.

Cruz Velázquez Galindo presenta el tema intitulado *"Migración, condición y participación de la mujer indígena como parte del desarrollo de su comunidad (caso mujeres triquis)"*, donde establece que las mujeres migrantes mexicanas y de toda América Latina que se enfrentan a conflictos sociopolíticos y culturales sufren esta discriminación a causa de su origen.

Marcela Salgado Díaz y Miguel Ángel Sámano Rentería analizan la realidad conceptual de comunidades que, desde la construcción de occidente, no fueron incluidas por carecer de objetividad, pero siempre han estado presentes al margen de la historia narrada por la teoría dominante. Este estudio se realiza mediante diversos autores desde la psicología, lingüística y filosofía, con la finalidad de visibilizar aquellas realidades.

Santa Isabel Sierra Martínez introduce el tema sobre *"Derechos Humanos, educación y pluriculturalismo en México"*, donde analiza los Derechos Humanos como un *corpus iuris* dedicado a la erradicación de la pobreza y la proposición de la elaboración de mecanismos que mejoren la calidad de vida de los grupos más desprotegidos tales como las niñas, niños y adolescentes, así como su derecho al desarrollo individual a la educación, siendo esencial para su desarrollo individual y comunitario.

David Villegas Garabita contribuyó con el tema *"El Convenio 169 de la OIT, un recuento de su historia y aplicación"*, ensayo que pretende exponer la importancia de la participación política de los pueblos indígenas y su evolución histórica, establecido en el Convenio número 169 de la OIT, como instrumento vinculatorio que obliga al Estado mexicano a su cumplimiento.

Jhonatan Antonio Hernández presenta el tema de *"El Estado pluricultural: derechos humanos y los derechos culturales de los pueblos indígenas en México"*, donde analiza las políticas públicas mexicanas más relevantes en materia de salud, alimentación y educación, así como la manera en la que estas áreas, contribuyen al desarrollo de las comunidades y/o de los pueblos originarios en México.
Deyanira Martínez Castro ahonda en el tópico *"Marco Jurídico del delito de feminicidio"*, donde hace frente a la violencia en contra de las mujeres y analiza la evolución del conjunto de instrumentos jurídicos especializados en la prevención,

erradicación y sanción de los delitos de feminicidio. De igual manera, analiza otras tipologías de violencia como la familiar, económica, psicológica, sexual, laboral, o de género, debido a que atentan contra la "*dignidad humana*", ocasionando daño físicos, sexuales o psicológicos en las mujeres y agravándose por las distintas presiones sociales.

María José Araya Álvarez y Jorge Arturo Ulloa Cordero contribuyen con el tema *"Análisis crítico del nuevo tipo penal de tortura mexicano desde la óptica del Derecho Internacional"*, donde se plantea que la comisión generalizada y sistemática de la tortura es un hecho constatado en la región latinoamericana. México no es la excepción de esto, determinándose incluso que la práctica es común entre las agencias estatales de investigación, la policía y el ejército; siendo producto de ello que el Poder Legislativo reformado la normativa sobre la materia, y con ello, cumplir con diversas recomendaciones.

Una parte de los resultados de los trabajos de investigación son los artículos que conforman el presente libro, siendo producto de la investigación que cada autor aporta para la formación de una cultura encaminada a promover y difundir los derechos humanos en general, particularmente de las niñas y mujeres de los pueblos originarios, con el objeto de superar la desigualdad, pobreza y exclusión que sufren actualmente; donde se han convertido en usuarias perennes, junto con otros grupos vulnerables en los diferentes ámbitos de la estructura social dominante e imperante en el México del Siglo XXI.

Clara Castillo Lara
Ciudad de México, 2018

Introducción

El término desarrollo, denota una manera de plantear las libertades fundamentales, como la de participación política, o la oportunidad de recibir una educación o asistencia sanitaria, entre otros, los cuales, se encuentran entre los componentes constitutivos del desarrollo. La importancia para el desarrollo no tiene que demostrarse por su contribución al crecimiento del Producto Nacional Bruto, o al fomento de la industrialización. Pero, aunque la relación causal es significativa, la reafirmación de las libertades y los derechos se adiciona al papel de estas libertades.

Ejemplo de lo anterior, es cuando los pobladores indígenas residentes en la Ciudad de México son vistos como personas pobres en comparación con las personas residentes en los Estados Unidos de América, pero son más ricos que las personas que habitan en países muy pobres como Sudáfrica. Sin embargo, las personas de los pueblos indígenas tienen menos probabilidades de llegar a la edad adulta que los habitantes sudafricanos, con diferentes sistemas de asistencia sanitaria, educación y de relaciones comunitarias.

El análisis sobre el desarrollo es relevante, incluso para los países ricos, porque los contrastes entre ellos nos permiten comprender lo que se conoce como desarrollo y subdesarrollo. Considerando que la libertad al realizar negocios es una parte de las libertades básicas de los individuos. Así como la libertad para intercambiar palabras bienes o regalos, no necesita una justificación que destaque sus efectos favorables; pues es parte del modo en que los sujetos se interrelacionan entre sí.

La negativa de la libertad para participar en el mercado laboral es una manera de mantener a los individuos en la esclavitud, y la batalla contra la falta de libertad que supone el trabajo en condiciones de servidumbre, es importante en los países en desarrollo. Al respecto, cabe mencionar que la libertad para participar en los mercados puede contribuir al desarrollo, ello, independientemente del mecanismo que se utilice para fomentar el crecimiento económico. Entre los retos para los países en desarrollo, está la necesidad de liberar al trabajo de las ataduras, que se oponen al acceso al mercado de trabajo abierto. Lo mismo que la denegación suele ser una de las privaciones que sufren los pequeños agricultores y productores a causa de las restricciones.

Considerando que la pobreza extrema, posibilita la violación de otras libertades, puesto que la falta de libertad económica fomenta la falta de libertad social, y esta a su vez, la falta de libertad económica. En ese sentido, el desarrollo se entiende como un proceso integrado de expansión de libertades fundamentales, relacionadas entre sí. Y se utiliza para investigar el proceso de desarrollo, lo cual, integra las consideraciones económicas, sociales y políticas. Por lo que, es vital el papel que desempeñan en el proceso de desarrollo los mercados y las organizaciones interrelacionadas, los gobiernos y las autoridades locales, los partidos políticos y los sistemas de educación y de salud, las oportunidades de diálogo y debates públicos, incluido los medios de comunicación. Por eso, la contribución de la libertad a la moderación de las tasas de fecundidad alta es un tema difícil. Puesto que, se esperaba que estas descendieran «el progreso de la razón», en el siglo XVIII, pero el aumento de la seguridad, la educación y la libertad para tomar decisiones, frenó el crecimiento de la población.

Con relación a la libertad, Amartya Sen asegura que hay cinco tipos de libertades como las libertades políticas; los servicios económicos; las oportunidades sociales; las garantías de transparencia, y; la Seguridad protectora. Donde cada uno de estos tipos de derechos contribuye a mejorar la capacidad de la persona y a complementarse mutuamente. En tal sentido, la política de los poderes públicos para fomentar las capacidades humanas y las libertades fundamentales actúa promoviendo las libertades instrumentales son distintas, pero se interrelacionan. En tal caso, el análisis del desarrollo trata de los objetivos y las aspiraciones por las que estas libertades instrumentales son importantes, lo mismo que las relaciones empíricas que vinculan estos tipos de libertad. De tal manera, que las libertades vienen a ser el fin principal del desarrollo.

Además de reconocer la importancia fundamental de la libertad en las evaluaciones, también se cuenta con la relación empírica entre los diferentes tipos de libertades. Las libertades políticas, como la libertad de expresión y elecciones libres, contribuyen a fomentar la seguridad económica. Las oportunidades sociales, como los servicios educativos y sanitarios que facilitan la participación económica. Los servicios económicos como las oportunidades para participar en el comercio y la producción pueden contribuir a generar riqueza personal, así como los recursos públicos para financiar servicios sociales. En el entendido de que, con suficientes oportunidades sociales, los individuos pueden configurar su destino y ayudarse mutuamente, y no solo ser receptores pasivos de las prestaciones de los programas de desarrollo.

El Programa de las Naciones Unidas para el Desarrollo (PNUD), parte de una concepción basada en las capacidades de las personas, como el enfoque de desarrollo humano, y enfatiza que la erradicación de la pobreza y la marginación social constituye un proceso orientado a ampliar las libertades humanas. Este enfoque del desarrollo es planteado por Amartya Sen, y permite diferenciar al desarrollo respecto del crecimiento económico (entendido como el incremento del producto interno bruto, PIB), la industrialización, el progreso tecnológico y la modernización.

En tanto, el desarrollo humano, busca propiciar condiciones para que todas las personas puedan escoger entre las distintas opciones de vida. El desarrollo como proceso social, se vincula a la expansión de la libertad y la eliminación de obstáculos que le impiden optar entre formas de vida distintas. Según esto, la calidad de vida depende de los márgenes de libertad de la persona para ser y actuar, más que de su nivel de utilidad. Considerando que la distinción entre el desarrollo y la modernización es oportuna para entender la razón que obstaculiza a las diversas políticas de desarrollo implementadas en Latinoamérica, las cuales están encaminadas a disminuir la exclusión social y la pobreza de todas las personas, y especialmente, las de los pueblos originarios.

En México, se confundió la modernización con el desarrollo, considerando que el indigenismo integracionista estatal de la segunda mitad del siglo XX, un proceso de aculturación paternalista que buscaba desaparecer a las culturas indígenas no aptas para la modernidad. Aunque el Estado redujo el "problema indígena", a la necesidad de proveerles infraestructura para integrarse al sistema económico solamente, lo cual, mantuvo su pauperización. La política indigenista de México se organizó desde el concepto de integración, y de cambiar los modelos de producción porque eran opuestos al sistema económico predominante. Sin embargo, la modernización no prosperó, y los altos niveles de exclusión social de los pobladores indígenas continúo.

La cuestión tiene que ver con entender al desarrollo como libertad, lo que previene la transgresión a la identidad cultural de los pobladores indígenas al subrayar el conjunto de capacidades que requieren para decidir sobre las estrategias de desarrollo. No se trata de forzar la integración cultural de los pueblos indígenas; tampoco de segregarlos con el falso argumento de que su herencia cultural, valores y aspiraciones, son incompatibles con la sociedad moderna, sino de dotarlos de los elementos, instrumentos y oportunidades necesarias y adecuadas, para que coexistan con otras culturas. De ahí, que el objetivo del desarrollo como libertad, sea la de crear las capacidades eficaces para que las personas opten entre distintas alternativas de formas de vida.

De tal manera, que la concepción del desarrollo como libertad, enfatiza las capacidades de los individuos más que sus funcionamientos específicos, pues en un sistema social justo, todas las personas deben tener la posibilidad de elegir entre distintos tipos de ser y de actuar. Pues en una sociedad desarrollada y justa, cualquier mujer, y especialmente, una integrante de un pueblo indígena debe poder elegir la forma de vivir, lo que desea estudiar o el trabajo que desea desempeñar. Por eso, el propósito de extender la libertad consiste en dotar a las personas de diferentes y variadas capacidades para que puedan escoger entre funcionamientos viables. Por tanto, si una persona no tiene la oportunidad de elegir entre un conjunto de alternativas, entonces, esa persona no goza de libertad, por mucho que el Estado no interfiera en sus decisiones. Si esto es así, entonces, concebir esta forma de libertad tiene repercusiones para comprender la magnitud de la exclusión social de la población originaria, lo que provee de un marco para crear las condiciones que impulsen los procesos de desarrollo en esos pueblos.

Según el enfoque de las capacidades, el hecho de que una persona indígena no consiga desarrollar funcionamientos efectivos para incrementar su nivel de ingreso, escolaridad o condiciones de salud, indica su falta de libertad. En ese sentido, el concepto de desarrollo humano contempla a los individuos, independientemente de su identidad cultural o de género, la posibilidad de optar por los funcionamientos que puedan valorar libremente. El grado de desarrollo no puede estimarse por la riqueza o el acceso a servicios educativos y de salud, estos indicadores expresan el grado de una sociedad garantizadora de la igualdad de oportunidades, y la medida en que ha eliminado los obstáculos que impiden el desarrollo de sus capacidades.

La distinción entre medios y fines es oportuna para comprender en qué consiste la pobreza y la exclusión de los pueblos indígenas. Puesto que su pobreza, se entiende como la privación de la que han sido objeto para desarrollar capacidades que les permita contar con la libertad para decidir su destino, incluso, si eso implica alejarse del estilo de vida distinto a su cultura. Por eso, al analizar la pobreza del nivel de ingreso de las personas, es importante al evaluar las condiciones requeridas para impulsar el desarrollo humano de los pobladores indígenas, pues las desventajas que tienen y viven, necesita de la aplicación de políticas públicas en función del entorno y las necesidades de la población.

El indicador del grado de pobreza, en la distribución de los recursos tiene algunos sesgos, como el de favorecer más a los hijos varones. Por lo mismo, al evaluar los indicadores de desarrollo de los pobladores indígenas, debe hacerse con precaución, por su desventaja social en las mujeres. Puesto que estas niñas y mujeres indígenas sufren discriminación étnica y de género.

Respecto al nivel de escolaridad, el objetivo de las políticas públicas debe ser el de proveer servicios que aumenten las capacidades de las personas, no solo aumentar el promedio del número de años de educación formal. Puesto que el fin de una política educativa orientada al desarrollo, es la generación de las capacidades que aumenten las libertades y no solo la instrucción escolar. Por eso, aquellos criterios como la calidad de la enseñanza, la pertinencia de los contenidos curriculares y la equidad en el acceso, son usados como indicadores de éxito o de fracaso del sistema educativo. Todo esto sirve para evaluar el grado de exclusión social de los pobladores indígenas, al tener niveles de escolaridad inferiores con relación a los pobladores no indígenas, con evidencias de que los servicios educativos que han recibido los primeros son de menor calidad, además de los exiguos contenidos curriculares de su instrucción escolar. De ahí, que criterios como la calidad de la enseñanza, la pertinencia de los contenidos curriculares y la equidad en el acceso, sean los indicadores del sistema educativo.

Lo anterior, es esencial al evaluar la exclusión de los pobladores indígenas, quienes cuentan con niveles de escolaridad inferiores a los no indígenas, y que los servicios educativos que reciben los primeros son de poca calidad, y los contenidos curriculares de su instrucción escolar no son pertinentes, respecto de su contexto económico, social y cultural, lo que revela serios rezagos.

Actualmente, la palabra pueblo se utiliza sin definir ni precisar su contenido, elementos o significados, aunque se reconoce como sujeto de derechos y obligaciones. La palabra pueblo, apareció en el derecho internacional en la Carta de las Naciones Unidas, que en su artículo 2° propone a los países integrantes fomentar relaciones de amistad basadas en el respeto al principio de igualdad de derechos y al principio de libre determinación de los pueblos, y tomar otras medidas para fomentar la paz; y en su artículo 55, refiere que solo respetando estos derechos a los pueblos indígenas, es posible crear las condiciones de bienestar para las relaciones amistosas.

Aunque cada población originaria cuenta con particularidades, y no es posible agruparlas a todas en una sola. Porque independientemente de sus características existe un común denominador entre ellos, y es porque el acceso a los funcionamientos básicos para la expansión de su libertad es desigual, con respecto a los pueblos no originarios. Los pobladores originarios mexicanos, viven en un ambiente desigual, de ahí la importancia de crear indicadores para conocer las oportunidades a las que la población tiene acceso.

Clara Castillo Lara
Ciudad de México, 2018

La violencia en contra de la mujer como una expresión de poder

Clara Castillo Lara[1]

El compromiso de los Estados de la Región para promover y proteger los derechos de las mujeres se ha conocido desde 1928, cuando la Sexta Conferencia Internacional de los Estados Americanos creó la Comisión Interamericana de Mujeres (CIM), como respuesta a la presión ejercida por los grupos defensores de los derechos de las mujeres de América. La CIM fue el primer organismo intergubernamental creado especialmente para luchar por los derechos de las mujeres en el mundo. Las mujeres han vivido en condiciones de desigualdad jurídica y social por mucho tiempo, teniendo pocas oportunidades de acceso a la educación, a puestos de decisión, al poder político y al económico, siendo que el sufragio solo se había logrado en dos países. Debido a esto, la CIM se dedicó a la lucha para la obtención de los derechos civiles y políticos de las mujeres durante mucho tiempo. Desde su creación, la CIM suministró datos y estudios sobre la condición de las mujeres en cada país miembro, convirtiéndose en un foro para que los diversos gobiernos discutieran los temas relativos, y asumieran compromisos en la materia.

En 1933, durante la 7ª Conferencia Internacional Americana, la CIM adoptó la Convención Interamericana sobre la Nacionalidad de la Mujer (CINM), donde se declaraba que las mujeres podían mantener su nacionalidad de origen al casarse con un extranjero. Esta Convención sentó precedente, pues se constituyó en el primer instrumento sobre los derechos de las mujeres, adoptado en una conferencia internacional. Fue el primer avance en la evolución jurídica vinculado con los derechos de la mujer en América.[2]

En 1938, la Octava Conferencia Interamericana aprobó la Declaración de Lima en Favor de los Derechos de la Mujer y, en 1948, cuando la Novena Conferencia Internacional Americana adoptó dos tratados elaborados por la CIM: a) la Convención Interamericana sobre la Concesión de los Derechos Políticos a la Mujer (CICDPM), donde se expresa que el derecho al voto y a ser votado para un cargo nacional no se negará ni se restringirá por razones de sexo, y b) la Convención Interamericana sobre la Concesión de los Derechos Civiles a la Mujer (CICDCM), donde se plasma que los Estados Americanos convienen en otorgar a las mujeres los derechos civiles que únicamente gozaban los hombres. Estos dos tratados, junto con la CINM, constituyen la base de la igualdad de derechos del sistema interamericano. Cuando se adoptó el concepto de "derechos" ya se había extendido a lo político y civil, además de lo económico, social y cultural, encuadrado como derechos humanos.

---

[1] Profesora del Departamento de Derecho de la Universidad Autónoma Metropolitana Unidad Azcapotzalco; jefa del Área de Investigación de Derechos Humanos y Alternatividad Jurídico Social. Responsable del Área de Derechos Humanos y Derechos de los Pueblos Indígenas de la Maestría en Derecho de la UAM-A. Dra. en Ciencias Penales y Política Criminal. Dra. en Derecho Público, e Investigadora Nacional del SNI-CONACYT.
[2] Lomellín, Carmen. "Breve historia de la protección de los derechos humanos de las mujeres en el sistema interamericano". http://palestra.pucp.edu.pe/pal_int/impresora/derechos/lomellin.htm (0101-2010)

Al finalizar la Segunda Guerra Mundial, las mujeres consiguieron el derecho al voto en casi todos los países, lo que produjo un descenso de las luchas feministas, pues Emma Goldmann, publicó en 1910 "Anarquismo y otros ensayos", donde relacionaba la lucha feminista con la lucha de la clase obrera, con aportes sobre la sexualidad femenina. Destaca Simone de Beauvoir en el llamado nuevo feminismo, con su obra "el Segundo sexo" de 1949 y Betty Friedan, con "Mística de la femineidad" en 1963. Este "nuevo feminismo" inicia a fines de los años sesenta del siglo pasado en EUA y Europa, continuando en los países más desarrollados, donde se redefinió el patriarcado como origen de la opresión de las mujeres, el rol de la familia, la división sexual del trabajo, el trabajo doméstico, la sexualidad, la separación del espacio público y privado de la vida cotidiana. Su principal soporte fue que no era posible un cambio social en las estructuras económicas, si no se produce también una transformación de las relaciones entre los sexos. También se planteó la necesidad de una nueva identidad de las mujeres que redefina lo personal como imprescindible para el cambio político. El feminismo contemporáneo considera que la igualdad jurídica y política, reclamada por las mujeres del siglo XIX y conquistadas en el siglo XX, es insuficiente para modificar el rol de las mujeres, pues las causas de la opresión son más complejas y profundas.

Con las ideas socialistas, la familia es visualizada como fuente de opresión y la concepción de igualdad proletaria no llega al centro de la problemática. Los aportes de Alexandra Kolontai, demostraron que el socialismo también estaba matizado de la ideología patriarcal. El nuevo feminismo asume como desafío demostrar que la naturaleza no encadena el destino de las personas, y reivindica el derecho de las mujeres al placer sexual, evidenciando que la sexualidad femenina fue negada por la supremacía varonil. Otro cuestionamiento es si las mujeres deben asumir, como mandato biológico, la crianza de los hijos y el cuidado de la familia. El análisis del trabajo doméstico denunció su carácter de adjudicación a las mujeres por nacimiento y de por vida, como una función social sin remuneración, implicando una crítica a las bases de la organización social.[3]

En la Declaración Americana de Derechos y Deberes del Hombre (DADDH), adoptada por la OEA en 1948, se consagra el derecho a la vida, la libertad, la seguridad, la integridad de la persona, la educación, la salud, el trabajo, entre otros. Igualmente, el marco normativo para el establecimiento y desarrollo del sistema interamericano, respecto a la defensa y la protección de los derechos humanos. La CIDH fue creada en 1959[4] para promover el cumplimiento y la protección de los derechos humanos. Diez años después, la Asamblea General de la OEA adoptó la CADH en 1969 y su Protocolo Adicional en 1988, además, creó a la Corte IDH en 1978,[5] con la finalidad de resolver los casos que le sean sometidos sobre supuestas

[3] Gamba, Susana. Feminismo: historia y corrientes. "Diccionario de estudios de Género y Feminismos". Editorial Biblos. 2008. http://www.mujeresenred.net/spip.php?article1397 (03-12-2017)

[4] Creada por resolución de la Quinta Reunión de Consulta de Ministros de Relaciones Exteriores en Santiago de Chile en 1959. La CIDH fue establecida en 1960, cuando el Consejo de la Organización aprobó su Estatuto. Su Reglamento, sancionado en 1980, ha sido modificado varias veces, la última de ellas en 2013.

[5] La Corte Interamericana de Derechos Humanos fue establecida y entro en vigor, el 18 de julio de 1978, fue instalada oficialmente en su sede en San José, Costa Rica, el 3 de septiembre de 1979, y su Estatuto aprobado

violaciones de derechos humanos protegidos en la CADH. En 1987, fue adoptada la Convención Interamericana para Prevenir y Sancionar la Tortura;[6] en 1991 el Protocolo a la Convención Americana sobre Derechos Humanos, relativos a la Abolición de la Pena de Muerte;[7] y en 1994, la Convención Interamericana sobre la Desaparición Forzada de Personas (CDFP).[8]

En la CADH se establece la igualdad y la no-discriminación por motivo de color, sexo, idioma, religión, entre otros; pero omite hacer referencia específica a los derechos humanos de las mujeres. Sólo menciona el tema del tráfico de mujeres, la igualdad de derechos y la equivalencia de responsabilidades de los cónyuges en el matrimonio. En los años ochenta, el movimiento mundial de mujeres se interesó por promover sus derechos humanos para prevenir y erradicar los problemas de violencia y discriminación por razones de género. En 1993, en la Conferencia Mundial de Derechos Humanos de las Naciones Unidas de Viena, se reconoció por primera vez que la violencia y la discriminación en contra de las mujeres con razón del género constituyen una flagrante violación de sus derechos humanos, por lo que requieren de un tratamiento especial para su combate además de la creación de instrumentos para erradicarla.

> *La violencia es el arma por excelencia del patriarcado. Ni la religión, ni la educación, ni las leyes, ni las costumbres ni ningún otro mecanismo habrían conseguido la sumisión histórica de las mujeres si todo ello no hubiese sido reforzado con violencia. La violencia ejercida contra las mujeres por el hecho de serlo es una violencia instrumental, que tiene por objetivo su control. No es una violencia pasional, ni sentimental, ni genética, ni natural. La violencia de género es la máxima expresión del poder que los varones tienen o pretenden mantener sobre las mujeres. Como dejó escrito Kate Millett, igual que otras ideologías dominantes —el racismo o el colonialismo—, la sociedad patriarcal ejercería un control insuficiente, e incluso ineficaz, de no contar con el apoyo de la fuerza.*[9]

---

por la Asamblea General de la OEA celebrada en La Paz, Bolivia en octubre de 1979, mediante Resolución No. 448. En el curso de su Tercer Período de Sesiones, de 30 de julio al 9 de agosto de 1980, la Corte completó los trabajos sobre el Acuerdo Sede concertado con Costa Rica.

[6] La Convención Interamericana para Prevenir y Sancionar la Tortura fue adoptada en Cartagena de Indias, Colombia, el 12/09/85 y entró en vigor el 02/28/87. El depositario es la Secretaria General OEA. México la ratificó el 11 de febrero de 1987.

[7] Protocolo a la Convención Americana sobre Derechos Humanos relativo a la abolición de la pena de muerte. (Adoptado en Asunción, Paraguay, el 8 de junio de 1990, en el vigésimo período ordinario de sesiones de la Asamblea General), entró en vigor el 28 de agosto de 1991 y el depósito de hizo ante la Secretaría General OEA. México lo ratifico el 28 de junio de 2007.

[8] Lomellín, Carmen. "Breve historia de la protección de los derechos humanos de las mujeres en el sistema interamericano". *Op. Cit.* Y, Convención Interamericana sobre Desaparición Forzada de Personas. Tratado internacional en materia de derechos humanos, adoptada por la Organización de Estados Americanos el 9 de junio de 1994, y entró en vigor el 28 de marzo de 1996, fue aprobada por la Cámara de Senadores del Congreso, el diez de diciembre de dos mil uno, según decreto publicado en el Diario Oficial de la Federación del dieciocho de enero de dos mil dos y la Fe de erratas publicada en el Diario Oficial de la Federación del veintisiete de febrero del mismo año.

[9] Zambrano, María. *La violencia.* En "feminismo para principiantes". Coordinadora: Nuria V Varela. 1.ª edición Ediciones B, S. A., 2008, Barcelona, España. P. 213

La CIM desarrollaba el tema de la violencia de género desde 1990 y, en esa fecha, promovió y obtuvo en 1994 la adopción de la Convención Interamericana para Prevenir, Sancionar y Erradicar la Violencia Contra la Mujer, conocida también como "Convención de Belém do Pará", por la Asamblea General de la OEA. Esta Convención es un instrumento normativo donde se expresa que la violencia en contra las mujeres es una clara violación de los derechos humanos. La Convención de Belém do Pará, fue el primer tratado internacional que aborda el tema de la violencia contra la mujer, y entró en vigor en 1995. Actualmente, ha sido ratificada por la mayoría de los países miembros de la OEA.[10]

Por el interés de los resultados de la Conferencia Mundial de Derechos Humanos, en 1994 la CIDH creó la Relatoría Especial de los Derechos de la Mujer, para analizar, informar y recomendar a los Estados sobre sus legislaciones nacionales y sus prácticas sobre los derechos de las mujeres, cumpliendo las obligaciones asumidas. En 1998, la CIDH publicó el Informe sobre la Condición de la Mujer en las Américas, documento de la Relatoría que analiza el acatamiento de los Estados miembros de la OEA sobre las obligaciones establecidas en los tratados y declaraciones sobre los derechos de las mujeres, además de presentar recomendaciones para los países miembros.

Dentro de las funciones de la Comisión IDH está la de examinar las peticiones individuales vinculadas con denuncias de violación a los derechos humanos. La CIDH se ha pronunciado sobre casos y el tratamiento discriminatorio que sufren las mujeres casadas, así como también en materia de propiedad y la familia; señalando que el deber de los Estados es actuar ante la violencia doméstica y el uso sistemático de la violación de mujeres como forma de tortura, entre otros. La CIDH establece la responsabilidad del Estado, formulando recomendaciones sobre las medidas que deben tomar en la investigación, enjuiciamiento y castigo de los responsables, así como la reparación del daño. También realiza visitas a los países, analizando temas de derechos humanos y otorgando específica atención en las conclusiones y recomendaciones de los informes. La relatoría de los derechos de las mujeres es de gran interés en los derechos humanos relacionados al género, los cuales, son tratados en todos sus mecanismos.

> *Finalmente, con el fin de intensificar la acción del sistema interamericano en el área de los derechos de la mujer, la Asamblea General de la OEA adoptó, en el año 2000, el Programa Interamericano sobre la Promoción de los Derechos Humanos de la Mujer y la Igualdad y Equidad de Género, el cual tiene como objetivos integrar sistemáticamente la perspectiva de género en todos los órganos, organismos y entidades del Sistema Interamericano y alentar a los Estados miembros a formular políticas públicas, estrategias y propuestas dirigidas a promover los derechos humanos de la mujer y la equidad e igualdad de género. Este Programa se ha constituido en eje fundamental para continuar desarrollando en los*

[10] Lomellín, Carmen. "Breve historia de la protección de los derechos humanos de las mujeres en el sistema interamericano". *Op. Cit.*

próximos años, estructuras y estrategias efectivas para la defensa de los derechos humanos de la mujer.[11]

La violencia contra las mujeres se empezó a manifestar con mayor fuerza desde 1998 en diversas formas y tiempos. Los perpetradores han sido variados, desde simple individuos y funcionarios públicos hasta compañeros sexuales. Las mujeres fueron sometidas a diversos tipos de agresiones por parte de los soldados durante épocas de guerras intestinas; siendo víctimas de agresiones sexuales cometidas por operadores de la ley mientras estaban detenidas; violadas en campos de refugiados por otros refugiados, la policía local o los militares; y víctimas de violencia sexual por pertenecer a la clase social baja. Existen años de trabajo de los movimientos de las mujeres que han conseguido mejorar las medidas gubernamentales para impedir la violencia en su contra.

Por ejemplo, el parlamento de Taiwan examinó un proyecto de ley que penalizaría totalmente la violación y las agresiones sexuales. En la actualidad, la violación no se considera automáticamente un delito penal, y el estado no siempre formula cargos penales. Aunque, en virtud del código penal, las violaciones son ilegales, el estado no procederá a investigar un caso de violación sin el consentimiento de la víctima que, en muchos casos, llegan a un acuerdo extrajudicial de compensación monetaria, en vez de presentar cargos. El proyecto de ley no permitiría los acuerdos extrajudiciales y obligaría a la policía a presentar cargos penales en cualquier caso de violación o abuso sexual del que tengan noticia. En otro paso hacia delante, a fines de diciembre de 1997, el Tribunal Supremo de la Administración de Egipto mantuvo una prohibición gubernamental de las ablaciones genitales de niñas y mujeres. La prohibición gubernamental de 1996 había sido puesta en entredicho por los conservadores, que argüían que las ablaciones genitales eran una costumbre religiosa y cultural legítima en la que el estado no debería interferir. A principios de 1998, el gobierno inició programas de educación pública sobre los riesgos para la salud de las ablaciones genitales e hizo pública su intención de penalizar a los doctores, comadronas y barberos que violaran la prohibición.[12]

Muchas medidas gubernamentales que se implementaron en respuesta a la violencia contra las mujeres fueron inadecuadas. Las investigaciones de *Human Rights Watch*, se evidencia que algunos gobiernos centraron la atención legislativa en la violencia sexual y doméstica, misma que enfrentó barreras estructurales para el acceso a las reparaciones y protección jurídica frente a las agresiones. En Bosnia, Perú, Sudáfrica y Rusia, las autoridades calificaron a la violencia doméstica como delito menor porque intervenían los compañeros íntimos en el ámbito privado, las mujeres carecieron de apoyo para denunciar las agresiones. En lugar de ayudar a

---

[11] *Ídem.*

[12] *Derechos humanos de la mujer.* Informe Mundial de 1999 (Eventos de 1998) http://www.hrw.org/spanish/informes/1998/mujeres2.html#comunidad. (01-01- 2003).

las víctimas a presentar el trámite, la policía solía calificarlas como malas esposas. En Perú, las víctimas de violencia doméstica informaron que la policía les preguntaba sobre su conducta, y al no ajustarse a los gustos del marido, eran acusadas de provocar agresión. En Bosnia de la posguerra, la policía se negaba a intervenir en conflictos sobre violencia doméstica.

> *Las víctimas de la violencia sexual tuvieron que hacer frente a algunos obstáculos, incluyendo la extremada parcialidad del sistema jurídico. Human Rights Watch estudió cuatro países, el Perú, Rusia, Sudáfrica y Pakistán, en donde las mujeres víctimas de violencia sexual tienen que someterse a un examen forense a fin de recabar pruebas que demuestren su denuncia de violación. Estos exámenes forenses son esenciales para que el sistema jurídico admita el procesamiento del caso. No obstante, si bien son exigidos por la ley, rara vez se efectúan de un modo que permita recabar pruebas completas y convincentes de la agresión sexual. En Pakistán, por ejemplo, en los exámenes se intentó casi exclusivamente determinar el estado del himen de las víctimas, una tendencia de la que también hay noticias en otros países. En otros lugares, como en Suráfrica, los forenses tenían una capacitación deficiente y no efectuaban exámenes completos, teniendo en cuenta los daños sufridos por las víctimas.*[13]

Los gobiernos de estos países no mostraron interés en la prevención y condena de formas de violencia contra las mujeres como la violencia en guerra y posguerra, o la sufrida durante detenciones estatales. Las guerras civiles convirtieron a las mujeres en víctimas de agresiones sexuales y las obligaron a huir de sus países natales hacia campos de refugiados, donde también fueron victimizadas.

> *En 1998, Human Rights Watch efectuó una serie de investigaciones sobre la violencia contra las mujeres ejercida por individuos en India e Indonesia; la violencia en tiempos de guerra y los abusos de la posguerra en Argelia, Bosnia, Sierra Leona y Tanzania; y, en los Estados Unidos, los abusos de mujeres detenidas.*[14]

La discriminación y los usos y costumbres mantuvieron a las mujeres en una posición subordinada que las convirtió en víctimas potenciales de violencia sexual y doméstica. Los sistemas judiciales no consideraban la realización de una investigación seria ni tampoco condenaban los actos de violencia en su contra y la impunidad estuvo presente, rebajando todavía más el *status* secundario de las mujeres hasta consolidarlo. En distintos países, fue la policía el más pertinaz impedimento para evitar las denuncias sobre violencia al ejercer su autoridad de manera arbitraria al decidir cuáles eran los casos que procedían y desalentar a las mujeres a presentar su denuncia a la autoridad.

---

[13] *Ídem.*

[14] *Ídem*

A la policía pakistaní no le interesaba la alarmante violencia ejercida contra las mujeres, porque se acostumbraban a quemarlas. Según un informe de 1998 sobre la quema de novias redactado por la Asociación de Mujeres Progresistas, donde se denunciaba la negligencia gubernamental para responder a este tipo de violencia, pero la costumbre de la quema de mujeres pakistaníes continuaba. Estas mujeres eran novias jóvenes sacrificadas en "fuegos accidentales" provocados por sus maridos o cualquier miembro de la familia política. Los prejuicios contra las víctimas de la violencia doméstica también quedaron de manifiesto en el sistema judicial, pues, aunque algunas mujeres consiguieron que la policía tramitara la investigación de sus casos y enfrentaron a los sistemas judiciales, éstos le otorgaron más valor a la unidad de la familia que a su seguridad. En Perú, los jueces enviaban a las víctimas y a sus victimarios a terapia para evitar la formulación de cargos en su contra, permitiéndole así vivir en el hogar familiar.

Todas las mujeres que fueron víctimas de violaciones sexuales en estos países hicieron frente a los mismos obstáculos que las víctimas de la violencia doméstica. La policía actuó como guardiana de sus propios estereotipos y prejuicios sobre el comportamiento o la vestimenta de las mujeres, y dependiendo de eso, se determinaba si se efectuaba o no la investigación de los casos. Las denunciantes se enfrentaron a la incredulidad y la indiferencia por su intimidad y seguridad. El escepticismo por los casos de violación no tenía apoyo por parte de los operadores penales, negando a las mujeres su derecho a la igualdad jurídica. En Rusia, cuando excepcionalmente la policía daba curso a una denuncia de las víctimas, ellas sufrían intrusiones en su vida privada durante el curso de la investigación, eran sometidas a exámenes psicológicos y obligadas a sostener entrevistas con amigos y familiares.

> *Los forenses fueron otro obstáculo para que se hiciese justicia en los casos de violencia sexual en países como el Perú, Suráfrica y Pakistán. Según el Departamento de Justicia de Suráfrica, el país tiene una de las tasas más elevadas de denuncias de violaciones del mundo. Se registró una subida de un 105,3 por 100.000 en 1994 a un 119,5 por 100.000 en 1996. Los cirujanos de distrito, encargados de efectuar los exámenes forenses de las víctimas de agresiones sexuales, no solían tener la capacitación necesaria para recoger pruebas en casos de violaciones, se mostraban reacios a comparecer ante los tribunales para declarar cuáles habían sido sus conclusiones, o no estaban disponibles para examinar a tiempo a las víctimas de violaciones, e investigaban y prejuzgaban injustamente a las víctimas, decidiendo realizar exámenes exhaustivos únicamente cuando, a su entender, era probable que la víctima resultara convincente ante los tribunales. De hecho, una subcomisión parlamentaria determinó que los cirujanos de distrito eran uno de los mayores escollos para la acusación y convicción exitosas de violadores. En 1998, el gobierno sudafricano empezó a encarar este problema y publicó pautas procesales para el tratamiento de las víctimas de violencia sexual, destinadas a los profesionales sanitarios, a las partes querellantes en casos de violación, a las agencias de asistencia social, etc. Las activistas se mostraron esperanzados de que los funcionarios*

gubernamentales se asegurarían que estas pautas de gran alcance se distribuirían y aplicarían ampliamente.[15]

El *estatus* secundario de las mujeres las vuelve más vulnerables a la violación sexual por compañeros íntimos y por extraños, y no se castigaba o penalizaba la violencia sexual contra ellas, pues no parecía tener importancia para el Estado. La tolerancia de la violencia sexual contra las mujeres se reflejaba y ampliaba en períodos de disturbios o de luchas intestinas, en donde, nuevamente, las mujeres fueron objeto de violaciones como continuación de la impunidad, lo mismo que en tiempos de paz. En tiempos de guerra, la violencia sexual contra las mujeres se convirtió en una táctica deliberada entre las partes en conflicto.

En Indonesia, la frustración ante la crisis económica y el autoritarismo político desembocaron en luchas intestinas generalizadas que condujeron a la violencia y a los saqueos dirigidos a la población china, y nuevamente, las mujeres fueron objeto de violaciones y agresiones sexuales, pero se convirtieron solo en un tema más. Ciertas características determinadas socialmente, como la pertenencia a una particular casta, por ejemplo, volvieron a las mujeres más vulnerables a las violaciones. En la India, cuentan con una legislación protectora pero los ataques contra los miembros de las castas inferiores no se penalizaban. El abuso sexual y otras formas de violencia de los hombres de las castas altas contra las mujeres de las castas bajas han llevado a mantener las divisiones socioeconómicas.

> Las *luchas feministas en los últimos años han enfatizado la necesidad de construir estrategias que avancen en la desprivatización de la sexualidad y con ello han puesto en debate temas que permanecían bajo el halo de la vida privada de las personas: el aborto, la educación sexual, la violencia de género son ejemplo de ello.*[16]

El valor de la DUDH, y los demás instrumentos relativos a los derechos de la humanidad es innegable. Sin embargo, en el caso particular, las mujeres han luchado para erradicar la idea de que su surgimiento está ligado con la imagen masculina al tener como referencia al varón, considerado el paradigma de lo humano. Y no fueron capaces de vislumbrar la manera de sentir, pensar, luchar y vivir de las mujeres como representantes de la otra mitad de la humanidad, pues fueron ignoradas e invisibilizadas en el reconocimiento de sus derechos específicos. Aunque ahora, ya no se acepta al hombre como prototipo del ser humano y las mujeres luchan porque para que se les respeten sus derechos, y para acabar con la división de papeles en función del sexo.[17]

---

[15] *Ídem*

[16] Valdivieso, Magdalena y et, al. *Movimientos de mujeres y lucha feminista en América Latina y el Caribe*. CLACSO. Ciudad Autónoma de Buenos Aires, Argentina, 2016. P. 74

[17] Gamba, Susana. *Feminismo: historia y corrientes*. "Diccionario de estudios de Género y Feminismos". Editorial Biblos. 2008. http://www.mujeresenred.net/spip.php?article1397 (03-12-2017)

La concepción patriarcal modeladora del mundo occidental que se encuentra expresada en los instrumentos nacionales e internacionales, ha tomado como modelo de la humanidad al varón, lo que se ha reflejado en los derechos humanos, en su lenguaje, sus ideas, valores, costumbres y hábitos con lo masculino como único punto de referencia, cuyo modelo ha servido como clave de los sentimientos y los pensamientos para ubicar a las mujeres en la sociedad como seres sumisos y dependientes, sin identidad genérica propia, y por lo mismo, considerada inferiores.

El término patriarcado debe ser entendido como la supremacía masculina institucionalizada. Y desde su surgimiento, en la Mesopotamia en el cuarto milenio antes de Cristo, se extendió por el mundo y a pesar de que el patriarcado ha vivido enfrentando retos, es el feminismo el primer movimiento que lo desafía frontalmente, exigiendo un tratamiento de humanas con derechos a la integridad física, el trabajo, la educación, la cultura, el acceso al poder; a una vida sexual y reproductiva plena y sana; a conservar los ingresos propios; acceso a la tierra y a las facilidades financieras; a ser tratadas con dignidad, a gozar en igualdad de condiciones y oportunidades de sus derechos en igualdad a los varones.[18]

Los movimientos femeninos han promocionado la vigencia efectiva de los derechos y libertades fundamentales, siempre buscando una reformulación de los Derechos Humanos con perspectiva de género, basado en el fundamento de las especificidades de éstas últimas y en el reconocimiento de que los derechos humanos, comprende, de manera general a todos los hombres y a las mujeres. Los conceptos que explican los derechos humanos, las mujeres y la violencia, se encuentran estrechamente relacionados, pues a pesar de que los derechos humanos femeninos están formalmente contenidos en el concepto general de los derechos humanos, la realidad es otra, pues las legislaciones nacionales e internacionales, al introducir instrumentos sobre igualdad, se ven comprometidos a firmar convenios, acuerdos y tratados, y tanto en la DUDH como en la actuación de los Organismos no gubernamentales (ONG's), de éstos derechos se puede constatar que, a veces, los asuntos y problemáticas de las mujeres, siguen teniendo un tratamiento secundario, porque su referente paradigmático siguen siendo los hombres, figura totalitaria y dominante en la generalidad de lo humano.

> *Para comprender esto mejor, basta señalar, por ejemplo, que la Declaración de los Derechos Humanos proclamada en 1948, para definir los derechos humanos de la persona, tomó como base el término genérico "hombre", que aun cuando incluye a la mujer, no la refleja; no la define como ser individual y por tanto, este concepto no tomó en cuenta las diferencias humanas y principalmente las especificidades de las mujeres. Fue en la Conferencia Mundial de Derechos Humanos, celebrada en Viena en 1993, que la comunidad internacional organizada, por primera vez, se vio precisada a declarar y reconocer que los derechos de las mujeres son también humanos, al señalar que "los derechos*

---

[18] Staff Wilson, Mariblanca *Mujer y Derechos Humanos*, Ko'aga Roñe'eta se.viii (1998) - http://www.derechos.org/koaga/viii/staff.html (30-jul-2003)

humanos de la mujer y de la niña son parte inalienable, integrante e indivisible de los derechos humanos universales.[19]

La explicación pareciera ser simple, puesto que los encargados de elaborar tales documentos se reunieron en foros solamente hombres, los cuales, eran representantes de un modelo ideológico y eminentemente patriarcal, entonces, la concepción patriarcal de referencia tiene lógica. Pero estos hombres ignoraron a las mujeres como creadoras vida y trabajo con un potencial igual al de los hombres y con probada capacidad. Este razonamiento, por simple que parezca pudiera ser una de las razones por la que los movimientos de mujeres expresan su inconformidad por el desprecio a sus derechos, y enarbolan una exigencia de igualdad y equidad en los ámbitos: jurídico, social, político, económico y familiar, entre otros.

Uno de los avances de mayor trascendencia del género femenino, es el de haber colocado en la agenda pública mundial el tema de la problemática de las mujeres en forma integral, específicamente, la relacionada con la violencia como un asunto que tiene que ver con la violación a sus derechos, lo cual, constituye un grave problema social a todos los niveles, y sólo reconocido así en estos últimos años. Anteriormente, era considerado como un problema del ámbito privado, y con las exigencias de los grupos femeninos organizados se hizo posible su denuncia pública, para prevenirlo erradicarlo y sancionarlo.

Es necesario reevaluar la efectividad de los instrumentos y mecanismos de los derechos humanos y vigilar su cumplimiento real. Su objetivo esencial es salvaguardar los derechos fundamentales de la humanidad, pues existen actos violatorios a los derechos de las mujeres que no se encuentran contemplados en estos instrumentos. Al parecer, se olvidaron de la otra mitad de la humanidad, y es mejor eso que afirmar que las mujeres no son consideradas como seres humanos incapaces.

La violencia en su acción de poder transgrede uno o dos derechos humanos fundamentales: el derecho a determinar qué se puede hacer con el cuerpo y qué se hace con él, y el derecho a tomar las decisiones y afrontar las consecuencias de estos actos propios. La persistencia de la violencia es una expresión de su incubación en situaciones sociales específicas. Es la alienación que puede producir la soledad, la carencia de afectos, las crueldades o malas experiencias infantiles. La violencia es favorecida por la existencia de impunidad generalizada y patrones de relaciones sociales violentos, los cuales configuran una cultura de la violencia que se perpetúa transgeneracionalmente. Es toda forma específica de fuerza que lesiona, destruye o mata. El término de violencia cubre tanto la agresión física como el irrespeto psicológico, la agresión entre la pareja o contra los niños, adolescentes y viejos. La violencia es ubicua y se expresa de manera multivariada en los niveles del individuo, la familia, las instituciones, la comunidad, la ciudad y el ámbito nacional

[19] *Idem.* http://www.derechos.org/koaga/viii/staff.html (30-jul-2003)

e internacional. Afecta negativamente la calidad de vida de las personas en tanto genera miedo, desarticula las escrituras familiares, coarta la autonomía de los individuos, limita la libertad de acción y desalienta la solidaridad interpersonal.[20]

Las mujeres sufren situaciones de gran violencia, especialmente, si se vive una situación de conflicto armado, como en Chiapas, por ejemplo, pero también están otros estados mexicanos que pasan por la misma situación, sin que exista una declaratoria de violencia por parte de los estados federativos, como son los casos de Guerrero, Oaxaca, Ciudad Juárez y el estado de México. La CIDH ha estado presente investigando estas conductas y previniendo hechos futuros del mismo tipo. Se han presentado obstáculos adicionales como la discriminación basada en el género, y la *Convención de Belém do Pará*, revela que, la violencia dirigida contra de las mujeres muestra una expresión de poder con implicaciones que muestra grandes brechas de desigualdad entre sexos.

Tanto en la DUDH como en la Plataforma de Acción de Beijing, adoptadas por la Cuarta Conferencia Mundial sobre la Mujer, se expresa que la violencia hacia las mujeres refleja una posición de subordinación frente a los hombres. Por tal motivo, se debe de investigar con el fin de castigar estos delitos y evitar su repetición, pues de lo contrario, se estaría ignorando un problema muy grave, y como consecuencia se presentaría una situación de impunidad como reflejo negativo. Las obligaciones regionales sobre derechos humanos, asumidas por el Estado mexicano, recaen en la CADH y la Convención de Belém do Pará.

Conforme a sus obligaciones en el marco del derecho internacional, el Estado mexicano está obligado a actuar con la debida diligencia en la investigación, el procesamiento y el castigo de delitos de violencia cometidos contra mujeres, y adoptar medidas eficaces para prevenir y erradicar esa violencia.[21]

Las diferentes manifestaciones de violencia sexual y doméstica están basadas en el género. Todos los tipos de violencia contra las mujeres presentan ciertas especificaciones, por lo que las autoridades tendrán que investigar las verdaderas causas que desencadenan la discriminación subyacente en los delitos de este tipo, porque mientras se desconozcan las causas, difícilmente se podrá erradicar, y la ineficacia para aclarar los delitos se ha convertido en una constante en el país.

Al principio el enfoque feminista sobre la violencia doméstica solo hablaba de la violencia de los hombres contra las mujeres, pero a medida que la discusión se fue ampliando, se vio que la violencia también estaba

[20] González Nápoles, Antonio y et. al. *Plan de Comunicación Comunitaria para minimizar la violencia intrafamiliar contra la mujer entre 2012 y 2013 en la comunidad Santa Lucía del municipio Colombia*. Ed. Fundación Universitaria Andaluza Inca Garcilaso para eumed.net. http://www.eumed.net/libros-gratis/2013a/1313/index.htm (01-01-2017)

[21] *Violencia contra la mujer en Ciudad Juárez*. www.cidh.org/annualrep/2002sp/cap.vi.juarez.htm (01-01-2010)

presente en las relaciones entre personas del mismo sexo (las mujeres en relaciones con otras mujeres pueden ser víctimas de abuso) y que las niñas y los niños eran también víctimas de la violencia patriarcal adulta.[22]

Chiapas, tiene ciertas similitudes con Oaxaca, Guerrero y otras regiones de México como Ciudad Juárez y el estado de México, y probablemente, con todo el mundo respecto a la violencia que sufren las mujeres, aún y cuando las procedencias y manifestaciones puedan llegar a ser distintas, respecto a la agresión, el resultado esencial traducido en violencia es el mismo, y aunque éstos no son los únicos casos, los aquí presentados han rebasado con mucho cualquier acción gubernamental implementada hasta ahora.

> *La difícil situación de la mujer en tiempo de guerra podría ser mejorada en forma drástica si el derecho internacional humanitario fuese implementado y respetado. Las violaciones de este derecho son llevadas a cabo impunemente en los conflictos armados, pero estas no son inevitables. Existen medios y métodos de guerra lícitos, así como reglas existentes para la protección de las mujeres, de las niñas y de los hombres y niños que se encuentren fuera de combate. Implementar estas reglas conducirá a una drástica mejoría de la situación de la mujer en tiempo de guerra. Más importante aún es el hecho que la responsabilidad de aquellos que hacen la guerra debe ser reconocida. La responsabilidad para: prevenir en primer lugar las violaciones cometidas contra poblaciones protegidas; poner fin a las violaciones que están siendo perpetradas; asegurar el acceso seguro para las organizaciones humanitarias, que estas lleven a cabo sus actividades sin distinciones de carácter adverso; y que los responsables de haber cometido las violaciones sean llevados ante la justicia nacional, o ante la justicia internacional, si las medidas tomadas por la justicia nacional resultan inadecuadas.*[23]

Conclusiones

En la Declaración y la Plataforma de Acción de Beijing se manifestó que *"en todas las sociedades, en mayor o menor medida, las mujeres y las niñas están sujetas a malos tratos de índole física, sexual y psicológica, sin distinción en cuanto a su nivel de ingresos, clase y cultura"*.[24] Generalmente, las mujeres son violentadas por su compañero, esposo, novio, entre otros, particularidad que no termina por aceptarse en la sociedad como una característica en los crímenes.

---

[22] Bell Hooks. *El feminismo es para todo el mundo*. Traductoras: Beatriz Esteban Agustí, Lina Tatiana Lozano Ruiz, Mayra Sofía Moreno, Maira Puertas Romo, Sara Vega González Edición original: *Feminism is for everybody: passionate politics*, Nueva York, South End Press, 2000. Ed. Traficantes de Sueños, Madrid, España, 2017. P. 87

[23] *violencia contra la mujer*. Comisión de derechos humanos, 19 de marzo – 27 de abril de 2001, 57 Sesión, *Item* 12 de la Agenda. Declaración del CICR. http://www.cicr.org/icrcspa.nsf/c1256212004ce24e4125621200524882/d6416598f1454fde03256a8c004ef382?OpenDocument (01-01-2010)

32 *Ídem*. www.cidh.org/annualrep/2002sp/cap.vi.juarez.htm (01-01-2010)

En el 58 período de sesiones, la CIDH, en su resolución 2002/52, solicitó a todos los gobiernos que prestaran su colaboración a la Relatora Especial, le proporcionaran información y respondieran a sus comunicaciones y visitas. Todo eso, para coadyuvar con los gobiernos locales sobre casos específicos de presunta violencia, con el fin de investigar sobre las situaciones que afectan a las mujeres, así como a sus causas y consecuencias. Aunque la Relatora Especial sólo está facultada para analizar casos de violencia contra las mujeres motivados por su género. Entendiendo a la violencia como aquella basada en la pertenencia al sexo femenino, tal como aparece en la Declaración sobre la Eliminación de la Violencia contra la Mujer (DEVM), aprobada por la Asamblea General en su resolución 48/104 de 20 de diciembre de 1993.

En 1996, en la Segunda conferencia de las Naciones Unidas sobre asentamientos humanos, hábitat II en Estambul, donde incidió en que las mujeres tienen acceso desigual a recursos como la propiedad, el crédito, la capacitación y la tecnología, situaciones que dificultan sus condiciones de vida y la de sus hijos e hijas. En 1998, el Estatuto de Roma de la Corte Penal Internacional, impulsó el reconocimiento de algunos derechos a las mujeres en vigor desde el 1º de julio de 2002.[25] Poco se ha conseguido y aunque falta mucho por hacer las mujeres avanzamos con paso firme.

Fuentes consultadas

Bibliografía

-Bell Hooks. *El feminismo es para todo el mundo*. Traductoras: Beatriz Esteban Agustí, Lina Tatiana Lozano Ruiz, Mayra Sofía Moreno, Maira Puertas Romo, Sara Vega González Edición original: *Feminism is for everybody: passionate politics*, Nueva York, South End Press, 2000. Primera edición en español: Traficantes de Sueños, Madrid, España, 2017.

-Gamba, Susana. Feminismo: historia y corrientes. "Diccionario de estudios de -- Género y Feminismos". Editorial Biblos. 2008.

- González Nápoles, Antonio y et. al. Plan de Comunicación Comunitaria para minimizar la violencia intrafamiliar contra la mujer entre 2012 y 2013 en la comunidad Santa Lucía del municipio Colombia. Editado por la Fundación Universitaria Andaluza Inca Garcilaso para eumed.net. http://www.eumed.net/libros-gratis/2013a/1313/index.htm (01-01-2017)

- Valdivieso, Magdalena y et, al. *Movimientos de mujeres y lucha feminista en América Latina y el Caribe*. CLACSO. Buenos Aires, Argentina, 2016

-Zambrano, María. *La violencia*. En "feminismo para principiantes". Coordinadora: Nuria V Varela. 1.ª edición Ediciones B, S. A., 2008, Barcelona, España.

-Derechos Humanos de la Mujer Informe Mundial de 1999 (Eventos de 1998) http://www.hrw.org/spanish/informes/1998/mujeres2.html#comunidad (01-08-2003)

---

[25] Ruiz Carbonell, Ricardo. *La evolución histórica de la igualdad entre mujeres y hombres en México*. https://archivos.juridicas.unam.mx/www/bjv/libros/6/2758/5.pdf México, p. 106 (01-10-2017)

-Lomellín, Carmen. "Breve historia de la protección de los derechos humanos de las mujeres en el sistema interamericano". http://palestra.pucp.edu.pe/pal_int/impresora/derechos/lomellin.htm
-Staff Wilson, Mariblanca *Mujer y Derechos Humanos*, Ko'aga Roñe'eta se.viii (1998) - http://www.derechos.org/koaga/viii/staff.html (30-jul-2003)
-Violencia Contra La Mujer en Ciudad Juárez www.cidh.org/annualrep/2002sp/cap.vi.juarez.htm (01-01-2010)
-Violencia Contra la Mujer. Comisión de derechos humanos, 19 de marzo 27 de abril de 2001 57 Sesión, *Ítem* 12 de la Agenda. Declaración del CICR. http://www.cicr.org/icrcspa.nsf/c1256212004ce24e4125621200524882/d6416598f1454fde03256a8c004ef382?OpenDocument (01-01-2010)
http://www.mujeresenred.net/spip.php?article1397 (03-12-2017)

Fundamentos jurídicos
Comisión Interamericana de Mujeres
Convención Interamericana sobre la Nacionalidad de la Mujer
Convención Interamericana sobre la Concesión de los Derechos Políticos a la Mujer
Convención Interamericana para Prevenir y Sancionar la Tortura
Convención Interamericana sobre la Desaparición Forzada de Personas
Convención Interamericana para Prevenir, Sancionar y Erradicar la Violencia Contra la Mujer
Declaración Americana de Derechos y Deberes del Hombre
Declaración sobre la Eliminación de la Violencia contra la Mujer
Protocolo a la Convención Americana sobre Derechos Humanos, relativos a la Abolición de la Pena de Muerte;

La mujer indígena y desarrollo humano

Dra. Liliana Fort[1]

Introducción

La modernidad ha privilegiado el conocimiento verificacionista de las ciencias causales, tales como la física newtoniana. En ella, el sujeto del conocimiento está separado del objeto de conocimiento, que es el mundo natural y social. Y esto supone que el mundo que se conoce es algo estático, inmóvil, inerte, que siempre ofrece sus secretos y bienes. Las ciencias normativas han tomado ese modelo de conocimiento y, haciendo generalizaciones de las observaciones, han definido el derecho como "orden coactivo de la conducta".

Por otro lado, la teoría del conocimiento complejo concibe al sujeto del conocimiento como consciente de que es parte del mundo que conoce, y sus actos y decisiones tienen repercusión sobre él. La complejidad se fue con la hegemonía de las ciencias causales, pero con el desarrollo de la física ha regresado: la astrofísica, la teoría cuántica, la teoría de sistemas vivos que se desdobla en bioética, cibernética y ecología lo confirman. También se ha logrado preservar en la literatura.

Tanto en la visión simplificada como en la compleja, el conocimiento es verificable y se refiere a ciertas regularidades del mundo. En las ciencias causales, el conocimiento se produce mediante verificación de las hipótesis; en las normativas, mediante la verificación de la forma en que se crean las normas. Si bien ambas recurren a la verificación, el valor de cada visión es diferente. La primera nos lleva al conocimiento simplificado, ciego a nuestra interrelacionalidad con el mundo, pues saca al objeto de su contexto para estudiarlo. La segunda, al conocimiento complejo, que sabe que todo está interrelacionado y que contiene las simplicidades, nos hace cambiar la conducta pues nos acopla a la organización de la vida planetaria. Las ciencias complejas son, por tanto, ciencias de las posibilidades, porque nos dejan ver las consecuencias de diversas decisiones y nos llevan al cambio civilizatorio.

Vamos a ver la paradoja en contextos donde no se respeta la dignidad de las mujeres ni se les da libre expresión, así como en contextos donde la adquieren. Me basaré en la novela *El resplandor* de Mauricio Magdaleno y en la película *Corazón del tiempo* dirigida por Alberto Cortés. También contaré dos historias reales, las de Eufrosina Cruz y la maestra Hernández, para ver las diferencias sociales que se originan con el trato a las mujeres.

Marco teórico

La astrofísica, la teoría cuántica y la teoría de sistemas vivos son ciencias complejas. Nos basaremos en esta última para ver nuestros valores, nuestra identidad, creatividad y futuro.

---

[1] Profesora investigadora del Departamento de Derecho de la Universidad Autónoma Metropoltana-A

Para Varela y Maturana, que hacen teoría de sistemas vivos, un organismo autopoiético se define como "un conjunto de procesos dinámicamente interrelacionados para mantener constantemente en vida al organismo".[2] Las provocaciones del medio externo hacen que la célula se reestructure para conservar su organización autopoiética. Cuando las células perciben que en el medio hay entes que se mueven recurrentemente igual que ellas, ambas se reestructuran para acoplarse; se origina entonces un organismo multicelular, que va desde plantas hasta animales, y se conforma un segundo orden de la vida. Igualmente, cada multicelular se reestructura a partir de las provocaciones del medio externo para conservar su organización autopoiética y acoplarse en una organización más abarcadora, como son las sociedades instintivas. Dicha sociedad es una organización autopoiética o interrelacionada a través de sensaciones visivas, auditivas, olfativas, etc. A partir de provocaciones del exterior se reestructuran internamente para acoplarse al planeta, de lo contrario desaparecen. Nuestra meta es el acoplamiento ecológico al planeta.

Algunas sociedades instintivas desarrollaron la inteligencia o la capacidad de registrar lo que se repite y usar esos conocimientos haciendo instrumentos. El conocimiento causal y normativo son productos del entendimiento, pero no son conocimientos que nos lleven a cambiar nuestro egoísmo para acoplarnos al planeta biodiverso. Para evitar la disgregación social por individualismo, la humanidad cuenta historias y así civiliza costumbres. En las buenas historias logramos ver la diferencia y, según las decisiones, los riesgos que corremos.

La modernidad surgió en medio del entusiasmo por las ciencias causales, siendo la física de Newton el punto de partida. Las ciencias normativas imitaron su método de verdades probadas científicamente: la causalidad y la universalidad formal de la ley. Se desarrolló el conocimiento disciplinario de ciencias verificacionistas, en laboratorio las primeras, las segundas en el procedimiento creador de normas, según lo dispongan normas superiores. Durante la modernidad, el conocimiento complejo fue confinado a la literatura nacional y al libro de historia, pero la educación disciplinaria ha confinado a la literatura a una élite de expertos.

Concibo el conocimiento del derecho de manera compleja, considerando que el derecho está formado por tres discursos diversos, pero indisolublemente entrelazados, que son: a) el debate de las instituciones dogmáticas a partir del conocimiento de nuestra evolución biológica; b) garantismo, como conjunto de vínculos y límites impuestos a los poderes, para tutelar, a través de su sometimiento a la ley, la igualdad en el goce de los derechos fundamentales, y c) la teoría jurídica que nos da conceptos universales, por ejemplo, el de derecho como "orden coactivo de las conductas".[3]

---

[2] Varela, F. y Maturana, H. (2000). *El árbol del conocimiento*. Argentina: Lumen. P. 28
[3] Ferrajoli, L. (2006). *Epistemología jurídica*. México: Editorial Fontamara.

Podemos denotar como 'derecho' al orden coactivo de la conducta, pero también connotarlo como venganza o violencia si es simplificado su conocimiento, o bien como entendimiento y paz en la perspectiva del conocimiento complejo.

Edgar Morin dice que el cosmos no es una máquina perfecta, sino un proceso en vías de desintegración y, al mismo tiempo, de integración.[4] ¿En qué imaginario nos movemos? ¿Con quiénes nos identificamos para hacer una apuesta al orden o al desorden? ¿Con aquellos que imaginan su existencia como un fin valioso en sí mismo, o bien, con aquellos que se ofrecen como medios para ser usados? ¿Con los que representan su existencia orgánica como digna y defienden la libre expresión o con aquellos que se sujetan a voluntades ajenas por la satisfacción de la necesidad inmediata?

Podemos ver los dos escenarios del discurso de la época post metafísica: comprender la vida basándonos en la teoría de sistemas o dialogar acerca de las posibilidades de la especie humana sobre el actual planeta. En la novela *El resplandor*, Lorenza está simplificada por la noción de derecho como orden coactivo, como en la vida real Eufrosina Cruz lo está también. En cambio, Sonia, del filme *Corazón del tiempo*, y la maestra Patricio acceden a la civilización del mundo, pues hablan desde el planeta ecológico en donde es otro mundo posible.

Agrega Edgar Morin que "la percepción de la ecología es espiritual o religiosa: se ubica en el orden orgánico del mundo",[5] y esta es, justamente, la percepción en la cual un pueblo es propiamente humano y autónomo. Es la historia de un tiempo evolutivo que nos ha hecho iguales en la posibilidad de cambio estructural para acoplarse al medio, y diferentes, en cuanto que cada uno es único y distinto del otro, debido a su particular adaptación al entorno. Es decir, cada uno tiene su propia biografía que se puede cerrar en las costumbres, o bien, abrirse a la historia del mundo futuro.

La ecología, se lee en el *Diccionario incompleto de bioética*,[6] se define como ciencia que estudia las relaciones de los seres vivos entre sí y con su entorno. La palabra se deriva de la voz griega *oikós*, casa u hogar. ¡He aquí la más elevada de las ciencias de la vida!, pues tiene que ver con la economía de la gran casa: la naturaleza. Establecer su estructura y función en el espacio-tiempo, conocer las interacciones de animales y plantas entre sí y de unos con otros, es su ocupación. Denotar la organización autopoiética o todo orgánico al que nos referimos.

Somos seres que nacemos con fines individualistas, pero podemos ser educados para adecuarnos a un único fin: la trascendencia de las generaciones. Somos dignos como organismos, y más dignos aun cuando cambiamos para socializar con

[4] Morin, E. (1995). *Introducción al pensamiento complejo*. Barcelona: Gedisa. P. 140

[5] Morin, E. (2000). *El Método*. Tomo I, "La naturaleza de la naturaleza"; tomo III, "El conocimiento del conocimiento"; tomo VI, "Ética". Madrid: Cátedra. Pp.37-76

[6] Kraus, A. y Pérez Tamayo, R. (2007). *Diccionario incompleto de bioética. México:* Taurus. P. 66

esta finalidad. El cambio se realiza en el debate de historias, elemento clave para la toma de decisiones y formulación de leyes.

El conocimiento simple concibe el derecho como un "orden coactivo de la conducta", pero su aplicación connota venganza y violencia, tal y como veremos en las dos primeras historias. El conocimiento complejo, por su lado, construye una noción de derecho basada en el autoconocimiento y la identidad como humanidad planetaria, tema que veremos en las dos historias finales.

"Todo ser racional –nos dice Kant– imagina su existencia orgánica como un fin en sí mismo valioso y no meramente como un medio o herramienta".[7] Eso nos da pie para afirmar que las cosas pueden tener un precio y ser intercambiables, pero las personas no, porque ellas no son medios ni se sujetan a compraventa, tienen dignidad. Son los únicos organismos capaces de transformar sus fines individualistas para acoplarse a la humanidad del planeta. Este ideal de sociedad civilizada es el contenido y el límite del derecho, si queremos la paz. Es parte del paradigma ecológico al cual hay que cultivar.

Indígenas y peninsulares

Sapere aude! ¡Ten el valor de servirte de tu propia razón!.[8] Este fue el lema de la Ilustración, pero la época moderna no pudo garantizar el disfrute de este principio ni tampoco el ejercicio de la libre expresión. Más bien, la ciudadanía fue utilizada como un medio para lograr el poder político y económico.

El debate público transforma a los hablantes. Cuando los conceptos y normas que surgen de él son significantes, todos cambian para entenderlos de la misma manera. Este acto civilizatorio debió realizarse con la literatura nacional, pero la educación disciplinaria la redujo a una elite que la cultiva. Contrario a esto, el Estado ha significado a los indígenas según las necesidades de la cultura hegemónica y los ha nombrado parte en tanto abandonen sus etnias y sus culturas.

Nos refiere Bartolomé Clavero que delante del amo español, "los indígenas carecieron de acción, no tenían opción a título, no eran procesalmente personas".[9] Se les reconocieron derechos, pero no los originarios. Sus tierras, consideradas vacantes, se pusieron a disposición del primer colono que llegara a establecerse, y sólo en esa situación tenían derechos. El catolicismo, por su lado, sujetó la mujer al hombre como su objeto o herramienta.

El derecho constitucional, por su parte, ha hecho una abstracción del indígena y de su distinción cultural. En la Constitución de 1917, cuando se introdujeron los derechos sociales, se ignoró a los indígenas. Se les contempló únicamente en el

---

[7] Kant, I. (1967). *Fundamentación de la metafísica de las costumbres*. Madrid: Espasa Calpe. P. 60

[8] Kant, I. (1994). "*¿Qué es la Ilustración*?", en *Filosofía de la Historia*. México: Fondo de Cultura Popular. P. 25

[9] Clavero, B. (1994). *Derecho indígena y cultura constitucional en América*. Madrid: Siglo Veintiuno Editores. P. 1

artículo 27, que establecía la propiedad comunal, ligados a la tierra y sin mencionarse nada de sus derechos políticos. También fueron tomados en cuenta como trabajadores, con sus respectivos derechos laborales en tanto se integrasen al "proyecto nacional".

La educación debería brindar la oportunidad de aprender a razonar mediante la literatura y ver la historia como desarrollo de libertades humanas a todos, pero sólo se ha logrado cultivar el sentimiento de amor a la patria y la disposición a morir por ella. La redacción de la historia se ha hecho desde el punto de vista del hombre, con propiedades y conocimientos disciplinarios simplificados, dejando atrás a todos aquellos que hoy son "grupos vulnerables", entre ellos, las mujeres.

No es sino hasta 1992, que México se reconoció como una nación multicultural. La posibilidad constitucional de reconocer derecho indígena a nivel federal comenzó a discutirse formalmente desde 1989, conforme a precedentes latinoamericanos. En 1994 surgió la rebelión chiapaneca. Allí, la ley indígena fue discutida, pero no se aprobó en los términos pactados. Para resolver un conflicto como este, la interpretación textual de la Constitución no fue suficiente, faltó comprensión cultural. Y eso implica tener una cultura de reconocimiento del prójimo, cosa que aún nos falta, participar en la formación de una comunidad-sociedad que se identifica como parte de una misma especie y cuya misión es acoplarse al planeta, organizándose como sistema autopoiético. Entendemos por sistema el conjunto de elementos en interacción dinámica, cuya asociación implica propiedades desconocidas a nivel de las partes. Pero para ello, debemos educarnos en el conocimiento sobre nuestra biología y evolución, y nuestro imaginario.

La cultura de los derechos humanos implica educar conforme al progreso del conocimiento, pero a pesar de que México ha hecho reformas procesales para la protección de los derechos fundamentales, aún falta el reconocimiento constitucional de la Declaración Universal sobre el Genoma Humano y los Derechos Humanos de 1997. En estos asertos científicos consta la identidad humana como una historia de los cambios que nuestra especie ha experimentado para acoplarse al planeta, y de los cuales el capitalismo se está apropiando para lucrar sin consideración del riesgo de autodestrucción de la vida que implican. Por eso, en la Declaración se hace hincapié en los fundamentos de la constitución de la UNESCO, donde se invocan los "principios democráticos de la dignidad, la igualdad y el respeto mutuo de los hombres", y se impugnan "el dogma de la desigualdad de los hombres y de las razas", además de indicar que "la más amplia difusión de la cultura y la educación de la humanidad para la justicia, la libertad y la paz son indispensables y constituyen un deber sagrado que todas las naciones han de cumplir".[10] Considerando que no hay una comprensión de la igualdad sustancial

---

[10] UNESCO (1997). La Declaración Universal sobre el Genoma Humano y los Derechos Humanos. Principios. http://unesdoc.unesco.org/images/0012/001229/122990so.pdf

entre los humanos y demás seres vivos, la investigadora mexicana Ingrid Brena Sesma recomendó, en su momento, instituir dichos principios constitucionalmente.[11]

Los pueblos indígenas aún están en situación de defender el patrimonio genético que atestigua que somos una sola humanidad. En las historias que presentaré en seguida, veremos cómo cuatro mujeres indígenas hacen esta defensa, al tiempo que se acoplan al planeta y hacen posible "otro mundo".

Como el problema que nosotros trataremos aquí es la individualidad de la mujer indígena y su valor como persona digna, y no como objeto que se sujeta a otro individuo o grupo, hacemos notar que esta línea no ha sido atendida ni por los estados soberanos nacionales, ni por los pueblos indígenas; ni por las ciudadanas, ni por las poblanas. La mujer no es autónoma ni en el ámbito de la familia, ni en el trabajo, ni en la ciudadanía, en ningún lugar prácticamente, pero ahora sólo hablaré de la mujer indígena.

Mi hipótesis es que la autonomía se logra en la cultura del debate público, en la toma de decisiones y en el progreso del conocimiento organizativo o su intuición, que en México es totalmente desatendido o combatido por los partidos políticos. Veremos este proceso hacia la autonomía de la mujer en cuatro historias y lo que esto significa para sus mundos y el mundo humano. Contrastaré dos historias literarias y dos sociales para ejemplificar las derrotas continuas de pueblos "simplificados" o "significados" por su voluntad de dominio, y el comienzo de la organización y el conocimiento que conlleva para lograr "otro mundo posible".

Primera Historia: *El Resplandor* de Mauricio Magdaleno

San Andrés de la Cal y San Felipe Tepetate se establecieron alrededor de la hacienda del patrón, bautizada "La Brisa". Don Gonzalo Fuentes, el encomendero español que la obtuvo, no era un cristiano como todos. Había vivido quemándose de feroces ansias de dominación, de apetitos pecaminosos y de soberbia. Comenzó tomando a su hija. Los indígenas lo supieron y vieron que, desde aquella vez, nunca se volvió a dar cosecha regular en su región.[12]

El español era supersticioso, traía imágenes de vírgenes para que todas lo protegieran. No tenían los indígenas una mejor visión de la vida. A pesar de que sentían el peso aplastante de la cruel explotación del blanco, no se rebelaban. Sus pueblos estaban secos y luchaban entre sí por el agua, se hubieran matado entre ellos, si no hubiera llegado el amo blanco a ponerlos en paz.

Lugarda, Nieves, el Colorado y Bonifacio eran las autoridades tradicionales de San Andrés de la Cal. Se repartían la autoridad en brujería. Conocían el secreto de las yerbas y sabían cómo hacer el bien y el mal a la gente. Usaban esa sabiduría para envenenar el agua a San Felipe Tepetate, en realización de diversas venganzas.

---

[11] Brena Sesma, I. (2005). *Panorama sobre la Legislación en materia de genoma humano en México*. México: Instituto de Investigaciones Jurídicas, UNAM. P. 293

[12] Magdaleno, M. (2008). *El resplandor*. México: Lectorum. P. 60

Su religión era tan supersticiosa como la del patrón. Sólo el loco Tobías, el "enyerbado" le decían en el pueblo para marginarlo, tuvo la osadía de sentenciar que esas autoridades no conocían la diferencia entre el bien y el mal, y que hacían uso incorrecto de la naturaleza. Dejó entonces el pueblo, y la Lupe lo siguió.

Lugarda explicaba a su pueblo la tragedia de los "tlacuaches": la sequía era el castigo por el abuso del amo; cuando éste fuera superado, volvería a florecer la zona. Supieron del pecado contra natura del amo, pero no se auto-observaron para ver cómo ellos mismos usaban a las mujeres y que la tragedia del agua era culpa de ellos, por su falta de sociabilidad y respeto con las mujeres. Lugarda se refiere a ellas como "horras", animales de menor importancia, simples regalos para goce del amo. Aunque era mujer, Lugarda no tenía el sentimiento de dignidad, por lo tanto, no podía identificarse en ese valor con las demás mujeres.

Al igual que los amos criollos y mestizos, los indígenas no se concebían a sí mismos como humanidad planetaria, como parte de este sistema total; más bien se identificaron con las ventajas que los amos les proporcionaban. Olegario Herrera era servil, pero cuando se emborrachó y peleó con el amo, tuvo que irse a "la bola" de la Revolución. Allí embistió a la criolla Graciana, con la cual procreó a Saturnino Herrera. Cuando ella murió, Olegario llevó al niño a su pueblo y le confió su crianza a Lugarda.

Nos dice Mauricio Magdaleno que la revolución pudo haber subvertido la normalidad de la región, pero fue otra mentira, no lo hizo. Los pueblos se unieron a la bola revolucionaria porque querían comer y beber hasta hartarse. Un día tumbaron a don Porfirio y cambió el gobierno, pero para ellos nada cambió sobre la faz del planeta.

El nuevo gobierno no sometió la hacienda del patrón llamada 'La Brisa'; ni sometió a las congregaciones religiosas que no ejercitaban la palabra, pero sí se apropiaban de las tierras y manipulaban personas; ni sometió a las familias acomodadas; ni tampoco a las autoridades rapaces; ni siquiera a los indios de Río Prieto que los agredían.[13]

Los diversos pueblos otomíes miraban tanto caudillo "revolucionario", que estaban confundidos: no sabían a qué santo encomendarse. A falta de identidad humana, se identificaron entre sí como los "tlacuaches". Y los tlacuaches no amaban a las mujeres, como los peninsulares tampoco.

Saturnino Herrera, el hijo de Olegario, era la esperanza del pueblo de San Andrés de la Cal. Lugarda le había dado sus pechos y él debía proporcionar los pechos de la tierra a su grupo. Cuando lo bautizaron, Nieves le descubrió un lunar y dijo que por allí andaba un coyote. Se le quedó el nombre. De niño fue caprichoso y astuto. Robaba duraznos, aunque Lugarda se lo prohibía y no porque robar fuera malo, sino porque el administrador era implacable. Era cruel y ponía trampas a los animales. Fantaseaba con ser jefe político o cacique. Bonifacio y Nieves le contaron

[13] Magdaleno, M. (2008). *El resplandor*. México: Lectorum. P. 81

diversas supersticiones sobre la tierra, que denotaban su desconocimiento de la posible organización de ella como un sistema materno. Nadie lo corrigió, no lo pusieron en la oportunidad de controlar sus inclinaciones y preferencias. Por lo tanto, El Coyote no tenía ideas universales, sólo tenía deseos personales que lo llevaban a usar a los demás.

Asentada la Revolución, llegó un gobernador al pueblo. Bonifacio le contó sobre las necesidades de San Andrés. Como no podía satisfacer ninguna, ofreció llevarse para Pachuca a un niño del pueblo para que un día regresara como un hombre instruido a ver por los suyos. El coyotito fue el elegido.

Nunca regresó el coyotito, sino hasta que ya era candidato a la gubernatura de Hidalgo. La indiada de todos lados llegó al enterarse de la noticia. Bonifacio y Lugarda se le presentaron y le dijeron que lo habían esperado para que hiciese justicia: que repartiera las tierras y les construyera una presa. Él habló de "sus gentes", pero no se refería a su pueblo, sino a sus votantes. Seguro tuvo una educación disciplinaria, en ciencias causales y formalismo jurídico, pero no le mostraron que él era parte del mundo y para serlo había que cambiar.

En la campaña les prometió construir una presa y fundar un "campo de experimentación", para que las cosechas se fueran hacia arriba. "Se instalaría una escuela para que nadie se quedara ignorante y se hiciera la luz en la conciencia colectiva".[14] Él tenía una visión simplificada de ecología: la relacionaba con la economía y el mercado, sin intuir la totalidad orgánica de la cual todos somos parte y a cuya ecología nos acoplamos concibiéndola como Madre Tierra.

Su pueblo le ofreció una fiesta y allí El Coyote vio a Lorenza sirviendo el mezcal. Bonifacio le dijo que era su nieta y que estaba para lo que Saturnino gustara y mandara. Lugarda le avisó que la querían casar con Carmen Botis, pero como al coyotito le había gustado la muchacha, todo el pueblo opinó que estar en contra de su voluntad era buscar la ruina de todos, y para satisfacerlo, envenenaron a Carmen.

Al irse, El Coyote les dejó a los indios doble trabajo: como se había casado con una descendiente del amo español, ya era dueño de "La Brisa", y los indígenas trabajarían en el campo de experimentación que allí había montado. Les prometió las tierras para cuando fuera gobernador. Decía sentirse orgulloso de su sangre otomí, pero sólo como demagogia, puesto que ya se había casado con Matilde Fuentes y estaba muy contento de que Rafaelito, su hijo, fuera blanco. A Lorenza la había tomado momentáneamente, diciéndole que era para que salvara a su pueblo, cuando el pueblo se la había ofrecido creyendo que Saturnino quería tener un hijo para identificarse con ellos.

El Coyote les dejó un administrador en "La Brisa", con muchos proyectos productivos y con ganas de robarles hasta los calzones a los indios. Los tlacuaches

---

[14] Magdaleno, M. (2008). *El resplandor*. México: Lectorum. P. 123

lo esperaron para acusarlo. Tardó tanto el hijo pródigo que los tlacuaches se sublevaron y, ante la necesidad, se robaron tres sacos de frijol. El administrador los ahorcó. Lorenza, embarazada, lloraba diciendo que ella no tenía la culpa:

Decía que Saturnino le había dicho que si iba con él todos tendrían tierritas y les levantaría su presa, pero ellos seguían esperando al coyotito para pedirle que retirara al administrador Rendón, puesto que todavía tenían fe en que el coyotito cumpliera todas sus promesas.[15]

Ellos miraron como un objeto a Lorenza y El Coyote los miraba como objeto a ellos. Ninguno logró imaginarse como humanos, parte del todo organizado para el futuro de las generaciones.

Los tlacuaches tenían necesidad y un día vieron salir varios camiones cargados de leche y frutas, por lo que decidieron acabar con Felipe Rendón, corrupto administrador, y lo hicieron, pero al ver su cadáver sintieron miedo y se encerraron en sus casas. Llegó Gabino Rendón, hermano del muerto, con camiones cargados de tropas, porque quería venganza aprovechando que era militar, y prendieron fuego a los jacales de San Andrés de la Cal. Todos los pueblos de alrededor vieron el resplandor.

Una vez que Saturnino llegó a gobernador, repartió puestos entre sus adeptos. Para dar brillo a los cargos, el nuevo administrador de Hidalgo y los comerciantes trajeron a un maestro, llamado Joaquín Rodríguez. Decidieron los amos que, dado que los indios necesitaban trabajar para comer, era conveniente que aprendieran a leer y escribir. El maestro era una persona íntegra que tenía fe en la educación. Quería enseñarles a los indios sus derechos, pero éstos no lo aceptaban. Lo oían hablar como quien oye llover y no se moja. El derecho para ellos, como para sus amos, era un orden coactivo de la conducta y no le creyeron al profesor cuando les dijo que todos eran iguales.

Los comerciantes decidieron actuar para el bienestar y la felicidad pública. Invitaron al maestro para adherirse al gobernador con la idea de unir a los dos pueblos, ya sometidos, bajo el nombre de Villa Herrera. El maestro se negó. Sin embargo, accedió a elegir a un niño para que se fuera a Pachuca a hacer sus estudios. Cuando Lugarda se enteró que habían elegido a Benito, su nieto, fue a protestar. San Andrés y San Felipe se amotinaron. En eso estaban cuando llegaron a avisar a Lugarda que Lorenza estaba sola, pariendo sobre un petate en su casa. Los tlacuaches la habían tratado como miserable, rústica, y la pusieron en calidad de un menor, de la misma manera en que el peninsular los había tratado ancestralmente. Les interesó más defender al niño, que asistir a la muchacha en el parto.

La diferencia de sexos es de carácter originario e insuperable, nos dice Ferrajoli. Se trata de una diferencia paradigmática que ofrece el modelo idóneo para iluminar las restantes diferencias de identidad (como lengua, etnia, clase, nación, edad, religión,

[15] Magdaleno, M. (2008). *El resplandor*. México: Lectorum. P. 214

opiniones políticas y similares), en oposición a las desigualdades, que no tienen nada que ver con la identidad de las personas, sino únicamente con la discriminación y/o la disparidad de condiciones sociales.

La igualdad en los derechos fundamentales –señala Ferrajoli– resulta así configurada como el igual derecho de todos a la afirmación y a la tutela de la propia identidad, en virtud del igual valor asociado a todas las diferencias, que hacen de cada persona un individuo diverso de todos los otros y de cada individuo una persona como todas las demás.[16] Desgraciadamente, estos pueblos no tuvieron quién los hiciera ver que son parte de la especie humana y no sólo sociedades sujetas a la superstición y competencia.

Segunda historia: Eufrosina Cruz

Otra historia es la de Eufrosina Cruz, nacida en la comunidad de Santa María Quiegolani en una familia zapoteca. Inicialmente sólo hablaba su idioma materno, pero aprendió el español a los doce años. Se trasladó a la capital del estado de Oaxaca, donde culminó su licenciatura en Contaduría Pública. Cuando se presentó a las elecciones para presidente municipal de su pueblo en 2007, triunfó.

Dicho triunfo fue anulado, puesto que la Asamblea municipal del estado nacional estaba integrada sólo por hombres, quienes argumentaron que las mujeres, de acuerdo con los usos y costumbres de su pueblo, no podían ser electas para cargos públicos. Con esto, los operadores del estado nacional manifestaron su machismo, ellos mismos hicieron valer los usos y costumbres de su pueblo para impedir su nombramiento. Aquí hay una coincidencia de "identidades" individualistas simplificadas de las autoridades tradicionales machistas y de las autoridades estatales igualmente machistas, que no comprenden el derecho como debate, no reparan en la dignidad de las mujeres, ni tienen la capacidad de imaginarse como partes de un todo complejo. En la prensa se opinó de esta manera:

Quienes le coartaron sus derechos políticos pasaron por alto que la mujer tiene el derecho a voto en elecciones municipales desde 1947 y en las federales desde 1953. Pasaron por alto los primeros artículos de nuestra Constitución, comenzando con el 4°, que establece que los hombres y las mujeres son iguales ante la ley. El tema de los usos y costumbres, aunque está contemplado en la Constitución, sobre todo referido a las comunidades indígenas, ha sido pretexto para anular los derechos que otorga la Carta Magna y para que puedan imponerse cacicazgos, el dominio del hombre sobre la mujer y la violación a los derechos humanos.[17]

En respuesta, Eufrosina Cruz inició una serie de protestas ante las instancias locales y nacionales, para que se modificaran las leyes de sus usos y costumbres y se reconociera la totalidad de sus derechos políticos a las mujeres. Llevó sus

---

[16] Ferrajoli, L. (2010). "El derecho como sistema de garantías", *en Derechos y garantías: la ley del más débil.* Madrid: Trotta. P. 76

[17] Rodríguez Araujo, O. (27 de noviembre, 2008). "Eufrosina Cruz, una mujer emblemática". *La Jornada.* Recuperado de http://www.jornada.unam.mx/2008/11/27/index.php?section=opinion&article=022a1pol

protestas y, posteriormente, actividades tendientes a la modificación de las leyes por diversas partes del país y del mundo, sin embargo, su protesta se vio limitada desde el momento en que se integró a un partido político. Sabemos que los partidos políticos ya no gozan de representación, entre otras razones porque simplifican el conocimiento del derecho reduciéndolo al orden coactivo de la conducta, y porque sus integrantes no se ven como parte del mundo autopoiético o autosostenible, entregados como están al populismo y a la satisfacción de sus necesidades e inclinaciones individualistas. Si los representantes no lo son de la humanidad planetaria, excluyen las demandas de mujeres, niños, jóvenes, trabajadores y otros pueblos. Por eso, si en su momento Eufrosina Cruz fue más allá de simplificaciones dentro de su comunidad, posteriormente se quedó significada por un partido político. Tuvieron sentido común los zapatistas cuando deslindaron su lucha de las luchas partidistas.

Tercera historia: *Corazón del tiempo* de Alberto Cortés

En este filme, la narración comienza con la escena de concertación del compromiso matrimonial por parte de los padres de Sonia y Miguel.[18] Para sellar el acuerdo y que la muchacha quede pedida, los padres de Miguel obsequian una buena vaca a los padres de Sonia. Se lo avisan a los hijos y éstos, en principio, aceptan el acuerdo. En ese momento, todos están simplificados por sus usos y costumbres matrimoniales, no logran identificarse con la humanidad libre, así que los muchachos aceptan casarse.

En casa, la abuela le cuenta su historia a la hermana menor de Sonia, recordando cómo eran las costumbres de antes. Ella se había ido a trabajar con el abuelo, habían aguantado hambre, frío y enfermedad. Ellos hicieron la milpa, ellas hicieron el pueblo. Ellas guisaban, ellos regresaban del trabajo a comer lo que ellas habían hecho. Cuando se embarazó, los casaron.

Sonia, por su parte, mira los jóvenes inconformes que se organizan alrededor de la figura de Zapata. Allí está Julio, que le da una flor. Ella comienza a cambiar su opinión acerca de las cosas, pero su madre no la apoya cuando le dice que no tiene prisa por casarse, y hace que se sienta culpable. Decide entonces contarle a Julio sobre su novio miliciano y que ya está pedida. Él conoce al hermano de Sonia, también miliciano zapatista, por lo que le asegura que lo va a buscar para hablar con la familia públicamente.

Los zapatistas se alzaron contra el mal gobierno que los excluye y que quiere desplazarlos de sus tierras. Quieren ser autónomos y luchan contra los federales que actúan a favor de un gobierno que excluye incluso a sus ciudadanos. Quieren ser autónomos e intuyen la organización autopoiética o autosostenible. Necesitan estar organizados para no caer en provocaciones, hacer visible su lucha por todos los medios para la gente que los ha comprendido y apoyado. Sabían que el mal gobierno compraba votos ofreciendo sus tierras, que había muchos priístas

---

[18] Cortés, A. (director) (2008). *Corazón del tiempo: un viaje al corazón de la resistencia zapatista*. México: Bataclán Cinematográfica, FOPROCINE, IMCINE, UNAM, Imval Producciones.

queriendo despojarlos e incluso modificar la Constitución para vender la patria. Lo mejor que ellos pueden hacer es enseñar cómo se organizan autónomamente en la naturaleza, pues sin ella, no tenemos futuro.

Viendo las dudas de Sonia, la abuela se inquieta, le dice a la nieta menor que las mujeres pueden decidir sobre su vida. Comprende que, a veces, la desobediencia tiene alguna razón, los compromisos que fundan familias humanas no deben ser impuestos. Observaba que Sonia maduraba y ya sabía lo que le decía el corazón.

Sonia deja saber a Julio de su incertidumbre: ya había decidido enseñar en la escuela, tener hijos, en fin, ser mujer; no quería ser simplificada por los usos y costumbres de su comunidad, pero tampoco significada por una pareja. Deseaba determinar por sí misma qué es lo correcto, pero tenía miedo de hacerlo porque ya se había hecho la entrega de la vaca y el contrato estaba sellado. No quería evadir el compromiso adquirido, pero ser objeto de intercambio, tampoco. Se sentía digna y no como "horra" sujeta a contrato. Con el poder que le otorga la conciencia, decide hablar con su padre. Le dice que, aunque ya estaba apalabrada con Miguel, no lo quiere como novio, sino como pariente. Le recuerda que había sido él, su padre, quien le enseñó que un matrimonio basado en el amor no se deshace, pero ella no tenía ese sentimiento con Miguel. Entonces, su padre dudó acerca de la conveniencia del casorio.

Sonia siguió frecuentando a Julio, mientras los zapatistas continuaban organizándose para ser autónomos. En el campamento, la compañera Adriana organizaba la lucha a través del debate público para dirimir controversias y decidir las medidas para lograr la autonomía. Sabía que es el mejor método para tratar a todos dignamente. Quienes se alzaron viven ya en un mundo complejo, pues se sienten parte de la naturaleza y en ella se integran.

Para los zapatistas, el Caracol es el auditorio universal para hacer debates. Aquí se discuten y resuelven situaciones, se crean proyectos, como el de la autonomía que ahora llevan a cabo. Desengañados del gobierno que sólo los mira para quitarles sus tierras, su aspiración es fundar "otro mundo posible" a partir de sus nuevas costumbres, ser voceros de la organización para el futuro de las generaciones. Como conocen el mundo y se saben parte de él, ven las consecuencias que cada decisión y conducta tiene sobre su propio mundo. Se identifican con la complejidad del todo orgánico como sujetos finitos y de reproducción sexuada que se acoplan a mundo organizado ecológicamente y protegen la evolución escrita en el genoma de cada uno, porque todo esto lo han intuido. Por eso, toman como iguales en dignidad a las mujeres que son como Sonia y Adriana.

Adriana visita la comunidad para resolver el problema de los novios. Llegando, la familia de Miguel se queja de que la prometida anda con otro insurgente, cuando ya habían pagado con una vaca por ella. Piden que los padres de la muchacha expliquen la situación, así que Adriana manda llamar al padre de Sonia al debate público en el Caracol. Miguel no asistiría porque fue comisionado a una misión más importante para el pueblo, pero confiaba en la asamblea pública, en donde todos tendrían libre expresión.

Para reparar los daños, la familia de la prometida ofrece devolver la vaca y agregan también café y maíz para los padres de Miguel. Al comparecer el padre de Sonia, éste admite que "ahora no somos los mismos. La tradición ha cambiado, ahora los jóvenes deciden. Buscando la liberación, en nuestra organización enseñamos muchos años a nuestros hijos a vivir libres".[19] En su lógica, Sonia debía seguir a Julio, ser admitida por la asamblea del EZLN para casarse y prepararse para irse a la montaña. Pero entonces Sonia pide la palabra y afirma que la decisión sobre su persona le corresponde a ella. La muchacha ya conoce un mundo complejo, sabe que forma parte de él y quiere mejorarlo con sus actos y decisiones. Explica que, aunque aceptó el matrimonio con Miguel, fue un arreglo sin su consentimiento.

Miramos en esta historia cómo las mujeres estamos en variadas luchas y resistencias y merecemos nuestra voz y libertad. Hombres y mujeres tenemos que ser iguales para decidir y, en ese sentido, Sonia expresa que ella ya había decidido que insurgente no sería, pero que sí formaría parte de la resistencia. Así que pide permiso a la asamblea de tomar la decisión de con quién casarse y además, de quedarse en la comunidad como maestra. Comprende que la educación de los hijos simbólicos y la educación de los hijos biológicos son prioritarias en la lucha, donde se discute el mundo de la vida humana y se hace interpretación del sentido social del derecho para vivir en su connotación de paz y entendimiento.

El problema llega a solucionarse sin venganzas ni sangre. Más bien, todos se reconocen y defienden relacionados a través de la tierra vista como una madre a la cual todos se acoplan con su transformación. Esta es la noción de religación o "religión natural" de que nos había dado Morin: acoplamiento al planeta, concepto muy diferente a las supersticiones y hechicerías de los patriarcas, una gran parte de católicos y otras religiones institucionales.

Cuarta historia: Estela Hernández

Recordamos ahora el testimonio de la maestra Estela Hernández, hija de Jacinta Francisco Maciel, detenida junto con otras dos mujeres por la privación ilegal de la libertad de seis agentes federales de investigación en complicidad con Teresa González Cornelio y Alberta Alcántara Juan, de un secuestro en 2006.[20] La expusieron con ese infame nombre de delincuente en los diarios locales, cuando el delito era de competencia federal. Pero esos funcionarios y burócratas hacen disposiciones e imputan sanciones sin escuchar a los acusados, que ni siquiera pueden tener defensor de oficio ni traductor. Jacinta fue sentenciada a 21 años de cárcel y dos mil días de salario mínimo de multa.

---

[19] Cortés, A. (director) (2008). *Corazón del tiempo: un viaje al corazón de la resistencia zapatista*. México: Bataclán Cinematográfica, FOPROCINE, IMCINE, UNAM, Imval Producciones.

[20] Pereyra, J. (26 de febrero, 2017). "Hasta que la dignidad se haga costumbre". *Excélsior*. Recuperado de http://www.excelsior.com.mx/opinion/opinion-del-experto-nacional/2017/02/26/1148733

Jacinta Francisco Maciel fue liberada el 15 de septiembre de 2009, gracias al apoyo del Centro de Derechos Humanos Miguel Agustín Pro-Juárez, A.C. Años después, el Estado reconoció la inocencia de las tres mujeres y pidió perdón.

Estela Hernández Francisco, hija de Jacinta, dirigió a los funcionarios del Estado un discurso: "Se sabe que en la cárcel no necesariamente están los delincuentes: están los pobres que no tienen dinero, los indefensos del conocimiento, los sometidos".[21] Señaló que el discurso genera comunidad inmediata, vinculación social e identidad que, como sabemos, permite ver a las autoridades incompetentes abusivas y corruptas que autodestruyen el futuro de las generaciones. Ella tiene un conocimiento complejo del mundo desde su intuición y desde su estudio.

Su discurso nos indica que quien debate los asuntos públicamente, se vincula y se identifica como la especie planetaria, pues civiliza costumbres para acoplarse al planeta, y tiene el poder de hacer consensos y apoyos en sus denuncias de los proyectos individualistas, privatizadores, autodestructivos de la Madre Tierra. Estela dice que los funcionarios son nuestros empleados, por lo tanto, debemos exigir las garantías para que lleguemos a ser iguales en derechos y libertades, pues hasta ahora han demostrado ineficiencia e inutilidad. Sabiamente intuye que el mundo no es algo que conocemos como externo a nosotros, al cual arrancamos sus secretos para producir bienes de consumo, y que es inerte y estático siempre ofreciendo sus fórmulas.[22] Continúa diciendo:

Las víctimas sabemos que somos parte del mundo que construimos con cada conducta o decisión que hacemos, por lo tanto, éstas nos afectarán personalmente" [...] Los cambios se harán en el mundo en que habitamos, puesto que tarde o temprano las consecuencias de las decisiones a todos y cada uno nos afectarán.[23]

Estela ya sabe que pertenece al todo interrelacionado, que es un sistema ecológico. Se trata de superar las cegueras, las simplificaciones, los significados que nos detienen en la evolución hacia la trascendencia de la especie. Las víctimas lo sabemos, dice Estela en tono magistral, los tres estudiantes normalistas que nos faltan, los miles de muertos, desaparecidos y perseguidos, con los presos políticos, los maestros caídos y cesados por el derecho a defender mejores condiciones de vida y de trabajo, todos los saben.[24]

En su discurso se vislumbra ya una agenda bioética. Las convicciones y valores que fundan un futuro es lo que falta a la clase política, que tradicionalmente se viene manifestando como coyotes y coyotitos, como vimos en la primera historia, donde la comunidad no puede realizar sus deseos.

---

[21] *Ídem.*

[22] Delgado, C. (2007). *Hacia un nuevo saber: la bioética en la revolución contemporánea del saber*. Bogotá: Universidad del Bosque. P. 55

[23] Pereyra, J. (26 de febrero, 2017). "Hasta que la dignidad se haga costumbre". *Excélsior*. Recuperado de http://www.excelsior.com.mx/opinion/opinion-del-experto-nacional/2017/02/26/1148733

[24] *Ídem.*

Las mujeres han vencido el miedo. La historia la escribimos gracias a las personas que se atreven a alzar la voz para hacer uso de la palabra. Los que tenemos principios humanos como la dignidad, estamos orgullosos de esa historia que nos reintegra a la identidad humana planetaria y su organización autopoiética. Este es un proyecto que sí es posible lograr, si todos nos enteramos de nuestra identidad como la especie inteligente que se acopla a su planeta. Sabemos que en los tiempos actuales se fabrican imaginarios enalteciendo a la corrupción, simplificando el conocimiento, favoreciendo la estupidez y la ignorancia. Pero frente a esto, nosotras tenemos derecho a la educación en los progresos del conocimiento, tenemos derechos a la comunicación pública para hacer decisiones y a la distribución justa de los bienes nacionales integrados en la organización de la totalidad de procesos interrelacionados. Tenemos derechos y libertades igual que todos. Tenemos que imaginarnos como iguales, como la humanidad planetaria.

Reclamó la maestra el derecho a un mundo futuro, y no a una simple reparación de daños, que es sólo restitución. Nuestro derecho es vivir en un mundo organizado para la vida, por eso, nuestra dignidad, nuestro saber, nuestra razón, nuestra vida y libertad no se venden: no tienen precio. Nosotras apoyamos a la maestra narrando historias, como dice ella: "Hasta que la libertad se haga costumbre".

Conclusiones

Morin nos dice que el cosmos no es una máquina perfecta, sino un proceso en vías de desintegración y, al mismo tiempo, de integración. Con su propia conducta, cada uno hace una apuesta al orden o al desorden. He presentado cuatro historias. En la primera, la ausencia de las mujeres con poder de hablar y corregir lleva a la comunidad a la impotencia para conseguir los bienes básicos que necesitan. Cuando el machismo considera a las mujeres como "horras", las comunidades indígenas, mestizas, criollas y peninsulares no saben qué conductas superar al interior de sus pueblos para conservar su mundo y el futuro de las generaciones.

En la segunda historia, Eufrosina Cruz lucha contra autoridades que quieren respetar usos y costumbres machistas de su comunidad. Desgraciadamente, su victoria es parcial, pues luego se va a las filas de un partido político.

En la historia de Sonia, ella y su comunidad cambian sus costumbres para transitar de un grupo en donde las mujeres son consideradas con el valor de intercambio, como una vaca, y no como seres humanos cuya conducta puede simbolizar a la Madre Tierra que constituye la totalidad del mundo, que a todos alimenta, pero a todos restringe su voluntad de dominio. Sonia y Jacinta ya viven en la complejidad orgánica de la especie del planeta: nuestro ecosistema al cual nos religamos. Para ellas, el derecho comienza con el debate y reinterpretación de normas y hechos, por lo tanto, exigen garantías para poder gozar los principios de justicia, como la libre expresión y la dignidad. Esto da sentido social y ecológico al contenido del derecho visto como orden coactivo. Por eso, no hay que desligar este conocimiento normativo de las manifestaciones del mundo.

La mujer toma parte esencial en el desarrollo humano, aunque esta vez sólo he visto su participación en las comunidades indígenas, que mucho nos están enseñando. Se hace necesario que todos tengamos educación en ciencias complejas y hagamos caso de la buena literatura para apreciar las historias que valen la pena, pues hacen las leyes y nombran las cosas con corrección, y nos ponen a vivir en el mundo interrelacionado de los seres vivos e inteligentes de la Tierra, organizado autopoiéticamente y por ello, autosostenible.

Referencias

1. Bergson, H. (1964). *La evolución creadora*. Madrid: Espasa Calpe.
2. Brena Sesma, I. (2005). *Panorama sobre la Legislación en materia de genoma humano en México*. México: Instituto de Investigaciones Jurídicas, UNAM.
3. Clavero, B. (1994). *Derecho indígena y cultura constitucional en América*. Madrid: Siglo Veintiuno Editores.
4. Cortés, A. (director) (2008). *Corazón del tiempo: un viaje al corazón de la resistencia zapatista*. México: Bataclán Cinematográfica, FOPROCINE, IMCINE, UNAM, Imval Producciones.
5. Delgado, C. (2007). *Hacia un nuevo saber: la bioética en la revolución contemporánea del saber*. Bogotá: Universidad del Bosque.
6. Ferrajoli, L. (2010). "El derecho como sistema de garantías", *en Derechos y garantías: la ley del más débil*. Madrid: Trotta.
7. Ferrajoli, L. (2006). *Epistemología jurídica*. México: Editorial Fontamara.
8. Kant, I. (1994). "*¿Qué es la Ilustración?*", en *Filosofía de la Historia*. México: Fondo de Cultura Popular.
9. Kant, I. (1967). *Fundamentación de la metafísica de las costumbres*. Madrid: Espasa Calpe.
10. Kraus, A. y Pérez Tamayo, R. (2007). *Diccionario incompleto de bioética. México:* Taurus.
11. Magdaleno, M. (2000). *El resplandor*. México: Lectorum.
12. Morin, E. (2000). *El Método*. Tomo I, "La naturaleza de la naturaleza"; tomo III, "El conocimiento del conocimiento"; tomo VI, "Ética". Madrid: Cátedra.
13. Morin, E. (1995). *Introducción al pensamiento complejo*. Barcelona: Gedisa.
14. Pereyra, J. (26 de febrero, 2017). "Hasta que la dignidad se haga costumbre". *Excélsior*. Recuperado de http://www.excelsior.com.mx/opinion/opinion-del-experto-nacional/2017/02/26/1148733
15. Rodríguez Araujo, O. (27 de noviembre, 2008). "Eufrosina Cruz, una mujer emblemática". *La Jornada*. Recuperado de http://www.jornada.unam.mx/2008/11/27/index.php?section=opinion&article=022a1pol
16. UNESCO (1997). La Declaración Universal sobre el Genoma Humano y los Derechos Humanos. Principios. http://unesdoc.unesco.org/images/0012/001229/122990so.pdf
17. Varela, F. y Maturana, H. (2000). *El árbol del conocimiento*. Argentina: Lumen.

Trata de mujeres indígenas, ciudadanía y empoderamiento

Armando Sánchez Albarrán[1]

Introducción

El tema de la trata de personas (mujeres, niñas y varones) para fines de prostitución o venta de órganos es, desde luego, un problema complejo, aunque en esencia, es un problema político: impunidad y corrupción de autoridades judiciales y políticas en las instancias locales, estatales y federales participando en la naturalización de este tipo de práctica. Así mismo, lo anterior es consecuencia del gran distanciamiento entre el Estado y con la sociedad.

No es un problema menor pues ya ocupa el tercer negocio ilícito en el mundo, seguido de la venta de armas y droga. Se considera que en el mundo existen 21 millones de personas esclavizadas por la trata de personas y que dicho negocio moviliza unos 32 mil millones de dólares en todo el mundo. En México ocupa el 5º lugar, aunque el presidente de la Comisión de Derechos Humanos del Distrito Federal (CNHDF) sostiene que la trata de personas es el segundo delito en importancia económica.

Tlaxcala es considerado punto de origen, destino y tránsito de víctimas de trata. En municipios de Tlaxcala tales como Tenancingo se practican la trata de mujeres y niñas de bajos recursos económicos de la entidad como la compra de niñas indígenas procedentes de entidades del sur del país como Oaxaca y Chiapas. Se define a tal actividad como el comercio ilegal de personas con el propósito de explotación sexual, trabajos forzados, retirada de órganos o servidumbre y son consideradas como modernas prácticas de esclavitud. Jurídicamente dichas prácticas constituyen un delito internacional de lesa humanidad y de violación de los derechos humanos.

Destacan varios enfoques en la literatura: periodísticos; académicos; de género; de organizaciones no gubernamentales; diagnósticos oficiales y análisis políticos.

1. Trabajos periodísticos y novelas que denuncian, de una manera muy valiente, la situación de vulnerabilidad de las mujeres de Tenancingo. Algunos reportajes tienen la virtud de "visibilizar" una realidad que ofende al género humano: el trato de las mujeres como mercancía y la existencia de una red de proxenetas masculinos identificados como "padrotes";[2]
2. Estudios académicos que colocan el acento en el origen de la víctima y condiciones de vida y pobreza. Desde esta trinchera se pone el énfasis en

---

[1] Profesor Investigador del Departamento de Sociología de la Universidad Autónoma Metropolitana unidad Azcapotzalco. Correo: armando_sa2002@yahoo.com.mx

[2] (Discovery en Español (2013), "Trata de mujeres de Tenancingo a Nueva York: documental", en: https://www.youtube.com/watch?v=dN7Ur1uV6vo, Consultado el 2/06/2016).

aspectos como la pobreza en las comunidades; el sistema cultural que "tolera" las prácticas de los proxenetas[3];

3. Análisis de género, desde la perspectiva feminista o desde la masculinidad para a indicar que el tema de la trata sobrepasa aspectos como los grupos sociales o bien que únicamente tiene que ver con las mujeres. Estudios que acudan una mayor profundidad analizan el papel del cuerpo y el proceso de individualización de este en el contexto de la modernidad tardía. Esta perspectiva señala que la diferencia entre hombres y mujeres obedece a una construcción cultural que delimita papeles. En municipios de Tlaxcala, como Tenancingo, la violencia interfamiliar descansa en una construcción cultural que fomenta la violencia;
4. Informes a cargo de organizaciones no gubernamentales enfatizan la creación de instancias de ayuda; de denuncia y de gestión de leyes y reglamentos para tipificar dicho delito, al tiempo en que sirven de marco para potenciar e influir en la prevención de políticas públicas[4];
5. Diagnósticos más acabados desde una visión jurídica y que son financiados, con frecuencia, por instituciones internacionales de Derechos Humanos. Algunos informes dan cuenta del comercio internacional y nacional de trata de blancas para fines sexuales en mujeres, niñas y niños[5]
6. Análisis del proceso migratorio que parte del reclutamiento y traslado de las mujeres y niños, así como su relación con la trata de mujeres y niños para fines de prostitución; [6]
7. Algunos estudios se enfocan en el papel de la explotación y la relación entre el proxeneta y la víctima de la trata. El énfasis se enfoca hacia el análisis de células o pequeñas redes que se encuentran integradas a estructuras más complejas con mayores facilidades, protección política y legal e intercambios comerciales[7]
8. Por último, los menos, son ensayos o trabajos con énfasis en los aspectos políticos, en especial, la corrupción en que se encuentran las autoridades políticas en todos los órdenes. Este trabajo se enmarca más en esta perspectiva. Por ejemplo, autores como Bravo y Grima se enfocan en la fragmentación institucional y social entre actores sociales y políticos ciudad como resultado procesos de exclusión y de invisibilización de las mujeres[8]

---

[3] Santana, Juana María, "La prostitución dentro del marco de las relaciones de poder, una semblanza antropológica", en Médicos del Mundo, (2003).

[4] (La iniciativa popular en Tlaxcala. Acciones colectivas para el combate a la trata de mujeres (2008) editado por el Centro Fray Julián Garcés, Tlaxcala, México.

[5] Órdenes de protección en México: mujeres víctimas de violencia y falta de acceso a la justicia", (2013) "Órdenes de protección en México: mujeres víctimas de violencia y falta de acceso a la justicia", editado por Católicas por el Derecho a Decidir, A.C. y Observatorio Ciudadano Nacional del Feminicidio, Ciudad de México.

[6] Casillas, Rodolfo, La trata de mujeres, adolescentes niñas y niños en México, CIM, OIM, INMUJERES, INM, México, 2006.

[7] (González, (2004) Departamento de Justicia de Estados Unidos, "Informe del Procurador General Alberto R. Gonzales, sobre los esfuerzos del gobierno de Estados Unidos en el combate a la trata de personas durante el año fiscal 2004" (www. Usdoj.gov/whatwedo).

[8] Bravo Romina; Grima, José (2014) "La Trata y el Tráfico de Personas. Sociedad Civil y Estado. Tlaxcala, México", en revista IXAYA, Revista Universitaria de Desarrollo Social, pp. 190-212.

Para fines de exposición se reflexiona, en primer lugar, respecto al significado de la trata de personas en el contexto de la modernidad tardía; el segundo, habla del proceso de enganche que incluye a mujeres y niñas de Tlaxcala y del sur del país; el tercero, analiza el involucramiento de las autoridades políticas que hacen posible la trata de personas.

Modernidad tardía, modernidad truncada

A pesar de los esfuerzos de los políticos neoliberales para modernizar el país, en el contexto de la modernidad tardía, en muchas esquinas del país y de otros países dicha modernidad no acaba de llegar, como se evidencia con la proliferación de negocios ilícitos en el país, como en este caso la trata de mujeres en municipios de Tlaxcala, así como de otros municipios y ciudades de Chiapas, Oaxaca o Ciudad de México. La globalización ha hecho que la sociedad contemporánea tenga una obsesión por el sexo. Michel Foucault, muestra la manera que desde la sociedad Victoriana hasta en la sociedad contemporánea ha existido una compulsión social por el sexo. Destaca así mismo la importancia del fomento del consumo mediante la publicidad que ha logrado una importante industria del sexo [9]

A pesar de más de 30 años de gobiernos neoliberales empeñados en dirigir al país hacia la modernidad el sistema político, sin embargo, continúa exhibiendo sus rasgos más retardatarios: autoritarismo, cacicazgos y corrupción en todas las instancias de gobierno. La proliferación y expansión de la trata de personas muestra los límites de la democracia formal o procedimental con la existencia de un sistema paralelo de poder, subterráneo que mina desde el fondo a la democracia a través de la corrupción y de violación de los derechos humanos. Con el arribo de gobiernos neoliberales se ha transformado en credo económico el libre mercado. En palabras de Nicolás Maquiavelo, se cumple la máxima política, pero en la economía: "El fin, justifica los medios". Fomentar la inversión de capital –a toda costa-- gracias a las reformas estructurales, es decir, a los cambios en el marco jurídico que permiten la inversión de capitales nacionales y extranjeros.

Algunas de las utopías del proyecto de la modernización tales como igualdad, libertad y fraternidad son burladas y convertidas en un simple frases sin contenido, en una distopía a fuerza de una realidad lacerante. La desigualdad de mujeres, niños y niñas rurales (campesinas e indígenas) frente a los varones es abismal y es, al mismo tiempo, caldo de cultivo para la reproducción de esquemas de esclavitud en pleno siglo XXI; Y la fraternidad se trueca en xenofobia al estigmatizar, desde una cultura machista, a las mujeres de Tlaxcala, y mujeres y niñas indígenas de otros lugares, como mujeres de la vida galante. A pesar de las luchas feministas y de sus importantes logros en el siglo XX las razones anteriores ocasionan desvalorización de la mujer para reducirla a una simple mercancía,

Para decirlo claramente, para que exista este negocio, por ejemplo, visible a todas luces desde cualquier hora del día, como flores que adornan, languideciéndose por

[9] Foucault, Michel, (2000) "Historia de la sexualidad", tomos 1, 2 y 3, siglo XXI editores.

dentro, en ciertas calles, esquinas y avenidas de la Ciudad de México, y de otras ciudades, tiene que existir "el moche", el contubernio, el acuerdo "en lo oscurito" en el que se encuentran involucradas las autoridades policiacas, a jueces y agentes del ministerio público, jefes delegacionales o subdelegaciones, presidentes municipales y gobernadores en ese "jugoso" negocio. Por demás está añadir que al encontrarse involucrada una institución judicial o política el control queda subordinado a un sistema vertical o cadena de mando cuya capa protectora va de arriba hacia abajo. Las autoridades políticas y las instituciones, lejos de cumplir sus funciones a cabalidad, se transforman, en los hechos, en el "grupo de seguridad" de los transgresores de la ley: de los "padrotes". Si algún proxeneta es hecho prisionero hace un pago, por abajo del agua, que va de los 200 mil a un millón de pesos y sale libre. En cambio, si una mujer denuncia a algún padrote, es golpeada, encarcelada o hasta asesinada.

El principio que permite este negocio ilícito es, digámoslo sin rodeos, la impunidad. La impunidad es el beneficio de quien "tranza" a cambio, de no alterar el orden público, de guardar las formas, de mantener el anonimato: de "parecer invisible". En los hechos, es parte del sistema político, provocar y generar el miedo en la población civil, para, finalmente, desactivar la participación ciudadana por una razón muy poderos: el miedo. Siempre y cuando se sigan las "reglas" (no escritas) de quien logra la impunidad para hacer lo que sea: explotar mujeres, venderlas, asesinarlas, vender sus órganos a cambio de reproducir y mantener, formalmente, el sistema de control político.

El tema de la trata de mujeres tiene otras facetas que explican el cómo, cuándo y dónde opera dicha práctica y que integran el reparto de una grotesca puesta en escena: la primera figura, el "padrote" como proxeneta, la segunda figura, la víctima engañada: la mujer pobre e indígena; como consumidor, el usuario del servicio sexual; y no podrían faltar los agentes gubernamentales, con sus lentes oscuros.

Del "amor" al "enganche"

La individualización del cuerpo mediante la "Trata", la transformación de la mujer en mercancía ¿deriva en construcción de ciudadanía? No. La mujer de Tlaxcala actúa, en muchos casos, guiada por sus sentimientos y por el peso de la educación familiar; en cambio, los hombres de Tenancingo se dejan llevar por el deseo de poder y por el peso, constante y donante del dinero. Lo anterior deja en la mujer en una situación de desigualdad, injusticia y de pérdida de libertad: de vulnerabilidad. Mientras que el hombre, el macho, el "padrote", se transforma formalmente en transgresor del orden social. Sin embargo, el marco económico, político, social y cultural que permite lo anterior es la práctica de la impunidad que se expande en todos los poros de la sociedad, sobre todo, hacia a los niveles políticos e institucionales.

Los dos polos de una comunidad marital son el hombre y la mujer quienes se encuentran unidos, en el mejor de los casos, por un sentimiento de amor. Sin embargo, en Tlaxcala el mecanismo para reclutar mujeres dedicadas a la explotación comprende a dos personas, sin embargo, con intereses distintos. La mujer, en muchos casos, es enamorada en un escenario de engaño en el que el hombre, el enamorado, es en realidad un "padrote" que va a engañar con alevosía y ventaja a la mujer. Es un comportamiento abusivo y tergiversado que tiene como fin prostituir a la "novia" utilizando todos los medios a su alcance.

Desde la perspectiva de la mujer, ella actúa como fue educada. Enamorarse y casarse para siempre. A los pocos meses de enamorar a su pareja el "padrote" le ofrece matrimonio, en otra comunidad o estado, dejando así a la mujer en situación de vulnerabilidad. El proxeneta, a pesar de su juventud – pues muchos son jóvenes -, obliga, a base de engaños y manipulación, a su esposa o novia a prostituirse.

Las mujeres y niñas pueden ser raptadas, enamoradas, engañadas o compradas a sus padres y vendidas a otros traficantes de servicios sexuales a cambio de dinero. Las mujeres que son víctimas de trata de mujeres pierden toda la dignidad como personas, como mujeres, hijas, madres, hermanas, compañeras, como integrantes de una comunidad. Ellas solas no pueden enfrentar toda la estructura de impunidad creado para ejercer violencia sobre ellas.

La globalización ha creado un fetiche del cuerpo, fetiche sexual susceptible de poseer, de comprar, de controlar. Las sociedades modernas viven una obsesión por el sexo. El fomento del deseo sexual se exacerba con las nuevas tecnologías como el internet que gastan millones en fomentar la pornografía de todo tipo. Y ahí encontramos a las mujeres de Tlaxcala para satisfacer los deseos carnales: no importa de donde son o sin tienen familia o si son forzadas. Si hay dinero se puede comparar. Lo medios de comunicación (cine, internet, televisión, radio y prensa) también son responsables de redimensionar el cuerpo como fetiche y el sexo como una mercancía, es decir, difundir la idea de la mujer como objeto sexual fortaleciendo, de paso, una cultura machista, patriarcal y dominadora de género masculino. Cabe destacar que el internet y las redes sociales también fomentan el comercio sexual. El internet es utilizado, con frecuencia, para reclutar mujeres y niños para inducirlos en la industria sexual lo cual sirve de base para el turismo sexual. La Organización Mundial de Turismo, calcula que el 20% de viajes al año tienen como fin el sexo. De ellos, el 3 % se trata del sexo con niños.

Los mecanismos de enganche involucran a las mujeres de diversas maneras:

1. - Enamoramiento. Supone el noviazgo y seducción; la promesa de casarse con ellas; llevarlas a vivir fuera de la comunidad; durante un tiempo viven con el padrote quien tiene una doble moral pues aún no hace explícitas sus intenciones de ponerla a trabajar en la prostitución; y finalmente convencer y prostituir a la mujer. En alguna de estas etapas pueden participar otros padrotes que simulan ser familiares. El conjunto de pequeñas redes de prostitución comienza a conformar un denso e intrincado círculo de protección de policías y judiciales que se compran. Cuando la mujer ya se encuentra en condiciones de ser vendida, ya ha habido violencia hacia ella y es introducida de manera forzosa en la red de prostitución. Aquí ya no hay

engaños ni simulaciones, el poder y la fuerza directa sustituyen y descubren al amante y seductor.

2. Compraventa: los tratantes compran mujeres en estados del sur como Oaxaca, Chiapas o Ciudad de México. Las trasladan a casas de seguridad o las ponen a trabajar en prostíbulos en diversas ciudades del país o, bien las llevan a trabajar en Estados Unidos en granjas, fábricas o ciudades de la Unión Americana.
3. Coacción directa: mediante el secuestro y el rapto a través de levantones afuera de las escuelas o al ir caminando en las calles. Las envían a otros estados de la república o a otro país para ser prostituidas.
4. Transporte: independientemente de la forma de enganche, la víctima es trasladada entre regiones –en diferentes casas de seguridad- o a otros países. En el proceso de traslado participan transportistas, funcionarios corruptos y los intermediarios del tratante.
5. La recepción: en donde la víctima será sometida a coerción física y explotación, por el proxeneta o por el dueño del negocio (bar, hotel o burdel) quien se adjudica un derecho de propiedad, totalmente ilegal, sobre la víctima.
6. Las nuevas tecnologías, como el internet, desempeñan un papel importante en la trata de personas[10]. Opera como medio para captar víctimas, para ofrecer víctimas como mercancía o para promover la pornografía infantil.

México es considerado el segundo proveedor de trata de personas a Estados Unidos después de Tailandia. La ruta de la trata de personas se empalma con las rutas de migración hacia Estados Unidos. Como se puede ver en el mapa anterior las principales rutas de trata En la frontera norte: Tijuana, Mexicali, Nogales, Ciudad Juárez, Nuevo Laredo y Matamoros. En el Pacífico: Puerto Vallarta, Acapulco y Tapachula; En la península de Yucatán: Cancún; en el Centro: Tlaxcala y el Distrito Federal. En el país existe una ruta de trata de personas que abarca 11 ciudades fronterizas y costeras (Véase mapa 1).

[10] En Estados Unidos un solo sitio web registró un incremento de 5 millones de usuarios en 2009, a 25.7 millones de usuarios que visitaron esa página mensualmente en 2011. Habría que señalar que el 60% de los usuarios de internet son menores de 24 años encontrándose en riesgo de ser victimizados. El 50% de los delitos cometidos en internet se relacionan con la pornografía y explotación sexual infantil.

Mapa 1 Las rutas de la trata de personas

(Disponible en http://plumaslibres.com.mx/2017/05/22/exigen-las-autoridades-del-pais-combatir-la-trata-mujeres/, consulta 10/08/2017)

De acuerdo con la UNICEF de 32 entidades de la República Mexicana, 21 estados se encuentran involucrados en la explotación sexual. Destacan las ciudades fronterizas tales como Ciudad Juárez, Tijuana, Tapachula, Cancún, Acapulco. En las ciudades de México, Tlaxcala, Puebla, Monterrey, Coatzacoalcos y Guadalajara[11].El Departamento de Estados de Estados Unidos menciona en un informe del 5 de junio de 2002 que la mayoría de las mujeres, niñas y niños víctimas de trata provienen de América Central con destino a Estados Unidos y Canadá. Se calcula que entre 16 mil y 20 mil niñas y niños mexicanos y centroamericanos son objeto de abuso sexual, especialmente en franjas fronterizas y centros turísticos[12]

Por otra parte, las mujeres son enganchadas en unas 17 entidades, varias de ellas con población indígena: Tlaxcala, Puebla, Morelos, Chiapas, Veracruz, Tabasco, Oaxaca, Distrito Federal, Guerrero, Nuevo León, Guanajuato, Hidalgo, Michoacán, Jalisco, Estado de México y Querétaro. Mientras que los lugares de explotación se encuentran en el Distrito Federal, Tlaxcala, Baja California, Puebla, Chiapas, Tamaulipas, Morelos, Oaxaca y Guanajuato. En Estados Unidos en ciudades como

[11] (http://idhieibero.org/publicaciones/pdf/iniciativaPopular.pdf).
[12] (Departamento de Estado de Estados Unidos, "Informe sobre trata de personas (2002)", versión en línea (www.state.gov).

Queens, Miami, Houston, Chicago y Nueva York. En Tlaxcala se ejerce la trata de personas en varios municipios: Santa Ana Chiautempan, Acuamanala, San Miguel Tenancingo, Apizaco, Papalotla, San Lorenzo Axocomanitla, San pablo del Monte, Zacatelco y Contla.

Tlaxcala constituye el estado más pequeño de la república mexicana se ubica en la región centro-oriental del país, colinda al oeste con el Estado de México, al noroeste con Hidalgo y al norte, este y sur con Puebla. Los municipios tlaxcaltecas donde más se practica la trata son Tenancingo y San Pedro (falta) ubicados muy cerca de Puebla. Cuenta con una población de 1 millón, 169 mil, 936 habitantes. La población de Tlaxcala cuenta aún con población indígena, aunque en proceso de un acelerado mestizaje. (Véase mapa 2).

Mapa 2 Ubicación Tlaxcala, México

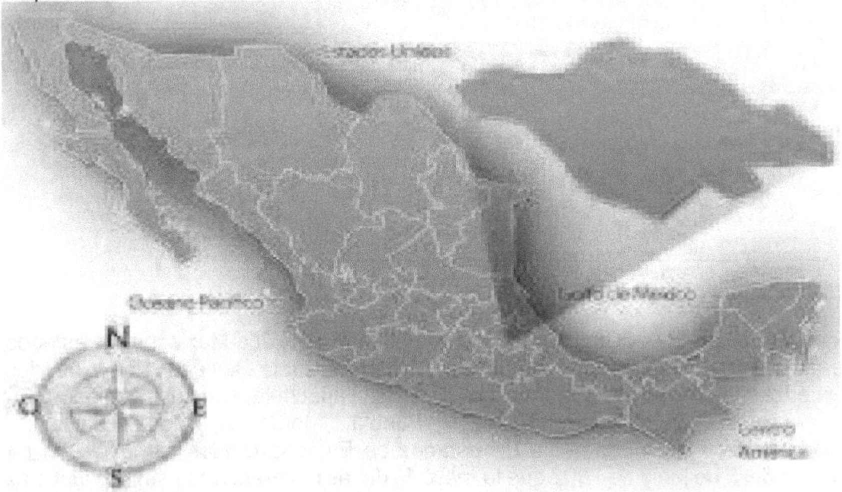

http://mr.travelbymexico.com/748-estado-de-tlaxcala/

El 27 % de los tlaxcaltecas de las zonas rurales y en aquellas comunidades dedicadas al agro no reciben ingreso alguno o reciben un salario mínimo, es decir, viven en estado de marginación muy alto. El 36 % de la población recibe apenas entre 1 y 2 salarios mínimos, lo que significa ingresos de marginación para más de la mitad de los tlaxcaltecas. El Producto Interno Bruto del estado está conformado en un 50 % por la industria manufacturera. El sector comercio contribuye con el 14 % y los servicios turísticos con el 12.4 %. Cerca del 40 % de la población trabaja en "empleos no formales"; y el 18 % está ocupado en el campo con ingresos menores a los dos salarios mínimos en la mayoría de los casos. Al igual que en el resto del país, el 78 % de la población vive en localidades urbanas y el 22 % en rurales[13]

[13] (https://es.wikipedia.org/wiki/Tlaxcala, consulta 20/04/2016) (Véase mapa 3).

El índice de Desarrollo Humano relativo al género (IDF) ubica a Tlaxcala en un 1.5 % debido a las desigualdades entre hombres y mujeres. La diferencia de ingresos es una de las desigualdades más marcadas: mientras que los hombres ganan en promedio 7, 192 dólares en promedio, las mujeres apenas 2,888, lo que se traduce en que ellas ganan apenas un 40 % de lo que perciben los hombres. Tlaxcala forma parte de los estados con alta marginación[14]

La crisis económica de principio de los años setentas, pero sobre todo de los ochentas detonó la búsqueda de actividades económicas como la trata para paliar los problemas de pobreza y desempleo.

"El desarrollo económico de la zona ha traído como consecuencia que el fenómeno de la prostitución se presente de dos maneras diferenciadas: a) la instalación de una gran cantidad de centros nocturnos donde se ejerce la prostitución y, b) la operación de redes organizadas de reclutamiento y distribución de mujeres para el ejercicio de la prostitución en otros estados de la república." Protocolo de investigación[15]

La modernización acelerada de la urbanización de Puebla a municipios de Tlaxcala provocó en algunos hombres la ambición de dinero y poder, mientras que en las mujeres jóvenes el espejismo de ser seducidas por hombres de la comunidad que ostentan lujo y dinero (grandes casas y autos de lujo), pero, por otro lado, desalentadas por los bajos salarios como obreras y su situación de pobreza en las ciudades industriales de Apizaco o Puebla.

La prostitución es parte de la cultura patriarcal pues se parte de la creencia de que constituye un mal necesario para los hombres como forma de desahogar los impulsos naturales; un ritual de paso como iniciación a las relaciones sexuales; o una expresión de masculinidad; en cambio, para la mujer existe la percepción de que son "mujeres de la vida galante" o "mujeres de la vida alegre", que acuden a dicha actividad como una opción laboral. Es decir, por una parte, como síntoma de la modernidad truncada la sociedad actual prohíbe dichas prácticas y las sanciona; y, por otra parte, tolera y hasta fomenta su existencia a tal grado que, incluso, las autoridades se encuentran involucradas en dicho negocio. Dicha actividad representa, también, una crisis de derechos humanos por el cúmulo de violación sistemática de derechos humanos, tal como lo expone Elena Azaola:

"La explotación sexual mundial supone una crisis para los derechos humanos de las mujeres y niñas violándose, entre otros, los siguientes derechos: libertad, igualdad, dignidad, seguridad, prohibición de esclavitud y servidumbre, prohibición de torturas y de tratos crueles, inhumanos o degradantes, recurso efectivo ante los tribunales

---

[14] Inegi, (20008) "Las mujeres en Tlaxcala. Estadísticas sobre desigualdad de género y violencia contra las mujeres", editado por el Instituto Nacional de Estadística Geografía e Informática, México.

[15] "Prostitución, pobreza y políticas públicas hacia las mujeres en la región sur del estado", Mimeo, UAT-CFJG, México, 2004. http://idhieibero.org/publicaciones/pdf/iniciativaPopular.pdf

que la ampare contra actos que violen sus derechos fundamentales, prohibición de injerencias en la vida privada y de familia, ataques a su honra o reputación, a circular libremente y elegir residencia, a salir de cualquier país y regresar al propio, libertad de opinión y de expresión, libre elección de trabajo con condiciones equitativas y satisfactorias, al descanso y disfrute del tiempo libre y, en definitiva, a un nivel de vida adecuado con el disfrute de sus derechos civiles y socioeconómicos". [16]

La trata de personas forma parte del fenómeno de la migración internacional, el cual, ante la falta de oportunidades económicas reales en este país, se ha tornado en un fenómeno masivo. El aumento de la migración internacional muestra que la economía interna solo ha beneficiado a unos cuantos, pues en términos generales ha quedado estancada. Así, la trata de personas supone la existencia de redes de traficantes para fines de explotación sexual el cual se extiende a ciudades de los Estados Unidos, en particular hasta Nueva York. En aquel país a las mujeres les son retenidas sus papales de visa y pasaporte para mantenerlas subordinadas. Además, supone la reproducción de formas de explotación que incluye el turismo sexual vía agencias que promocionan "paraísos sexuales"; "Matrimonios" por catálogo mediante el internet donde se ofrecen catálogos de mujeres, con la idea de arreglar un "divorcio" antes de los tres años para evitar que la mujer solicite la residencia de su cónyuge; Prostitución, mediante varias opciones: en la calle, saunas, casas de masaje, burdeles, clubes, hipermercados del sexo (clubes o burdeles a las afueras de las ciudades).

Se considera que Tlaxcala existen unos 1,000 tratantes de personas en 8 municipios de esa entidad. De acuerdo diversos estudios y análisis sobre la Trata de Personas en el Estado de Tlaxcala, se destacan los siguientes datos estadísticos: De 2006 a 2008 se presentaron 57 denuncias; de las cuales 17 son actas circunstanciadas y 40 averiguaciones previas; Respecto a la edad de las víctimas al momento de denunciar, 46 % eran niñas, niños y adolescentes y 54 % mayores de edad; En cuanto al grado de instrucción de las víctimas, 90 % cuentan, a lo más, con secundaria completa; Las mujeres que denunciaron, originarias de Tlaxcala, pertenecen a los siguientes municipios: 20 % a Santa Ana Chiautempan, 13 % al de Acuamanala, 13 % al de San Miguel Tenancingo, 7 % a Apizaco, 7 % a Papalotla, 7 % al de San Lorenzo Axocomanitla, 7 % al de San Pablo del Monte, 7 % a Zacatelco, y 6% al de Contla; Las víctimas provenientes de otros Estados son: 50% de Puebla, 20 % de Veracruz, 10% de Tabasco, 10 % de Chiapas, y 10 % de Guerrero; El delito se consumó: en Tlaxcala 46%; 23% en Puebla; 20% en el Distrito Federal; y 3%, respectivamente, en los Estados de Baja California, Chihuahua, Morelos y Estados Unidos[17]

Al interior de las familias de Tlaxcala opera la crisis del patrón familiar mesoamericano que explica que, ante lo limitado de la tierra y el elevado número

---

[16] (Azaola, 2003; en http://idhieibero.org/publicaciones/pdf/iniciativaPopular.pdf, consulta 05/05/2016)

[17] (http/ceidas.org/documentos/Excelsior/Tlaxcala_Excelsior_17-04-07.pdf 2 Véase Trata de Mujeres en Tlaxcala por Patricia Olamendi).

de integrantes de las familias, quienes heredan las tierras son ahora, solamente un hijo quien puede tener el título, mientras que los demás hermanos a lo mucho puede tener derechos a salvo. Así que considerando que en promedio el número de integrantes de la familia en Tlaxcala es de 5 integrantes, y la tierra, en promedio, menos de 2 hectáreas, hace que el resto de los hijos se vea obligado a salir de la comunidad. A diferencia de las situaciones en que libremente los hijos salen a buscar trabajo, al salir, se obligan a enviar dinero a los padres. Pero en los casos de la trata de personas la familia ya no cuenta con este recurso. Lo que sucede es que la familia reduce la cantidad de integrantes de consumidores para lograr un nuevo punto de equilibrio: consumidores y trabajadores. Por otra parte, también nos habla de la preexistencia de violencia interfamiliar y de prácticas de discriminación hacia las mujeres.

Tampoco podría florecer un mercado sexual, con estas características, de no existir el consumo o la necesidad de estos servicios tanto en municipios de Tlaxcala, la Ciudad de México o bien, en otro país. En la modernidad tardía existe una obsesión por el cuerpo que deriva en un deseo desenfrenado por el sexo y fomentado por los medios de comunicación como estrategia de marketing y, más recientemente por el internet. Por otro lado, como parte, de la cultura del machismo acudir a los servicios sexuales una práctica tolerada por la sociedad. El municipio de Tenancingo, Tlaxcala, "Capital de los padrotes", se encuentra localizado en la zona sur del estado de Tlaxcala y fronterizo con el de Puebla es el centro del huracán de la prostitución y trata de mujeres en México mediante proxenetas que engañan a mujeres indígenas y mestizas para trasladarlas a la Ciudad de México o a la Frontera con los Estados Unidos con el propósito de ser explotadas sexualmente. Dicho comercio sexual cuenta con redes internacionales (Véase mapa 3).

Mapa 3 El municipio de Tenancingo, Tlaxcala

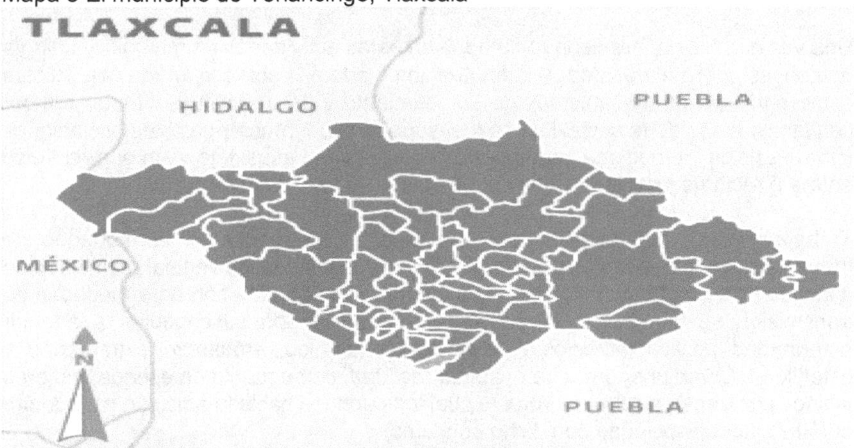

Mapa 2 Tlaxcala. http://www.inafed.gob. mx/work/enciclopedia/EMM29 tlaxcala /municipios/29027a.html

http://www.inafed.gob.mx/work/enciclopedia/EMM29tlaxcala/municipios/29027a.html

Según el informe del "*Pimp City: A jouney to the Center of the Sex Slave Trade*", del Departamento de Justicia de los Estados Unidos, de 2014 ubica a Tenancingo, Tlaxcala como el mayor proveedor de esclavas sexuales en toda la Unión Americana. Al ingresar a los Estados Unidos son obligadas a tener sexo hasta con 60 hombres al día en granjas, fábricas y ciudades. Algunos cálculos estiman que la trata de mujeres deja unos 1,000 millones de dólares anuales. A pesar de las denuncias por Organizaciones no Gubernamentales y documentales periodísticos, poco se ha hecho para frenar dichas prácticas.

La trata de personas es un asunto global, ya que forma parte del auge de redes delictivas transnacionales. El crimen organizado también forma parte del comercio sexual al lado de actividades tales como el tráfico de órganos, la migración, el tráfico de armas, la pornografía infantil. Dichas actividades son parte de las actividades económicas a cargo del crimen organizado quienes controlan el 70% de la trata de personas, en particular mujeres indígenas y niños que pasan por sus manos. En otras palabras, el crimen organizado también se lleva su tajada de los proxenetas y burdeles en sus territorios o plazas, de lo contrario queman sus negocios (burdeles). Los carteles también controlan a los "coyotes" exigiéndoles dinero y utilizando a los migrantes para pasar droga (mulas). Así mismo, controlan el paso de los migrantes centroamericanos exigiéndoles dinero y en ocasiones obligando a las mujeres a prostituirse; En otros casos obligan a los migrantes a integrarse a sus filas, como en el caso de los Zetas, de negarse los asesinan y los entierran en fosas clandestinas. Un informe de la Comisión de Derechos Humanos en México reportó que, en 2010, de un total de 214 situaciones de secuestro de centroamericanos, resultaron 11 víctimas[18]. Lo anterior muestra que México no ha realizado un trabajo eficiente para reducir los secuestros a transmigrantes centroamericanos. En todos estos procesos participan las autoridades en todos los niveles abarcando, desde luego, a varios países. Ha sido denunciada, la policía migratoria, por colaborar con los carteles.

Una vez que las mujeres son reclutadas en estas actividades es muy difícil salir ya que se les cobra el traslado, la manutención y además son convertidas en adictas como parte de los mecanismos de sometimiento y de esclavitud. Intentar romper con las cadenas de la esclavitud sexual supone experimentar golpizas, violaciones y tortura física y emocional; que puede llegar hasta el asesinato y sin que nadie se entere o reclame justicia.

Trabajando en estas actividades, son víctimas de adquirir enfermedades de transmisión sexual, además de cortes y desgarros en el tejido vaginal o anal debido a la violencia en el sexo, violaciones y úlceras relacionadas con enfermedades de transmisión sexual. Por falta de atención médica son susceptibles a adquirir enfermedad pélvica infecciosa, dolor pélvico crónico, embarazo extrauterino y esterilidad. Como una forma de evadir la realidad, como medio de escape, mujeres y niños consumen alcohol o droga lo cual los conduce hacia la adicción y a adquirir enfermedades asociadas con dicho consumo.

---

[18] Pérez, Claudia (2012) "La trata de personas en México, una triste realidad", en informe Nurneberger Menschenrechtszentrum, Alemania; Disponible en www.menschenrechte.org, consultado 10/04/2015).

En síntesis, en la modernidad tardía, la separación de las mujeres de sus comunidades no deriva, de por sí, en un proceso de individualización en la que el sujeto determina y construye su ser social como mujer.

Los "padrotes" y políticos *versus* Organizaciones no Gubernamentales

El contexto político y legal que permite la reproducción de la trata de blancas es, en primer lugar, la corrupción de autoridades policiacas en la medida en que altos funcionarios se encuentran involucrados con las actividades extralegales que abarca pornografía infantil, turismo sexual, trata de personas, y otras formas de explotación sexual. En segundo lugar, un marco normativo débil y que goza del desconocimiento de los funcionarios policiacos y políticos.

La trata de personas muestra que en la globalización se trata de un negocio muy lucrativo, sin embargo, enfrenta un sistema judicial atrasado e ineficiente. El bajo nivel profesional de las autoridades hace que sean presas fáciles de la corrupción y la impunidad. Las redes involucradas en el trasiego de las mujeres logran "comprar" la influencia de agentes gubernamentales para fines de facilitar la recepción, traslado y colación de las mujeres en el lugar de destino.

El siguiente testimonio muestra la complicidad de las autoridades migratorias con los grupos criminales:

"No importa lo que me hicieron. Pero lo que le hicieron a todas esas mujeres, eso duele más. Eran 17. Diecisiete mujeres que regresaban cada noche más tristes, más heridas, golpeadas. Yo no voy a olvidar nunca lo que vi. Tengo miedo de que ahora que vienen los de migración por mí, me vean los otros policías. Los policías municipales estaban del lado de los delincuentes. Pasaban todos los días y, pues, les daban yo me imagino que una cuota, porque, digo yo, si no, pues los policías nos hubieran ayudado a salir, y nada. No hicieron nada".[19]

Ese cuerpo político y legal facilita la reproducción de la trata de personas brindando facilidades para su desarrollo y extensión. El sistema de corrupción gubernamental es una estructura piramidal que tiene como fin garantizar la actividad ilegal, clandestina y de impunidad.

Gracias a lo anterior los tratantes construyen una red con un poder paralelo a las comunidades y municipios conformado para burlar los ordenamientos legales para, al final, imponer su propia ley: el miedo y la impunidad. Gracias a eso logran el silencia e inacción de las personas afectadas (familiares o parientes) quienes son víctimas de un sentimiento de impotencia y temor ante los tratantes quienes gozan de la fuerza y el poder, económico, político, legal, armas y, principalmente, la corrupción gubernamental.[20]

---

[19] Testimonio anónimo recogido por la CNDH en el Informe Especial sobre Secuestro de Migrantes en México. 2011., subrayado mío.

[20] Comisión Nacional de los Derechos Humanos, México (2013) "Diagnóstico sobre la situación de la trata de personas en México", Editorial CNDH, México D.F.

Otros elementos que explican la tolerancia de las autoridades son las siguientes: La explotación sexual ocurre de manera invisible debido a que son temas tabúes pues se trata de temas sabidos, pero no publicados o denunciados (a menos que se trate de un escándalo que involucre a alguna figura pública); El fenómeno tiende a confundirse con migración, trata, prostitución o alguna combinación con tal de esconder no hacer visibles a los grupos de poder involucrados; por tradición, dichas prácticas, aunque ilícitas pues son mal vistas por la sociedad, han sido toleradas por muchos años; la cultura patriarcal tolera que el hombre acuda a los servicios sexuales de terceras personas para reafirmar el estatus de poder; Las autoridades se ven beneficiadas con recursos económicos por parte de quienes controlan el negocio de la prostitución o trata de mujeres y con ello compran su silencio, protección, colaboración o involucramiento directo en el negocio.

Gracias a la participación decidida de la Pastoral Social de la Diócesis de Tlaxcala en 1998 por la iniciativa de sacerdotes y religiosas fue posible la creación de la coordinación de la Pastoral Social, integrada por laicos, religiosas y sacerdotes, se decidió crear el Centro Fray Julián Garcés, Derechos Humanos y Desarrollo Local, A. C., a mediados de noviembre de 2001. Dicho centro ha sido el principal centro de denuncia por la violación de los derechos a causa de la trata de personas y promoción de derechos humanos. Dicho centro ha sido el eje de articulación de otras instancias de derechos humanos y centros universitarios para la defensa de las mujeres víctimas de trata. Fue así que el Centro se enteró de varios casos de violación de los derechos humanos de las mujeres.

En particular, el Centro recibió los testimonios de casos de: "a) Familias que tenían mujeres desaparecidas, presuntamente por sus esposos, hermanos, padres y/u otros familiares, presumiblemente para fines de explotación sexual en los Estados Unidos. b) Mujeres que indicaban que sus maridos las prostituían o las habían prostituido durante un largo período de su vida. c) Grupos de personas que denunciaban la existencia de sótanos y casas en las comunidades del sur del estado, donde se recluía a mujeres provenientes de otros estados. d) Mujeres que indicaban la existencia del ejercicio de la explotación sexual por parte de hombres de las comunidades que estaban organizados para la explotación sexual de las mujeres e) Grupos de personas que atestiguaban robos de jovencitas en las escuelas y desapariciones de niñas con fines de explotación sexual. f) Existencia de maquila domiciliaria, en donde se enganchaba a las mujeres indígenas para el trabajo de costura y confección de ropa, a cambio de comida y alojamiento, para luego llevarlas a redes de prostitución." [21]

Ese tipo de acciones por parte de la sociedad civil, que tiene como eje la acción de la pastoral social de Tlaxcala y Puebla ha creado las condiciones para exigir un marco legal. Es así que México hace suyo el Protocolo para Prevenir, Erradicar y Sancionar la Trata de Personas, adoptado por la Asamblea General de las Naciones Unidas y ratificado por el Senado de la República el 22 de octubre 2002 es un

---

[21] (Iniciativa Popular, 2004: 149, en dhieibero.org/publicaciones/pdf/iniciativaPopular.pdf, consulta 23/05/2015).

instrumento legal muy preciso en cuanto a sus definiciones y alcances. México firmó y ratificó en 2003 el protocolo que intenta proteger especialmente mujeres y niños con los países firmantes se obligan a crear políticas y medidas para combatir este delito, además de garantizar la protección de las víctimas y colaborar con otros países a combatir la trata.

Es hasta el presente siglo, el 27 de noviembre de 2007, cuando se expidió la Ley para Prevenir y Sancionar la Trata de Personas, la cual tipificaba el delito a nivel federal en su artículo 5 Ley para Prevenir y Sancionar la Trata de Personas. Dicha ley apareció en 2007 en el Periódico Oficial el Decreto número 146, por el cual se tipificó la Trata de Personas como delito en el Código Penal del estado de Tlaxcala. Poco tiempo después se publicó el decreto 147, en el que se estableció el delito de Trata de Personas como grave en el Código de Procedimientos Penales.

"Por Trata de Personas se entenderá la captación, el transporte, el traslado, la acogida o la recepción de personas, recurriendo a la amenaza o al uso de la fuerza u otras formas de coacción, al rapto, al fraude, al engaño, al abuso de poder o de una situación de vulnerabilidad o a la concesión o recepción de pagos o beneficios para obtener el consentimiento de una persona que tenga autoridad sobre otra, con fines de explotación. Esa explotación incluirá, como mínimo, la explotación de la prostitución ajena u otras formas de explotación sexual, los trabajos o servicios forzados, la esclavitud o las prácticas análogas a la esclavitud, la servidumbre o la extracción de órganos" [22]

El 14 de junio de 2012, el Congreso de la Unión promulgó la Ley General para Prevenir, Sancionar y Erradicar los Deditos en Materia de Trata de Personas y para la Protección y Asistencia a las Víctimas de Delitos. Establece penas máximas de hasta 40 a 60 años de prisión; obliga a la Federación, estados y municipios coordinarse para prevenir este delito y establece la obligación de reparar el daño a las víctimas de manera integral, efectiva, eficaz y adecuada, dependiendo de la gravedad del daño.

No todas las reformas legislativas significan un avance para frenar la trata de personas. En septiembre de 2013 se propuso en el senado de México una reforma a la actual ley. Se propuso derogar artículos de la ley, eliminar agravantes, eliminar el fondo de recursos para atención a las víctimas y permitir la publicidad de oferta sexual sancionándola solo cuando sea dolosa. Lo anterior significa un retroceso penal y retroceso en el apoyo a las víctimas.

También en 2013 se puso a disposición en México una línea telefónica de denuncia de la trata, y de otras formas de esclavismo moderno, mediante el número gratuito: 01800-553300, con cobertura a nivel nacional y es atendido por especialistas como

[22] ("Normas fundamentales de derechos humanos para el trato a víctimas del tráfico de personas" en www.thai.net/gaatw, consulta 12/06/2015).

psicólogos y abogados las 24 horas de todo el año. Posteriormente las denuncias se canalizan a la Comisión Unidos Contra la Trata y la Policía Federal [23]

De acuerdo con la ENDIREH (2011) Tlaxcala acusa un alto índice de situación de violencia contra las mujeres con un porcentaje de 46.70% (190 934 casos) de mujeres de entre quince años y más que sufrieron violencia a lo largo de la relación con su última pareja, ya sea violencia emocional, económica, física o sexual (Informe cualitativo y cuantitativo, 2015). De acuerdo con el informe de la ONU-Mujeres, en 2010 se denunciaron 100 violaciones sexuales; mientras que la estadística del Secretariado Ejecutivo del Sistema Nacional de Seguridad Pública, entre 2012 y 2013 se cometieron 64 violaciones sexuales. Y de acuerdo o el INEGI en 2012 se registraron 14 defunciones femeninas por homicidio. En tanto que la Procuraduría del Estado reportó que entre 2012 y 2013 se cometieron 24 asesinatos de mujeres[24] El tribunal Superior de Justicia informó que de 2011 a 2012 se registraron 1,870 casos de violencia contra las mujeres y, sin embargo, no emitió ninguna orden de protección. La PGJ informó de 444 hechos de violencia contra las mujeres y tampoco emitió órdenes de protección. La explicación de dicha institución argumenta que "las mujeres decidieron salirse del domicilio donde se encontraba el agresor para dirimir sus controversias".

A pesar de logros en el fortalecimiento del marco jurídico, el informe de la Fiscalía Especial para los Delitos de Violencia contra las Mujeres y Trata de Personas (FEVIMTRA), señala que hasta mayo de 2008 no se había dictado ninguna sentencia condenatoria por delito de trata de personas. La razón de lo anterior explica se debe a que no se ha logrado aproximar el nivel de comprensión sobre cómo opera y cómo se organizan las redes de tratantes. Así mismo se señala que existe una gran disparidad entre la incidencia del fenómeno de la trata y la capacidad real de atención de las autoridades públicas ya que no existe un sistema de información que ayude a dar claridad al problema.

Aunque la trata de personas se disparó en Tlaxcala en los años ochenta, será hasta 2007 cuando el gobierno mexicano promulgó una legislación federal para prohibir todas las formas de trata de personas. Prescribió penas de 6 a 12 años de cárcel, Los 32 estados aprobaron reformas al código penal contra la trata, aunque en cada estado varía el contenido y afectividad, además no en todas se proscribe todas las formas de trata. Sin embargo, se creó una instancia de la policía federal para investigar la trata y el tráfico de personas: La Fiscalía Especializada para los Delitos contra las Mujeres y Trata de Personas (FEVIMTRA) adscrito a la Procuraduría General de la República para situaciones en que a nivel federal se encuentren implicados tres sospechosos o menos. En tanto que la Subprocuraduría de Investigación Especializada en Delincuencia Organizada (SIEDO) se encarga de investigar situaciones con más de tres sospechosos. La FEVIMTRA investigó 76

[23] (www.excelsior.com/comunidad/2013/00/06, consultado 06/04/2015).

[24] Informe cualitativo y cuantitativo: avances y retrocesos en la protección de las mujeres víctimas de violencia familiar 2012-2014 (2015) Observatorio Ciudadano Nacional del Feminicidio, en católicas por el Derecho a Decidir, A.C., México D.F.

casos de trata, e inició 47 procesos, logró apenas una sentencia. Por su parte la Procuraduría de la Ciudad de México inició 47 procesos y sentencio 4 casos en 2010[25].

Organizaciones no gubernamentales, funcionarios públicos y algunos observadores han reportado que la falta de resultados se debe a la corrupción de funcionarios públicos: agentes policiacos y judiciales a nivel local, así como oficiales de inmigración. Entre las acciones de corrupción se puede enumerar: extorción, soborno de tratantes, servicios sexuales; falsificación de documentos de identidad de las víctimas; miedo de las víctimas a denunciar; inexistencia de reportes de prostitución infantil o de alguna actividad de trata de personas.

En 2010 un juez federal absolvió a un funcionario de inmigración de alto nivel acusado por la SIEDO por su participación en la trata de mujeres centroamericanas. Algunos fiscales especiales investigaron a directores de centros de readaptación social en la Ciudad de México por su responsabilidad en la red de prostitución forzada de reclusas que operaba fuera de la cárcel.[26]

A nivel nacional la Comisión Internacional de Derechos Humanos ha denunciado la complicidad de las autoridades gubernamentales con el crimen organizado: policiacas y judiciales en todos sus niveles (federal, estatal y municipal); así como de miembros de las fuerzas militares e incluso ministerios públicos. Como resultado las violaciones de los derechos humanos han quedado en la impunidad: trata de mujeres, desapariciones forzadas, ejecuciones extrajudiciales, denuncia de tortura a cargo de funcionarios federales, estatales y de las fuerzas armadas, violencia y hacinamiento de las prisiones, uso abusivo de la presión preventiva, falta de garantías para ejercer la libertad de expresión o la intervención de las comunicaciones. Algunos de los casos más emblemáticos: el asesinato extrajudicial a cargo de integrantes del ejército a 22 personas en Tlatlaya, Estado de México en junio de 2014, ha quedado en la impunidad. La desaparición de 43 normalistas en Iguala, Guerrero en septiembre de 2014; muerte de civiles por parte de militares en Ostula, Michoacán en mayo de 2015, por citar algunos. Por el lado del crimen organizado han quedado sin solución los casos del secuestro y asesinato de 72 migrantes en agosto de 2010; e cl hallazgo de 193 cadáveres de migrantes en 2011; algunas autoridades mexicanas reconocen que muchas policías son sobrepasadas o cooptadas por el crimen organizado. La comisión Internacional de los Derechos Humanos ha identificado la manera en que grupos del crimen organizado controla las redes de tráfico y trata de personas[27].

---

[25] Vargas, Mauro y Fernández, Melissa (2011) "Diagnóstico sobre la construcción y reproducción de la masculinidad en relación con la trata de mujeres y niñas en Tlaxcala", Editorial GENDES-Indesol, México D.F.
[26] Estudio sobre la trata de personas en México (2010) "Estudio sobre la Trata de personas en México", Editado por el Instituto Belisario Domínguez del Senado de la República, LXI Legislatura, México.
[27] Situación de los derechos humanos en México (2015) "Situación de los derechos humanos en México", en Editorial Comisión Interamericana de los derechos humanos y Organización de los Estados Americanos.

La Ley General de Acceso de las Mujeres a una Vida Libre de Violencia, considera en su artículo 6° seis tipos de violencia contra las mujeres: psicológica; física; patrimonial; económica; sexual: y cualquier otra forma de violencia o que lesione o sea susceptibles de dañar la dignidad, integridad o libertad de las mujeres.

Los actos u omisiones de las y los servidores públicos de cualquier orden de gobierno que discriminen o tengan como fin dilatar obstaculizar o impedir el goce y ejercicio de los derechos humanos de las mujeres, así como su acceso al disfrute de policías públicas destinadas a prevenir, atender, investigar, sancionar y erradicar los diferentes tipos de violencia (Capítulo IV, Artículo 18) (LFAMVLV). La ley anterior pone muy claro las cosas al tipificar como violencia institucional los casos de omisión en el establecimiento de medidas de protección, no contar con protocolos de atención integral a mujeres o dejan en impunidad la violencia contra las mujeres.

La Ley de Violencia del Estado, en su artículo 44, señala que las órdenes de protección saben de emitirse por un juez competente de acuerdo con el procedimiento y observancia que el Código Penal del Estado y el Protocolo de Actuación determinen, señalando que el Ministerio Público debe aplicarlas e instrumentarlas.

La ENDIREH, en 2011 informó que el 46.7 % (1909, 939) de las mujeres de Tlaxcala, porcentaje mayor al promedio nacional, había sufrido algún tipo de violencia en su última relación de pareja ya sea violencia emocional, económica, física o sexual. En 2012 la ONU informó de un promedio de 6.8 violaciones por cada 100 mil mujeres. Ese año la tasa de defunciones femeninas con presunción de homicidio fue de 1.2%. En 2014 la Procuraduría del estado informó que entre 2010 y 2011 se sucedieron 14 homicidios dolosos de mujeres. Es decir, la violencia a las mujeres en Tlaxcala se encuentra muy arraigada en las parejas, y dicha situación llega hasta los homicidios[28]. Éste elemento ayuda también a entender la normalización de la trata de mujeres[29].

El Tribunal Superior de Justicia, informó que tuvo conocimiento de 1,870 casos de violencia contra las mujeres, pero no emitió ninguna orden de protección por considerar la Ley que Garantiza el Acceso a las Mujeres a una Vida Libre de Violencia. Argumento la institución que las acciones emitidas en esos casos se fundamentaron en los códigos en materia civil y penal y no de acuerdo con la Ley de Acceso a las Mujeres. Dicha ley fue publicada en diciembre de 2007 y, luego de 6 años, aún no se implementa. En ocasiones los funcionarios públicos estatales y locales no se encuentran familiarizados con la legislación de trata ya que, por ejemplo, no son capaces de distinguir entre tráfico de indocumentados y trata de personas. El Congreso aprobó en 2012 un presupuesto de 4.2 millones de dólares

[28] Rivas, Francisco; Cendejas, Mariana; Pérez, Vania y Díaz, Christian (2015) "Estadística sobre la procuración de justicia en el combate a la trata de personas en México 2010-2013", en Revista Interamericana de Estadística y Geografía, Vol. 6, Núm. 2, mayo-agosto, pp. 52-63.

[29] Estrategia estatal para prevenir, combatir y sancionar la trata de personas y proteger a sus víctimas (2008) Editado por el Gobierno de Tlaxcala, México.

para implementar programas de prevención, sin embargo, no ha existido suficiente información para su evaluación[30].

Conclusiones

Lo que posibilita la trata de mujeres para fines de prostitución es la debilidad del Estado Nación lo que crea condiciones para la corrupción y colusión de las autoridades policiacas e instituciones en todos los niveles de gobierno (local, estatal y nacional) que podrían garantizar los derechos de las mujeres, provocando la impunidad del delito.

La existencia de la trata de mujeres en Tenancingo es parte de la crisis del patrón familiar mesoamericano en el cual, ante lo limitado de las tierras y el gran número, relativo, de miembros de la familia (5 en promedio), hace que la mayoría de los hijos o hijas que no reciben tierras en herencia se encuentren forzados a salir de la comunidad. Sin embargo, debido a este tipo de actividad ilegal la familia de las mujeres enganchadas deja de percibir recursos económicos. Únicamente disminuye el número de integrantes de la familia, a la manera de una estrategia de reproducción social.

La existencia de este fenómeno social no abona nada para impulsar la modernidad pues se trata de una modernidad trunca ya que inhibe el surgimiento de una ciudadanía real, a pesar del proceso de individualización, en el caso de los proxenetas, pues en realidad reproduce formas tradicionales de familia y amplía la brecha entre hombres y mujeres. En comunidades indígenas el problema se hace más drástico ya que significa la reproducción de nuevas formas de esclavismo sobre la población más vulnerable del país: las mujeres indígenas.
El problema de la trata se debe a una combinación de factores: una cultura de machismo, pobreza social, existencia de redes de proxenetas en las comunidades y municipios, la corrupción de autoridades, consumidores de servicios sexuales, entre otras, hace que el problema de la trata se convierta en un fenómeno social naturalizado e invisibilizado.

El hecho de que las mujeres de Tlaxcala sean engañadas con promesas de trabajo, dinero y oportunidades de vida, y una vez que aceptan los servicios de esta red de reclutamiento quedan en situación de vulnerabilidad para dedicarse a la prostitución forzada constituye una violación a los derechos humanos debido a la situación de inferioridad perdiendo así los derechos a la libertad, la libre elección, al libre traslado y la libertad sexual. La violencia de género sobre pasa los límites de la injusticia pues abarca la violencia: sexual, psicológica, emocional, social, política y física[31].
Las denuncias y gestiones de las organizaciones de derechos humanos enfrentan a instituciones y cuerpos policiacos con ignorancia y desconocimiento en la reglamentación o, simplemente, por estar coludidos encuentran oídos sordos a las

[30] file:///F:/TRATA/MEXICO_TIP_2011_Report__esp_.pdf

[31] Castro, Oscar (2008) "Acciones colectivas para el combate a la trata de mujeres", Editorial Centro Fray Julián Garcés, Derechos Humanos y Desarrollo Local, A.C., Tlaxcala.

demandas. La solución del problema es la participación de organizaciones de la sociedad civil que incidan en la promoción de una cultura de denuncia como lo ha sido la incorporación de mujeres que ahora trabajan como voluntarias en los albergues para mujeres y como activistas.

Otro elemento que opera en contra, al menos en Tenancingo es la cultura de la tolerancia de dichas prácticas tanto en las familias como en las autoridades locales. El desinterés por parte de las autoridades estatales y municipales se explica por la ausencia del castigo del delito, de políticas públicas eficientes y una cultura machista, permitió al desarrollo de redes que fueron sofisticando los mecanismos de enganche, ampliando sus redes a nivel estatal, federal e internacional. La enseñanza de los mecanismos de enganche ha sido proceso culturalmente pasando los secretos de generación en generación.

Bibliografía

1. Bravo Romina; Grima, José (2014) "La Trata y el Tráfico de Personas. Sociedad Civil y Estado. Tlaxcala, México", en *revista IXAYA*, Revista Universitaria de Desarrollo Social, pp. 190-212.
2. Casillas, Rodolfo, (2006) "*La trata de mujeres, adolescentes niñas y niños en México*", CIM, OIM, INMUJERES, INM, Ciudad México, 2006.
3. Castro, Oscar (2008) "Acciones colectivas para el combate a la trata de mujeres", Editorial Centro Fray Julián Garcés, Derechos Humanos y Desarrollo Local, A.C., Tlaxcala.
4. Comisión Nacional de los Derechos Humanos, México (2013) "*Diagnóstico sobre la situación de la trata de personas en México*", Editorial CNDH, México D.F.
5. Departamento de Justicia de Estados Unidos, (2004) "*Informe del Procurador General Alberto R. Gonzales, sobre los esfuerzos del gobierno de Estados Unidos en el combate a la trata de personas durante el año fiscal 2004*" (Disponible en: www. Usdoj.gov/whatwedo, consulta 15/14/2016).
6. Estrategia estatal para prevenir, combatir y sancionar la trata de personas y proteger a sus víctimas (2008) Editado por el Gobierno de Tlaxcala, Tlaxcala.
7. Estudio sobre la trata de personas en México (2010) "*Estudio sobre la Trata de personas en México",* Editado por el Instituto Belisario Domínguez del Senado de la República, LXI Legislatura, Ciudad de México.
8. Foucault, Michel, (2002) "*Historia de la sexualidad", tomos 1, 2 y 3, siglo XXI editores, Ciudad de México.*
9. Inegi, (20008) "*Las mujeres en Tlaxcala. Estadísticas sobre desigualdad de género y violencia contra las mujeres*", editado por el Instituto Nacional de Estadística Geografía e Informática, Ciudad de México.
10. Informe cualitativo y cuantitativo: avances y retrocesos en la protección de las mujeres víctimas de violencia familiar 2012-2014 (2015) Observatorio

Ciudadano Nacional del Feminicidio, en católicas por el Derecho a Decidir, A.C., Ciudad de México.
11. La iniciativa popular en Tlaxcala. Acciones colectivas para el combate a la trata de mujeres (2008) editado por el Centro Fray Julián Garcés, Tlaxcala, Ciudad de México.
12. Órdenes de protección en México: mujeres víctimas de violencia y falta de acceso a la justicia", (2013) "*Órdenes de protección en México: mujeres víctimas de violencia y falta de acceso a la justicia*", editado por Católicas por el Derecho a Decidir, A.C. y Observatorio Ciudadano Nacional del Feminicidio, Ciudad de México.
13. Pérez, Claudia (2012) "*La trata de personas en México, una triste realidad*", en informe Nurneberger Menschenrechtszentrum, Alemania.
14. Rivas, Francisco; Cendejas, Mariana; Pérez, Vania y Díaz, Christian (2015) "Estadística sobre la procuración de justicia en el combate a la trata de personas en México 2010-2013", en Revista Interamericana de Estadística y Geografía, Vol. 6, Núm. 2, mayo-agosto, pp. 52-63
15. Situación de los derechos humanos en México (2015) "Situación de los derechos humanos en México", en Editorial Comisión Interamericana de los derechos humanos y Organización de los Estados Americanos, Ciudad de México.
16. Santana, Juana María, (2003) "*La prostitución dentro del marco de las relaciones de poder, una semblanza antropológica*", en Médicos del Mundo, Ciudad de México.
17. Vargas, Mauro y Fernández, Melissa (2011) "*Diagnóstico sobre la construcción y reproducción de la masculinidad en relación con la trata de mujeres y niñas en Tlaxcala*", Editorial GENDES-Indesol, México D.F.

Migración, condición y participación de la mujer indígena como parte del desarrollo de su comunidad (caso mujeres triquis)

Cruz Velázquez Galindo[1]

Introducción

Al cuestionarles su opinión sobre la población indígena en México a mis alumnos de segundo trimestre en la carrera de Derecho, generalmente respondieron que eran personas sucias que piden limosna o andan vendiendo chicles, dulces u otros productos parecidos en los semáforos; que algunas veces limpian parabrisas, o traen a sus hijos pequeños sucios y descuidados.[2] Debido a estos juicios la gente los mira con desdén o ni siquiera los voltean a ver, pero dejando de lado la cuestión moral: ¿Por qué están aquí? ¿Cuál es el motivo que los hizo dejar su hogar y la poca tierra que tenían? De acuerdo con el índice de desarrollo humano existen múltiples tipos y definiciones de movilidad. En este informe, se analizan dos tipos de movilidad en relación con el desarrollo humano: Movilidad absoluta (referida al aumento o disminución de progreso en el tiempo [movimiento direccional]) y Movilidad igualadora (que indica hasta qué grado se ha igualado el desarrollo de las personas en el largo plazo [en relación con la distribución original]).[3]

Los indígenas son discriminados por el Estado y la sociedad, tal vez porque niegan la pertenencia de estos a la idea concebida de nuestra nación, pese a que ellos estaban aquí antes que los castellanos llegaran al continente. Los indígenas son considerados inferiores porque siguen aplicando sus usos y costumbres, o hablando el idioma nativo. La sociedad especula sobre su condición de pobreza, argumentando que si viven en aquellas condiciones es porque son flojos y no quieren sembrar sus tierras.

Los prejuicios más comunes se deben a la lejanía que sienten los citadinos al campo, haciéndolos inconscientes de las situaciones en las que viven estos pueblos. Existe un profundo desconocimiento sobre la historia de este país, de modo que se cree que las costumbres atribuidas a los indígenas (como la embriaguez, maltratar y explotar a las mujeres, entre otras), son propias de su cultura, sin pensar que estas fueron obtenidas de los conquistadores. Los indígenas cambiaron la mayoría de sus prácticas para adoptar las de los castellanos, quienes los despojaron de sus territorios, circunstancia por la que siguen siendo engañados hasta el día de hoy.

Debido a esto, las condiciones de vida de las mujeres indígenas dentro de sus comunidades todavía son difíciles: no tienen participación en las asambleas, además que es impensable que lleguen a ocupar algún cargo de representación dentro de sus comunidades. Esta situación en México y América Latina se

---

[1] Profesora-investigadora del Área de Investigación de Derechos Humanos y Alternatividad Jurídico Social del Departamento de Derecho de la Universidad Autónoma Metropolitana Azcapotzalco.

[2] Esta fue la reacción de los jóvenes en la clase de Historia de Derecho Mexicano de la Universidad Autónoma Metropolitana Azcapotzalco de la Ciudad de México.

[3] Informe Mundial sobre Desarrollo Humano (PNUD), 2016.

potencializa, ya que son discriminadas de tres maneras diferentes.

Las mujeres indígenas se tienen que enfrentar a un fenómeno de carácter socio-político y cultural, pero los maltratos ejercidos hacia ellas no se reducen exclusivamente a aspectos culturales. Han vivido bajo un sistema de dominación que las excluye en todo momento; por ejemplo, cuando salen a las grandes ciudades en busca de trabajo lo único que les ofrecen son trabajos como sirvientas, Son consideradas como personas de segunda que no saben hacer nada más que trabajos domésticos, y ya en estos son explotadas haciéndolas trabajar desde muy temprano hasta altas horas de la noche aprovechando que no dominan el idioma español.

Idiomas indígenas originarios

Los diferentes idiomas que hablan los indígenas del país son poco conocidos entre los hispanoparlantes mexicanos, ocasionando burlas cuando escuchan a estas personas comunicarse en su lengua natal. Sin embargo, la enseñanza de lenguas indígenas sigue floreciendo porque las madres se esmeran en instruir a sus hijos para que su idioma no se pierda. En este país se conservan todavía "68 idiomas originarios y 364 lenguas que son las variantes de los idiomas, situación que ubica a México entre las 10 naciones más ricas en diversidad cultural, no obstante, el 23 por ciento de ese total se encuentra en peligro de extinción".[4] Esto es debido a que los gobiernos que cuentan con población indígena incumplen su obligación de garantizar los derechos la totalidad de sus ciudadanos.

Existe el riesgo de que la mayoría de las lenguas autóctonas y sus variantes se pierda, incluyendo las más conocidas. Los investigadores están seriamente preocupados por la situación que atraviesan los pueblos indígenas sobre la pérdida de sus idiomas, en cambio la mayoría de la sociedad y los gobernantes no entienden que esto es parte de la cultura ancestral de esta nación, ya que son muchos los idiomas y lenguas en peligro. Según el Instituto Nacional de Lenguas Indígenas (INALI) 21 lenguas se encuentran en situación crítica, entre ellas el chontal de Oaxaca, el lacandón, el náhuatl de Tabasco, el zapoteco de San Felipe y el *awakateco*, del que sólo existen tres personas que lo hablan en Campeche, seguido del Tuz anteco en Chiapas, con cinco parlantes.

> *Las lenguas que se encuentran seriamente en peligro son 33, entre ellas el chonteco del este, oeste y sur, el zapoteco de los valles del norte de San Bartolo Yautepec, de Valles del sur, el náhuatl de occidente, el chontal de Oaxaca alto y bajo y el mixteco de San Miguel Piedras, San Pedro Tidaá, Zapotitlán y del noreste del bajo.*
> *Las que están "en peligro" son 38, entre ellas el mixteco del sureste de Puebla; el Zoque del centro y sur; el zapoteco de Zimantlán de Álvarez serrano del sur, de la sierra sur del noreste, sur de abajo y el mazahua de occidente.*

---

[4] *Cfr.* Nava, Fernando. Director general del Instituto Nacional de Lenguas Indígenas (INALI). Se hablan en México 68 lenguas indígenas. Diario Siglo de Torreón. com.mx

El mazateco, el huichol y el náhuatl del Istmo; el otomí, el tarahumara, tepehuano, totonaco y el yaqui se encuentran entre 52 lenguas mexicanas vulnerables de desaparecer sin que haya alguna extinta en los últimos años.[5]

La pérdida cultural de este país sería enorme, pero a los gobernantes no les ha importado -ni antes ni ahora-, por un inherente racismo y porque se cree que ellos no son aptos para el desarrollo de la nación. La prioridad de la clase gobernante es firmar tratados con países desarrollados, que lo único hacen es empobrecer más a la población. Esto se ha hecho más notorio con la firma del Tratado de Libre Comercio de América del Norte (TLCAN). Además, el presidente Peña Nieto firmó el Acuerdo de Asociación Transpacífico o Acuerdo Transpacífico de Cooperación Económica (TPP), de lo cual el Secretario de Economía Ildefonso Guajardo Villareal está sumamente orgulloso, por lo menos así lo manifestó en una entrevista en televisa el día 5 de octubre 2015: en donde señaló que:

El TPP "abre nuevas oportunidades de negocio para el sector productivo nacional en seis mercados de Asia-Pacífico, considerada la región que registrará el mayor crecimiento económico en los próximos 25 años."
Guajardo Villarreal expresó que el TPP fortalece la integración de las cadenas productivas de México, Estados Unidos y Canadá, "contribuyendo a la meta de convertir a América del Norte en la región más competitiva del mundo".
También, consolida el acceso preferencial a los mercados de Chile y Perú, socios comerciales prioritarios de México en América Latina, y profundiza las preferencias de acceso al mercado de Japón, abundó.[6]

La firma de tratados de libre comercio solo ha servido para que los pueblos indígenas sigan rezagados. Por ejemplo, cuando las mujeres indígenas deciden migrar a la ciudad para conseguir un empleo solo obtienen empleos como domésticas o en la informalidad, pese a ello logran desenvolverse y salir fortalecidas con la ayuda de algunas organizaciones que se dedican asistir migrantes, además de las redes que han logrado crear en los lugares a los que llegan.

Las mujeres son las encargadas, de organizar redes en el ámbito nacional e Internacional. En lo que concierne a sus derechos políticos es un gran avance, aunque dentro de sus comunidades no sean reconocidos sus talentos, para el contexto social y público son invisibles, difícilmente tienen presencia en los espacios comunitarios, resulta impensable que incidan en los ámbitos de gobierno. Afortunadamente han ido avanzando hasta conseguir pequeños espacios dentro del ámbito político. Todavía son muy pocas las que han conquistado un escaño legislativo, los únicos ejemplos que tenemos hasta el momento son tres del estado de Oaxaca, dos de

---

[5] *Ibídem.*

[6] *Cfr. Mezepeda.* México firma el TPP, una alianza comercial que perjudicará a los ciudadanos, según dos premios Nobel. Periódico Animal Político http://www.animalpolitico.com/2015/10/mexico-firma-el-tpp-una-alianza-comercial-criticada-por-perjudicar-a-los-ciudadanos/. Consultado el 09 07 2017.

Chiapas y una de Hidalgo:

> *Cirila Sánchez Mendoza, primera mujer indígena de origen chatino, del Estado de Oaxaca, que ocupo una curul, se caracterizó por ser una activista política y social militante del Partido Revolucionario Institucional (PRI). Fue la primera legisladora indígena local, en Oaxaca, por la LII Legislatura para el periodo 1983- 1986, única mujer entre 24 diputados hombres, número que componía entonces el Congreso local. Más tarde, en el trienio 1989-1991 gano la diputación federal y de 1994 a 2000 fue Senadora de la República. Su gestión se caracterizó por su arduo trabajo en favor de las comunidades oaxaqueñas, sobre todo de aquellas donde el abandono marcaba la vida de las personas*[7].

Indígena que en el momento que se candidateo para legisladora del estado de Oaxaca, fue repudiada por una buena parte de la sociedad del Estado por haber obtenido la Curul representando al partido oficial PRI, partido repudiado por los jóvenes estudiantes de la Universidad Autónoma de Oaxaca y por otros grupos de los diferentes municipios del Estado, los cuales tenían otros ideales y por tanto objetaban al partido en el poder. Tuvo que pasar mucho tiempo para que otra mujer indígena obtuviera una curul. Uno de los casos más sonados es el de Eufrosina Cruz Mendoza, indígena de Santa María *Quiegolani*, Oaxaca:

> *Esta mujer contendió en 2007 por la candidatura a la presidencia de su municipio, pero cuando ganó las elecciones le anularon el triunfo, porque por usos y costumbres una mujer no podía ser dirigente de la comunidad, esta mujer hace la denuncia ante los medios, situación que le proporcionó notoriedad para que en 2010 fuera postulada como candidata a diputada local, de representación proporcional por el Partido Acción Nacional (PAN), en el contexto de la coalición Unidos por la Paz y el Progreso que junto con el PRD, el PT y Convergencia, apoyaron la candidatura de Gabino Cué Monteagudo a la gubernatura del Estado.*[8]

El 13 de noviembre de 2010 se instaló formalmente al LXI Legislatura del Congreso de Oaxaca. Ella es la primera indígena de este siglo en ocupar una curul local, en la que el PRI no obtendría la mayoría absoluta, en Oaxaca. También se convirtió en la primera mujer en presidir el Congreso del Estado, en la LXI Legislatura de 2010 a 2012, del mismo modo logro ocupar la LXII Legislatura Federal, la cual dio inicio el primero de septiembre de 2012 y que concluyo el 31 de agosto de 2015. Eufrosina ha sido reconocida por la ONU, como una de las mujeres que conforma el grupo de los 100 líderes que han movido al mundo, aspira a gobernar Oaxaca, Estado en el que ha vivido y del que conoce sus dolores más profundos. La revista

---

[7] *Cfr.* Cervantes Erika (Reportera) Hacedoras de la Historia Cirila Sánchez Mendoza. CMAC Periodismo con Perspectiva de Género. México DF. 31/07/2007.

[8] http://rosyramales.com/eufrosina-cruz-mendoza-perfil-rumbo-al-2016/

Forbes la reconoció como una de las mujeres más poderosas de México en 2016.[9]

La situación de Eufrosina es ejemplar, en el sentido de que ella siendo muy pequeña se dio cuenta que lo que sucedía dentro de su comunidad no era lo que ella quería. Se puede decir que se rebeló cuando la querían obligar a casarse:

> *Por segundo año consecutivo, la revista Forbes incluye a la exdiputada Eufrosina Cruz Mendoza como una de las 100 mujeres más poderosas de México por su trabajo para el empoderamiento de las mujeres y de las comunidades indígenas. Como reconocimiento al trabajo que ha realizado por más de 10 años a favor de las mujeres y de las comunidades indígenas del país, la activista oaxaqueña Eufrosina Cruz Mendoza fue seleccionada como una de las 100 Mujeres Más Poderosas de México, según la publicación Forbes en su edición 2017.*[10]

Esta indígena zapoteca, abrió la puerta en esta nueva época a otra mujer que proviene de la etnia mixe del mismo estado. A Zoila José Juan le toco constituir la LXII Legislatura local que dio inicio en 2013:

> *Zoila llega a ser diputada por mayoría proporcional por el Partido de la Revolución Democrática (PRD), el primer día que llega a ocupar su lugar en la tribuna la representante, denuncio haber sido discriminada antes de entrar a la tribuna el 5 de diciembre de 2013, al momento de acudir al sanitario anexo al salón de sesiones del pleno; la encargada de limpieza le impidió el acceso por su apariencia indígena e ir con la vestimenta de su comunidad.*[11]

Esta mujer que, desde el primer día en que llego a ocupar su curul, quiso hacer valer los derechos de las personas que son discriminadas por su apariencia y manera de vestir. Considero que esta situación es impropia no por su investidura como legisladora. La denuncia fue para que ninguna persona sea excluida por su condición de indígena como lo hicieron con ella. Esta mujer no tuvo la trascendencia de Eufrosina, pues sus coterráneos han señalado que la diputada no ha cumplido con las promesas de campaña, muy de vez en cuando regresa a su municipio.
Es importante mencionar a la Ingeniera en computación Xóchitl Gálvez Ruiz, menciona que proviene de la etnia Otomí. Esta mujer en su biografía narra que ocupó el cargo como secretaria del Instituto Nacional Indigenista (INI), hoy Comisión Nacional para el Desarrollo de los Pueblos Indígenas. (CDI), en el gobierno de Fox. Después se retiró de la vida política hasta 2007, en que compitió para la gubernatura del Estado de Hidalgo donde ella nació, desde 2015 hasta 2018 funge como jefa de

---

[9] *Cfr.* Forbes staff. Mujeres poderosas Forbes 2016. Eufrosina Cruz Mendoza. Revista Forbes 09 06 2016.

[10] *Cfr.* Nivón, María de los Ángeles. Eufrosina Cruz entre las 100 mujeres más poderosas de México: Forbes 2017, Primera Línea. El Blog de María de los Ángeles Nivón 20 06 2017.

[11] *Cfr.* Maza, Janet. Denuncia diputada Zoila José Juan trato discriminatorio en el Congreso. https://oaxaca.quadratin.com.mx/Denuncia-diputada-Zoila-Jose-Juan-trato-discriminatorio-en-el-Congreso/Agencia Quadratín. Todos los Derechos Reservados © 2014

la Delegación de la Miguel Hidalgo, de la CDMX.

En febrero de 2010 fue designada como candidata por el Partido Acción Nacional (PAN), Partido de la Revolución Democrática (PRD) y Partido Convergencia, en la coalición "Hidalgo nos Une". Es Directora General y fundadora de la firma de Consultoría *High Tech Services*, empresa dedicada al desarrollo de proyectos de alta tecnología tales como los edificios y áreas inteligentes, proyectos de ahorro de energía, automatización de procesos y telecomunicaciones. Y fue acreedora a diferentes premios y reconocimientos entre los que destacan:

> *Premio a la "Empresaria del Año" por dos años consecutivos: 1994 y 1995; "Reconocimiento al Compromiso con los Demás 1999" otorgado por el Centro Mexicano para la Filantropía. Fui reconocida por el Foro Económico de Davos en Suiza como uno de los 100 líderes globales del futuro del mundo, primera mujer mexicana en recibir este reconocimiento; también recibí la Presea Pericles 2000, otorgada por el Museo Amparo de Puebla por el mérito social.*[12]

Estas mujeres son un ejemplo de tenacidad, aunque no son representativas por ser muy pocas todavía. En la investigación se hace el señalamiento acerca de la desigualdad de oportunidades que afecta a la mayoría de las mujeres del poco o nulo reconocimiento a sus demandas dentro de las comunidades cuando pretenden hacer valer sus derechos y participar en la toma de decisiones, tampoco son tomadas en cuenta dentro de las políticas públicas del gobierno federal, solo encuentran discriminación, desamparo y tristeza al sentir que por ser mujeres e indígenas no son escuchadas. No solo las mujeres indígenas oaxaqueñas y otomís han sobresalido en las cuestiones legislativas y administrativas, en el Estado de Chiapas, dos indígenas han logrado sobresalir, respecto de la legislatura local: María Gertrudis Hernández Hernández, estudió la licenciatura en derecho:

> *Fue procuradora (fiscal) de Familia. Después la afilió el PRD (Partido de la Revolución Democrática) y llegó al Congreso de Chiapas, convirtiéndose así en la primera mujer indígena de ese Estado en conseguir un escaño en la Cámara. Trabaja, sobre todo, para que se cumplan los derechos de mujeres, niños e indígenas. María Gertrudis es una rompedora de techos de cristal. Ni su condición de mujer, ni su condición de indígena ni su entorno de pobreza le han impedido alcanzar las metas que se ha propuesto (incluida la de fundar su propia familia: está casada y tiene dos hijos). Ha sentido la discriminación, los desaires de compañeros y muchas zancadillas, pero ella es una corredora de fondo. Por eso le pregunto si se ve en el Congreso de la República o, por qué no, si se ve como presidenta de México. María Gertrudis sonríe y dice que el trabajo y Dios tienen la última palabra. El futuro dirá, pero*

[12] http://xochitlgalvez.blogspot.mx/p/trayectoria-xochitl-galvez-ruiz.html. Consultado 25 07 2017.

seguro que sigue rompiendo otros techos de cristal.[13]

Esta indígena *tzetzal*, todo el tiempo porta orgullosamente su traje tradicional del Municipio de *Zinacantan*, es una mujer con una licenciatura en derecho y una maestría, ocupó la LXIV Legislatura de noviembre 2010 a marzo de 2012, por la vía plurinominal por el PRD, su carrera como servidora pública comenzó en la Procuraduría Municipal para la Defensa de la Mujer y la Familia de *Zinacantan*, luego Procuradora Regional para los Altos de Chiapas y fue la primera Procuradora Indígena del Estado (2007 – 2010) esa es la importancia que tiene una mujer cuando se prepara para defender a su comunidad ya termino su legislatura.

La siguiente legisladora representa al Partido Verde Ecologista de México (PVEM), es otra mujer indígena chiapaneca Cecilia López Sánchez *Ch'ijk*, originaria del municipio de *Oxchuc,* fue electa por el Distrito 21 con cabecera en Tenejapa, después de tomar de protesta en la LXVI legislatura en el Congreso del Estado, a quien en una ceremonia le hicieron entrega del bastón de mando reveló que conservará su vestimenta tradicional en cada sesión que se lleve a cabo en dicho recinto porque forma parte de su identificación con los indígenas:

> *Ella explica que la entrega de este bastón a una autoridad significa que el pueblo reconoce y deposita su confianza en esta persona, ya que representa la autoridad que por mandato de la asamblea se otorga a quien, por su desempeño honesto y responsable, merece representar a la comunidad. Por lo que tiene que respetar el compromiso que otorga: el bastón porque es el símbolo a través del cual la comunidad le recuerda que tiene una obligación y no debe desviarse hacia una ruta contraria a la que le señala la voluntad del pueblo.*[14]

Estas mujeres han roto el orden establecido dentro de sus comunidades, indicado hasta dónde pueden llegar cuando pueden ir a la escuela a la escuela y en caso de llegar a tener ciertas responsabilidades como indígenas, ponen en alto a sus comunidades, pero sobre todo lo que significa ser mujer competente sin importar que provengas de un pueblo indígena, situación que no las invalida y que por el contrario la fortalece:

> *La participación de mujeres indígenas en los movimientos sociales ha puesto sobre la mesa discusiones que antes no se abordaban, como la desigualdad política, económica y en materia de género, a las que como indígenas estamos más expuestas. Estos aparecieron ya en la IV Conferencia Mundial sobre Mujeres de Naciones Unidas, que se realizó en China en 1995, y a partir de la cual surgió la primera Declaración de*

[13] *Cfr.* Gutiérrez, Javier. (corresponsal de TVE en México y Centroamérica) La rompedora de techos de cristal (Rostros americanos III) http://blog.rtve.es/desdemexico/2011/11/la-rompedora-de-techos-de-cristal-rostros-americanos-iii.html consultado 25 07 2017.

[14] *Cfr.* Mondragón, Ana Laura. Entrega de bastón de mando a diputada indígena Diario Cuarto Poder de Chiapas. Tuxtla Gutiérrez Chiapas. 14 de diciembre 2015.

las Mujeres Indígenas del Mundo en Beijing, y se comienzan a gestar los Foros Internacionales de las Mujeres Indígenas.
De este modo, se ha ido haciendo cada vez más visible que las mujeres somos diversas y que nuestros derechos también requieren condiciones distintas para ejercerse. Para el caso de las mujeres indígenas, lo que estas movilizaciones y declaraciones han demostrado es que nuestros derechos sólo pueden cumplirse plenamente cuando se reconozcan los derechos de nuestros pueblos; y que dentro de las comunidades las mujeres tenemos en general mayores desventajas que los varones y por tanto, una demanda propia de derechos.[15]

Las mujeres indígenas, han demostrado que son tan capaces para realizar cualquier actividad, como ejemplo, están las mujeres de San Sebastián *Nicananduta*, municipio que pertenece al distrito de *Teposcolula*, pueblo mixteco de Oaxaca, están cubriendo una cuota de mano de obra en el Programa de Trabajadores Agrícolas Temporales (PTAT):

En 1973 el gobierno de Canadá inicio negociaciones con el gobierno de México para lograr un acuerdo que permita el desplazamiento temporal de trabajadores mexicanos a ese país con el objeto de cubrir la necesidad de mano de obra agrícola y controlar la inmigración ilegal en su territorio. En 1974 se firmó en Ottawa, Canadá, el Memorándum de Entendimiento entre el Gobierno de los Estados Unidos Mexicanos y el Gobierno de Canadá relativo al Programa de los Trabajadores Mexicanos Temporales, así como el Acuerdo para el Empleo Temporal de Trabajadores Agrícolas Mexicanos en Canadá, por lo que se instrumentó el Programa de Trabajadores Agrícolas Temporales en Canadá (PTAT) cuyo objetivo es "ofrecer una alternativa de ocupación segura y redituable a los jornaleros agrícolas mexicanos, satisfaciendo las necesidades de los granjeros canadienses" es decir, el PTAT recluta, selecciona y promueve el flujo de trabajadores mexicanos a Canadá.[16]

Este acuerdo estaba asignado solo a los varones, ahora también las mujeres fueron sumadas a esa contratación, como parte del apoyo al desarrollo de sus comunidades:

Esta comunidad tiene ya varias décadas participando en ese programa y esa "cuota" que se cubría anteriormente con varones ahora va siendo cubierta de manera creciente por mujeres. Son aquellas mujeres que, por ser viudas, sumadas a las madres solteras y mujeres abandonadas por sus maridos migrantes, las que van ingresando en el programa. Esto les

---

[15] *Cfr.* Castro. Marcia De. Cuadernos de trabajo para el fortalecimiento de la participación y la incidencia de las mujeres indígenas en México. Programa de las Naciones Unidas para el desarrollo, PNUD México. 2013. P. 15
[16] *Cfr.* Trejo García, Elma del Carmen y Margarita Álvarez Romero. Programa de Trabajadores Agrícolas Temporales México – Canadá (PTAT). México Distrito Federal: Centro de documentación, información y análisis. México 2007. P. 1

permite obtener un dinero seguro y en cantidades superiores a lo que ganarían en el país o en el vecino país del norte y sin riesgo alguno para ellas. Riesgo que no podrían asumir dado su nuevo papel como cabezas de su grupo familiar.[17]

Para ser congruentes con este trabajo, las mujeres no son llamadas en primer término o como primera opción, su contratación es específicamente para labores del campo y cuando no hay suficiente mano de obra de varones, En el contexto de la migración los varones, son los primeros que se marchan de las comunidades, son los que abren el camino a las mujeres para que sepan hacia donde partir, estas mujeres migran porque se quedan solas a cargo de los hijos, las que son madres solteras se tienen que ocupar de loshijos o de los padres o se encargan de ambas responsabilidades:

El impacto de ese programa en las comunidades no fue grande y si tuvo algunos efectos positivos en algunos casos: el dinero ganado fue invertido en nuevos negocios o en mejoras en el campo. Para las mujeres y sus grupos familiares si hubo un impacto importante. Las mujeres que se quedaron en las comunidades tuvieron que hacerse responsables de las necesidades de su grupo familiar ante la ausencia de sus varones. Éstos se fueron a lugares más lejanos y en ocasiones no se supo por algunos meses sobre sus condiciones o paradero: El dinero no fluyó con la temporalidad que se necesitaba. Se creó así el antecedente en las familias de la ausencia de los varones que salieron por periodos más largos y a lugares más lejanos. Las mujeres empezaron a vivir la doble responsabilidad parental, fueron madres y padres durante ciertos periodos, además de que fueron las responsables de allegar los recursos necesarios para su grupo familiar.[18]

Las mujeres se quedan en sus comunidades, cuando sus maridos migran se ven forzadas a ser el sostén de su familia, se encargan que no falte nada en la casa y de las labores que les han sido asignadas como propias, tienen que salir a trabajar al campo a sembrar, cosechar y en ocasiones tienen que trabajar fuera de su comunidad, para poder alimentar a sus hijos por falta de ingresos, porque el marido no manda dinero y/o se desentiende del hogar, situación que las vulnera económicamente y tienen que aceptar empleos poco remunerados, comparado con el que le otorgarían al varón por realizar las mismas labores.

Por lo que se ven obligadas a migrar a las grandes ciudades como la de México o hacia EE. UU., el desplazamiento a la ciudad les ha brindado acceso a la educación y mejores condiciones de vida para sus hijas/os, pues se ha comprobado que las mujeres presentan un alto índice de analfabetismo y las niñas gran deserción escolar,

---

[17] *Cfr.* Sánchez Gómez, Martha Judith. Reflexiones sobre la movilidad de la población indígena en México: desde la integración hasta la globalización. Amérique Latine. Histoire & Mémoire Les Cahiers ALHIM. 2014. P. 55

[18] *Ibídem*

por la poca o nula movilidad laboral por ello muchas no hablan bien el español y por ello las marginan.

Algunos pueblos hasta el momento no permiten que las mujeres migren solas, deben viajar acompañadas, de algún pariente o conocido de su comunidad, para que cuando estén lejos de la familia, esta pueda seguir interviniendo en la moralidad y sexualidad de las mujeres, las mujeres solo migran por ser: viudas, madres solteras, *fracaso matrimonial,* en el que se incluye el abandono, la poligamia o el alcoholismo del cónyuge.[19] Otra situación por la que se ven obligadas a dejar sus comunidades es porque, no existen medios para que ellas puedan estudiar, porque al no haber dinero la preferencia es para los varones, en cambio ellas están obligadas desde los trece años ayudar a la madre en las labores del hogar, a veces lo tienen que hacer desde antes, es por ello que cuando migran y alcanzan cierto desarrollo, se dan cuenta que nunca lo hubieran logrado de haberse quedado en sus comunidades.

La migración indígena femenina, es el resultado de la falta de empleo e ingresos en sus lugares de origen, pues los empleos remunerados o el acceso a la tierra se les otorga a los varones, es por eso que las indígenas participan cada vez con mayor intensidad arriesgándose a viajar solas, en particular cuando tienen que asumir nuevos roles económicos y sociales, Elizabeth Maier, señala que: Los aspectos de identidad femeninos tradicionales —como ser madre y esposa— suelen resignificarse debido a la creciente ausencia de los jefes de familia, quienes con frecuencia laboran por largos periodos en otros mercados laborales del circuito agroindustrial regional del noroeste mexicano o en campos de los estados fronterizos estadunidenses.[20]

La situación de las indígenas cambia en el momento que se quedan al frente del hogar y la parcela, con una responsabilidad que no tenían, porque las tradiciones patriarcales basadas en la desigualdad, así como en relaciones de dominación y explotación de los hombres sobre las mujeres son todavía fuertes, por fortuna eso está quedando en el pasado, en algunas entidades, aun no se pueden echar las campanas al vuelo, pero se perciben cambios.

La presente administración, considera fundamental garantizar la igualdad sustantiva de oportunidades entre mujeres y hombres es inconcebible aspirar llevar a México, hacia su máximo potencial cuando más de la mitad de su población, se enfrenta a brechas de género en todos los ámbitos. La globalización ha afectado en gran parte a la economía mundial, por lo que en el Plan Nacional de Desarrollo (PND) 2013 se afirma que: Peña Nieto afirma que es el primer Plan Nacional de Desarrollo que incorpora una perspectiva de género como principio esencial. Es decir, que contempla la necesidad de realizar acciones especiales orientadas a garantizar los derechos de las mujeres y evitar que las diferencias de género sean causa de

---

[19] *Cfr.* Sánchez Gómez, Martha Judith. Mujeres indígenas migrantes: cambios y redefiniciones genéricas y étnicas en diferentes contextos de migración. *Amérique Latine. Histoire & Mémoire Les Cahiers ALHIM.* 2007.
[20] *Cfr.* Maier, Elizabeth. Tránsitos territoriales e identidad de las mujeres indígenas migrantes. Pap. poblac, Toluca, v. 12, n. 47. P. 201-225, marzo 2006.

desigualdad, exclusión o discriminación.[21]

Lo que se señala en el Plan sería importante si realmente tomaran en cuenta a las mujeres, a lo mejor se entendería un poco lo que Peña Nieto menciona tanto en su frase "Lo bueno casi no se cuenta, pero cuenta mucho", porque la mayoría de los mexicanos no ha podido descifrar, el mensaje que este quiere enviar a sus gobernados. Es claro que se tendría que poner en práctica lo que se menciona en el Plan, una real inclusión de las mujeres, en particular de las indígenas en donde estas tengan las mismas oportunidades.

En el momento en crean los proyectos y los plasman en documentos ahí se quedan, porque no los cumplen, como está sucediendo en este sexenio al estar saqueando y dañando las tierras de los indígenas, la inclusión no existe y se violentan los derechos de estos pueblos en donde se daña a hombres, mujeres y niños, no se está insertando a estos y dejan de cumplir con los acuerdos o tratados internacionales.

Migración internacional de mujeres indígenas triquis

Las indígenas, son las mujeres, más desprotegidas es por eso que se ven obligadas a migrar, para obtener un trabajo mejor remunerado, es importante aclarar que cuando se habla de las indígenas, estas representan un amplio espectro de culturas pero todas con diferentes carencias, así como enormes demandas no satisfechas, es una realidad que no es tomada en cuenta en los proyectos de las políticas públicas, que elaboran los gobernantes, pero que en el remoto caso de que llegaran a ser tomadas en cuenta, en el momento de llevarlas a cabo son diferidas por "falta de recursos porque los que les fueron asignados los gobernantes los ocupan para otras cosas"; es por eso que los niveles de pobreza y exclusión en la vida cotidiana de las indígenas, establece una violencia estructural que instaura una relación con muchas diferencias, tanto en la sociedad como en los diferentes niveles de gobierno, así en todos los ámbitos de su vida, porque no existe ninguna explicación para que excluyan a las/os indígenas de los planes sexenales, se debe insistir en visibilizar la situación de estas mujeres. La mayoría de las/os triquis, aparte de migrar al noroeste mexicano, aprovechan para trasladarse a EU y su asentamiento más importante se encuentra:

> *En el Valle de Salinas, una de las regiones agrícolas más ricas de California, de acuerdo con el Censo del 2000, la encuesta arrojo la existencia de 600 triquis en Greenfield, la cual es una ciudad de 13,000 habitantes, casi totalmente de origen mexicano: el porcentaje de población hispana en Greenfield aumentó de 67 por ciento en 1980, a 77 por ciento en 1990 y 88 por ciento en 2000. Los pueblos agrícolas que se encuentran en el sur del Valle de Salinas, son las poblaciones de más rápido crecimiento en el Condado de Monterey. Mientras que la población de California creció en 13.8 por ciento durante la década de los noventas, estas ciudades crecieron en porcentajes superiores al 50 por ciento. En*

[21] Gobierno de la Republica. Plan Nacional de Desarrollo. 2013-2018. P 23.

el caso de Greenfield, la población local creció en esa década en 68%, representando así la población de más rápido crecimiento en todo el Condado.[22]

Como se puede observar, esta es una investigación muy seria de la Dra. María Dolores Paris Pombo, profesora investigadora del Departamento de Estudios Culturales del Colegio de la Frontera Norte, en Tijuana, Baja California con el porcentaje de crecimiento del lugar, solo se puede hacer una pregunta ¿será por eso por lo que los gobiernos de los países receptores le temen a la migración, que crece por medio de las redes? Que se va extendiendo en un solo lugar en donde no toman medidas sobre el crecimiento poblacional, los lugares receptores que pueden comprobarse como en el Valle de Salinas en *Greenfield* California.

Los migrantes indígenas, de segunda generación han conseguido mejores empleos con mejores salarios, porque estos han logrado un mejor nivel escolar, algunos con el grado de preparatoria (*high school*), existen mejores condiciones para ellos:

Las fuentes de trabajo en el Valle de Salinas están ligados a grandes corporaciones agrícolas y agroindustriales las cuales producen y procesan verduras como: lechuga, brócoli, espárrago, apio, alcachofa y chícharo, el sur del Valle es también una importante región vitivinícola. Al igual que otros pueblos agrícolas del sur del Condado de Monterey, como King City o Gonzales, el mercado laboral de Greenfield está estrechamente ligado a las grandes corporaciones agroindustriales.[23]

Las mujeres que migran a EU, han sufrido acoso, burlas y discriminación por ser indígenas, pero han aprendido que en California, tienen más posibilidades de defender sus derechos, incluso pueden recurrir a la policía cuando son violentadas por sus esposos, el castigo consiste desde una reprimenda hasta el ingreso a la cárcel, esto lo han conseguido después de muchos años de vivir en *Greenfield*, han logrado dedicarse al tejido de sus artesanías para su uso y venta, de esta manera obtienen algunos ingresos cuando no trabajan en el campo, asimismo han recibido el apoyo del Sindicato de Trabajadores Agrícolas, más conocido como Unión Campesina (sindicato que inicio Cesar Chávez), así como, de otros sindicatos gracias a esta ayuda los han dejado de hostigar y deportar, los perseguían incluso hasta en sus domicilios particulares.

Las mujeres triquis, han logrado instalar una casa que sirve para organizarse, la cual tiene el nombre de Líderes Campesinas en donde se reúnen para organizarse, estas mujeres relatan porque han tenido que migrar a otros lugares, para no tener que seguir adelante con los enfrentamientos que existen en sus lugares de origen:

---

[22] *Cfr.* París Pombo, María Dolores. Género y etnicidad entre los migrantes triquis al Valle de Salinas, California. Quinto ciclo del seminario permanente sobre migración internacional: "Migración, globalización y sociedades locales". 2003. P. 1.
[23] *Ibidem*. P. 2.

La organización más importante de la Triqui Baja, el Movimiento de Unificación y Lucha Triqui (MULT), es probablemente uno de los primeros movimientos indígenas en haber proclamado la dignidad de los pueblos originarios y el derecho al territorio. La violencia política y el asesinato de muchos líderes del movimiento, el frecuente despojo de sus tierras y la represión estatal a través del PRI, la prepotencia de los rancheros criollos y mestizos, así como el fuerte racismo que prevalece en las pequeñas ciudades comerciales que rodean la región, en particular en Putla Villa de Guerrero, Oaxaca, han llevado a este pueblo, a una cultura política de confrontación y encono hacia los blancos.[24]

En sus comunidades tienen problemas con los pueblos mixtecos que rodean sus tierras, pero cuando se encuentran fuera de la comunidad conviven con los mixtecos oaxaqueños y guerrerenses como compañeros de trabajo, ya que allí nadie es dueño de la tierra por tanto no hay nada porque pelear:

En California los triquis, se encuentran nuevamente en una posición subordinada, integran el grupo de jornaleros agrícolas más explotado entre los indocumentados, por ser los más vulnerables de la región (por su evidente visibilidad, su falta de dominio del español y su diferencia étnica). Sus relaciones interétnicas las crean con los mexicoamericanos que viven en la región y que representan más del 80% de la población en el sur del Valle de Salinas.[25]

La situación de los triquis en EU es muy difícil, por falta de educación y el desconocimiento del idioma, para ellas es muy importante que sus hijos vayan a la escuela en California, no solo para que aprendan y puedan hablar inglés especialmente las niñas, para que no estén sometidas como ellas y se puedan defender mejor, aunque en ese país las mujeres han logrado organizarse para mejorar sus ingresos, lo cierto es que la mayoría no es anglófona.

La migración ha logrado que los hombres participen más con las mujeres, el contacto cotidiano de las niñas y niños en las escuelas mixtas hace que haya una mejor convivencia, por ejemplo, en las fiestas en sus lugares de origen cada quien participa por su cuenta, estar fuera hace que la situación cambie de manera natural, los jóvenes bailan en parejas, circunstancia que no es bien vista por los mayores y tal vez cuando regresen a la comunidad no lo hagan, las mujeres asisten a las reuniones del sindicato Unión Campesina, donde los hombres son informados de lo que les puede suceder si infringen la ley, aunque ellas todavía se quedan atrás del local sin hablar y al cuidado de los niños lo importante es que se integren, aunque sea solo como escuchas por el momento es un gran avance.

---

[24] Paris Pombo, María Dolores. Relatos de vida de mujeres indígenas en Estados Unidos: subjetividades, género y etnicidad. *Amerique Latine Historie and Mémoire Les Cahiers ALHIM.* 2007.
[25] *Ibidem.*

Paris Pombo indica que en noviembre de 2002, fue electo como alcalde un antiguo compañero de Cesar Chávez, fundador del Sindicato de Trabajadores Agrícolas (UFW por sus siglas en inglés), conocido como Unión Campesina y el siguiente año entro un nuevo jefe de policía, *Joe Grebmeier*[26], situación que transformó totalmente las relaciones de la autoridad con los triquis, estos líderes se preocupan de instruir a los indígenas de sus derechos y obligaciones en California, en caso de conflicto con la autoridad usan interpretes en su propia lengua, aunque al principio participaban pocos varones en las reuniones, pero al ver que esto repercutía en beneficios para ellos empezaron a participar hasta reunir un total de 200 indígenas.

> *En Greenfield tienen intérpretes en los idiomas triqui y mixteco principalmente para las clínicas y las escuelas, además existen programas de promoción de la salud y apoyo para la realización de trámites y el llenado de formatos, un grupo de mujeres triquis han conseguido microcréditos, para empezar pequeños negocios o producción de artesanías. Cada semana, se transmite un programa en triqui desde la ciudad de Salinas, por la radio bilingüe (con sede en Fresno)*[27].

En 2002 se impulsó un proyecto de ciudadanía, situación que dio impulso a una campaña de distribución de víveres para los recién llegados, así como la creación de un plan para conseguir fondos para un local, en el que en la temporada de invierno las mujeres podrán dedicarse a tejer sus artesanías como huipiles, servilletas, morrales, pulseras y gabanes. Las artesanías que estas mujeres elaboran cotidianamente son para el autoconsumo, al hacerlas para la venta les pueden redituar ganancias, en especial en la época que el trabajo escasea en los campos, el local será usado como una cooperativa que será llamado "Las Mujeres del Sur", por ejemplo, las mujeres del Valle de Salinas elaboran sus largos huipiles para ellas y para sus niñas que, lucen los días de descanso en *Greenfield,* en las ferias locales y en los eventos sociales políticos.[28]

Aparte de la Unión Campesina, existe otra organización sindical que ha trabajado con esta comunidad en *Greenfield* que se conoce como:

> *El Centro Binacional para el Desarrollo de las Comunidades Indígenas Oaxaqueñas (CBDIO), ligado al Frente Indígena de Organizaciones Binacionales. El Centro Inicio un proyecto de promoción de la salud en la región en el periodo 2004-2007. El proyecto consistía en promover charlas con el personal de las clínicas de la salud del Condado de Monterrey, formación de promotoras de salud en las comunidades triqui y mixteca, educación sobre prevención de enfermedades crónicas y*

---

[26] Paris Pombo, María Dolores. Intervención institucional y migración en la región triqui baja. Departamento de estudios culturales, del Colegio de la Frontera Norte, Tijuana B. C. México. Revista Reporte 20. 2011. P, 88.
[27] *Ibidem.*
[28] *Ibidem.* P. 89.

apoyo a la población indígena para realizar trámites en las clínicas y acceder a los servicios de salud.[29]

Las Indígenas sufren discriminación, cuando acuden a los hospitales a dar a luz por parte de otras mujeres, porque no se expresan bien en español y mucho menos en inglés, cuando eso sucede es muy fácil que les quiten a sus hijos, por tal motivo se creó el CBDIO, para que en los hospitales haya interpretes en concreto mujeres, la mayoría de los indígenas que acuden a las clínicas no habla inglés y español, por ello no es fácil la situación de las jornaleras/os indígenas en EU, que tienen que padecer una infinidad de enfermedades por la labor que realizan en el campo.

Conclusión

Es evidente que la situación de las mujeres indígenas migrantes no es nada fácil, pero con la ayuda de personas que se preocupan por su condición, han logrado salir adelante incluso la investigadora Paris Pombo, ha logrado apoyarlas en lo que respecta a la compra de estambre, para que puedan tejer en su telar y vender sus artesanías es sumamente importante, sobre todo cuando llega el invierno y se termina el trabajo en el campo, gracias a la aportación que hacen ellas sus hijos, y el marido tienen para comer, pagar la renta y mandar dinero a su comunidad, la organización les ha servido mucho para poder vivir en ese país, las mujeres que tienen hijos nacidos en EU son apoyadas por el gobierno, con la venta de artesanías, tamales y lo que reciben del *welfare*, aunque esto último no lo tienen todas, porque allá se han dado cuenta que no deben tener tantos hijos, porque no los pueden mantener y corren el riesgo de perderlos.

El gobierno mexicano, debería negociar más trabajo temporal para las indígenas, han demostrado que son responsables con lo que les solicitan, de esta forma las mujeres dejarían de correr riesgos innecesarios como trabajadoras ilegales, al entrar a los países receptores tanto en EU como en Canadá, de todas maneras, les pagan menos quizá, por ello a los tres gobiernos les interesa que sigan llegando como ilegales, para no tener ningún compromiso con las migrantes.

Aquí se puede observar como las mexicanas/os, tienen tatuada en la mente la conquista, es por eso que se someten a todo aquel que consideran superior a ellos, los gobernantes se aprovechan sobre todo de las/os indígenas migrantes, así como toda la población no indígena, quizá piensan que están por encima de la mayoría, ya que si no fuera por los fraudes electorales que cometen, no podrían seguir en el poder, se aprovechan de las ventajas que este les otorga, pasando por encima de la población burlándose de la misma, en mayo de 2015 Lorenzo Córdoba presidente del Instituto Nacional Electoral (INE), se dio el lujo de hacer mofa de un integrante indígena por su manera de hablar, eso se llama discriminación y desconocimiento del país y su población a pesar de que el señor tiene un *doctorado* en Teoría Política por la Universidad de Turín, Italia, será por eso que desconoce la historia del país.

Por el contrario estos siguen cambiando oro por cuentas vidrio, como lo que hizo

---

[29]*Ibidem.*

Peña Nieto con todas las reformas, en donde se está despojando al pueblo de todo lo que pertenecía como nación, cediéndole a los extranjeros el derecho de explotar el petróleo, las pensiones de la población en manos de las afores en donde los únicos que ganan son estas Administradoras de Fondos para el Retiro como instituciones financieras privadas, lo peor es que a la mayoría de las personas no le explican lo que sucede en realidad, situación que empobrece más a la población sin que al gobierno le importe.

Bibliografía

1. Castro. Marcia De. Cuadernos de trabajo para el fortalecimiento de la participación y la incidencia de las mujeres indígenas en México. Programa de las Naciones Unidas para el desarrollo, PNUD México. 2013.

2. Cervantes Erika (Reportera) Hacedoras de la Historia Cirila Sánchez Mendoza. CMAC Periodismo con Perspectiva de Género. México DF. 31/07/2007.

3. Gutiérrez, Javier. (corresponsal de TVE en México y Centroamérica) La rompedora de techos de cristal (Rostros americanos III) http://blog.rtve.es/desdemexico/2011/11/la-rompedora-de-techos-de-cristal-rostros-americanos-iii.html consultado 25 07 2017.

4. Maier, Elizabeth. Tránsitos territoriales e identidad de las mujeres indígenas migrantes. Papeles de Población, 2006.

5. Maza, Janet. Denuncia diputada Zoila José Juan trato discriminatorio en el Congreso. https://oaxaca.quadratin.com.mx/Denuncia-diputada-Zoila-Jose-Juan-trato- discriminatorio-en-el-Congreso/ Agencia Quadratín.

6. Mejía Alejandre, Víctor M. Rumbo político. Diario Tribuna de Chiapas – Agencia mexicana de información y análisis- 14 de diciembre 2015.

7. *Mezepeda*. México firma el TPP, una alianza comercial que perjudicará a los ciudadanos, según dos premios Nobel. Periódico Animal Político http://www.animalpolitico.com/2015/10/mexico-firma-el-tpp-una-alianza-comercial-criticada-por-perjudicar-a-los-ciudadanos/. Consultado el 09 07 2017.

8. Mondragón, Ana Laura. Entrega de bastón de mando a diputada indígena Diario Cuarto Poder de Chiapas. Tuxtla Gutiérrez Chiapas. 14 de diciembre 2015.

9. Nava, Fernando. Director general del Instituto Nacional de Lenguas Indígenas (INALI). Se hablan en México 68 lenguas indígenas. Diario Siglo de Torreón. com.mx

10. Nivón, María de los Ángeles. Eufrosina Cruz entre las 100 mujeres más poderosas de México: Forbes 2017, Primera Línea. El Blog de María de los Ángeles Nivón 20 06 2017.

11. París Pombo, María Dolores. Género y etnicidad entre los migrantes triquis al Valle de Salinas, California. Quinto ciclo del seminario permanente sobre migración internacional: "Migración, globalización y sociedades locales". 2003.

12. _____Relatos de vida de mujeres indígenas en Estados Unidos:

subjetividades, género y etnicidad. *Amerique Latine Historie and Mémoire Les Cahiers ALHIM*. 2007.

13. ______Intervención institucional y migración en la región triqui baja. Departamento de estudios culturales, del Colegio de la Frontera Norte, Tijuana B.

14. C. México. Revista Reporte 20. 2011.

15. Romero, Trejo. García Elma del Carmen y Margarita Álvarez. *Programa de Trabajadores Agrícolas Temporales México–Canadá (PTAT)*. México Distrito Federal: Centro de documentación, información y análisis. 2007.

16. Sánchez Gómez, Martha Judith. Reflexiones sobre la movilidad de la población indígena en México: desde la integración hasta la globalización. *Amérique Latine. Histoire & Mémoire Les Cahiers ALHIM*. 2014.

17. ______. Mujeres indígenas migrantes: cambios y redefiniciones genéricas y étnicas en diferentes contextos de migración. *Amérique Latine. Histoire & Mémoire Les Cahiers ALHIM*. 2007.

18. Gobierno de la Republica. Plan Nacional de Desarrollo. 2013-2018. http://xochitlgalvez.blogspot.mx/p/trayectoria-xochitl-galvez-ruiz.html. Consultado 25 07 2017.

La realidad de los derechos humanos de los pueblos originarios, entre la contradicción de un sistema capitalista

Marcela Salgado Díaz[1]
Miguel Ángel Sámano Rentería[2]

Introducción

En el presente trabajo se analiza la realidad conceptualmente a través de diversos autores desde la psicología, la lingüística y la filosofía, con la finalidad de que su análisis, permita visibilizar las otras realidades, que desde la construcción de occidente no fueron incluidas por carecer de objetividad; pero que finalmente siempre estuvieron y están presentes al margen de la historia, esta última, narrada por la teoría dominante. Es por esta razón que se habla de una reconstrucción, ello implica una connotación más amplia, cuya posibilidad de realización se encuentra en la vida y pensamiento de los pueblos originarios.

Así, el trabajo analiza la cosmovisión en que se sustentan las formas de vida de las poblaciones étnicas, es decir, a partir de la dualidad, pero también, con el cosmos, en donde la humanidad, no el hombre, encuentra un lugar, un espacio, podría decirse, un mundo, que para occidente es más bien romanticismo, porque desde su forma de pensamiento constituye una barrera, el poder ver los otros mundos, a no ser, los que se creen a partir de la materia, diseñada por el mismo, o estratificaciones sociales formadas, deformadas y trastocadas por el pensamiento objetivo, que nada tiene que ver con la subjetividad de los pueblos, y hablamos de subjetividad, porque en la visión de los pueblos indígenas el mundo está subjetivado es decir, el mundo es y por lo tanto, no necesitan razón para su existencia, el colectivo social existe por la fusión de todos en uno, es entonces, en donde las contradicciones se hacen visibles, solo para dejar ver la carencia en los conceptos, que devienen en sí, de una forma de pensamiento racional.

En el análisis de otras formas de pensamiento y de su realidad se hace un análisis breve de las constituciones de Bolivia y Ecuador, por ser estas novedosas, en cuanto a que la esencia de las leyes, son resultado de diálogos de las poblaciones originarias, se incluye en ellas el sentimiento de estos pueblos hacia su entorno, en este sentido, no delimitamos ese sentir, con el pensar, ya que el pensar limita los espacios, (si se razona, entonces la subjetividad pierde sentido, se excluye) más bien el contenido alude a las formas ancestrales de vida, en que se construyó y construyen su realidad los pueblos y comunidades originarios, respetando la vida animal y vegetal y el colectivo social o comunidad para con todos.

Finalmente se señala dentro de este marco de referencias a los denominados derechos humanos, no desde la óptica de leyes, sino desde la visión crítica de

---

[1] Licenciada en derecho por la Universidad Autónoma Metropolitana, maestría en Ciencias en Sociología Rural por la Universidad Autónoma Chapingo. Estudiante del Doctorado en Ciencias en Ciencias Agrarias.

[2] Profesor Investigador de la Universidad Autónoma Chapingo, miembro del Sistema Nacional de Investigadores (SNI I).

surgimiento de los mismos, que a pesar de ser lo más avanzado en cuanto a protección de derechos, su funcionamiento no ha sido eficaz, toda vez que en pleno siglo XXI, se siguen violentando las leyes, tanto por los servidores públicos, como por la misma ciudadanía, por ello es que se reconoce en este trabajo que más allá de la connotación de los derechos humanos, se debe cuestionar el actual sistema de dominación y llegar a los orígenes de deformación, para ser posible la re construcción social de la humanidad.

Fundamentación teórica de la realidad

Hablar de realidad o realidades, implica despojarse de la idea que se tiene del mundo, es decir, del que perciben los sentidos, en la objetividad de un espacio cósmico que mantiene escondida la subjetividad de una conciencia que reclama su espacio,[3] pero aun así, hablar de espacios implica tener una idea de ello, de forma que la realidad no se presenta ante el hombre de forma súbita, sino más bien en realización de fines dentro de un conjunto determinado de relaciones sociales; podría decirse que es un campo en el que acontecen los hechos y que llegan a los sentidos de forma inconsciente en un lenguaje traducido en miles de formas; es esta la historicidad que encuentra en la praxis intuitivamente la realidad[4]. Pero la realidad o realidades no se presentan al hombre como verdades; porque estas son solo manifestaciones mentales de un pasado histórico que se revela al hombre en forma de ideas, la verdad se encuentra oculta a los ojos del hombre, esperando ser descubierta, a través de los diversos mundos en que el hombre puede captar la realidad, ya sea a partir de la subjetividad u objetividad, ambas son válidas, porque el mundo no es solo el mundo físico, existen otros igualmente válidos como por ejemplo, el mundo artístico, el mundo biológico, etc., lo que significa que la realidad no se agota con la imagen física;[5] aunque solo una chispa de esa realidad surge en la mente en el consiente como experiencia;[6] en cuanto a las experiencias, estas son las únicas que permiten al hombre librarse de la barrera que se levanta entre él y la realidad, una de esas barreras la constituyen el lenguaje,[7] la misma sociedad y la cultura; todas estas permiten al hombre en un plano inconsciente reconocerse en otro y otros.

Cuando hablamos del leguaje, podría decirse que como signo, constituye un medio[8] mediante el cual el hombre supera los límites del universo de los signos, con la

---

[3] *Cfr.* Heidegger, Martín. 2009. *El arte y el espacio*, Herder, España; p. 17

[4] *Cfr.* Kosik, Karel. 1979. *La dialéctica de lo concreto*, Grijalbo, México; p. 25

[5] *Ibídem*; p. 43

[6] "Nuestro consciente está compuesto por todas las experiencias humanas que cada sociedad nuestra nos permite conocer". Fromm, Erich. 1975. *El humanismo como utopía real. La fe en el hombre*, Paidós, México.

[7] "Pero el lenguaje, no es un mero acompañamiento externo. Tiene sus raíces en lo más profundo de la mente humana, tesoro de recuerdos heredados por la tribu y el individuo, conciencia vigilante que recuerda y avisa. Y el habla es el signo distintivo de la personalidad, para bien o para mal, el signo distintivo del hogar y de la nación, el título de nobleza del género humano". Hjelmslev, Louis. 1971. *Prolegómenos a una teoría del lenguaje*, Gredos, Madrid; p. 12

[8] "...el lenguaje devine no en un fin en sí mismo, sino en un medio: medio de conocimiento cuyo objeto principal se halla fuera del lenguaje; aunque tal vez sólo sea posible alcanzar aquél a través de este y llegar a él partiendo de premisas distintas de las que el lenguaje implica. Es este caso el lenguaje es un medio de conocimiento trascendente (en el sentido propio y etimológico de la palabra trascendente), y no la meta de un

intención de decir algo[9] sobre la realidad de forma inconsciente, pero que sus sentidos y experiencia le permiten conocer; aunque al hacerlo establece un límite a otras formas de conocimiento, ya que una realidad fragmentada o parcelada por el lenguaje no constituye la verdadera realidad, ya sea que esta se describa a través de la fisiología, la psicología, la lógica o la ontología, ello porque se olvida el punto de vista lingüístico[10] de las sociedades o de la cultura de la que se parte.

Hjelmslev señala: "*que si se pretende tomar al lenguaje como clave para comprender las condiciones sociales de otras sociedades y reconstruir las relaciones prehistóricas que existían entre los pueblos y naciones se pondría en peligro el conocimiento, lo que significa que la realidad solo puede encontrarse a partir de la lingüística, en el lenguaje como fin en sí,*[11]" ello también implica cierto riesgo, sobre todo, si se considera que la realidad aparente fue históricamente pensada, narrada y construida a partir de una tradición humanista y no natural que arranco lo subjetivo y lo estético a la historicidad. De tal forma que la realidad que el hombre concibe para sí, en su consciente, se tiene que buscar en otra parte, en algunos de los mundos, que, dentro de sus posibilidades, le permitan construir su existencia, no como el ser propiedad del mundo que habita, sino un <<de otro modo que ser>> y no solo en un <<ser de otro modo.[12]>>

En cuanto a la realidad social, podría decirse que, a diferencia de la realidad natural, (que no fue creada por el hombre) constituye el espacio en que el hombre se revela como sujeto real del mundo social,[13] es una realidad que puede ser modificada en todo momento,[14] que se va creando y recreando en un tiempo y espacio,[15] es una realidad cambiante, no estática, sino más bien dinámica. Es el lugar en donde se estructuran los pensamientos, las ideas, las formas, así cada sociedad, dependiendo de su cultura conformará y entenderá su realidad,[16] en este sentido, la realidad social es tan solo un pequeño espacio dentro de la totalidad de las posibles realidades.

---

conocimiento inmanente. Así la descripción psicológica y lógica de los signos (palabras y proposiciones) en mera psicológica, lógica y ontología, con lo que se olvida el punto de vista lingüístico del que partimos". *Ibídem;* p. 13

[9] *Cfr.* Ricoeur, Paul. 2008. *El conflicto de las interpretaciones.* Ensayos de hermenéutica, FCE, Argentina; p. 81.

[10] *Cfr.* Hjelmslev, Louis. 1971. P*rolegómenos a una teoría del lenguaje*, Gredos, Madrid; p. 13.

[11] *Ibídem*; P. 15

[12] *Cfr.* Lévinas, Emmanuel. 2008. *Ética e infinito*, La Balsa de la Medusa, España; p. 12.

[13] *Op. Cit*; 1979; P. 36

[14] La versión estática de lo real es extraña a Bloch...prefiere, por el contrario, interpretar la realidad como un universo pleno de posibilidad, dinamismo y movilidad. Marx, ha acertado al concebir al mundo como realidad dialéctico-procesual y como magnitud inacabada en espera de transformación. Gómez Heras, José M. 1977. *Sociedad y Utopía en Ernst Bloch*, Sígueme, España.

[15] ... la materia existe únicamente como conjunto procesual de cosas y acontecimientos. Existe en la multiplicidad infinita e inagotable de los fenómenos en que se explicita. El movimiento es, por consiguiente, la forma de existir de la materia, la cual, en su devenir, se despliega en el espacio y en el tiempo, *Ibídem*; p. 186.

[16] El hombre no nace en la naturaleza. No nace desde los elementos hostiles, ni de los astros o vegetales. Nace desde el útero materno y es recibido en los brazos de la cultura. Dussel D, Enrique, 1977. *Filosofía de la liberación*, Edicol, México; p. 70

Pero, dentro de ese espacio de las posibilidades de la realidad, permanece siempre la duda acerca de lo que los oídos y vista captan, las historias y todas las formas materiales que el hombre crea dentro de su espacio y tiempo, ello, porque el mismo constituye una esfera dentro del cosmos denominado realidad. En cuanto a las otras realidades culturales en que se encuadran los hombres, podría decirse también, que constituyen para sí, la verdad absoluta, pero, no así para la totalidad[17] de las sociedades y formas culturales, ya que cada grupo, en cada rincón de la tierra construye su propia y exclusiva realidad,[18] luego entonces, la realidad se explica no por reducción a algo distinto de ella misma, sino por sí misma mediante el desarrollo y la ilustración de sus fases, de los elementos de su movimiento.[19]

La cosmovisión en el pensamiento y sentir de los pueblos originarios.

Es conveniente para el desarrollo del presente trabajo, comenzar por desentrañar la palabra *cosmovisión, en el texto y contexto de los pueblos originarios, podríamos decir, a partir de su realidad o realidades. La misma palabra encuentra diversas connotaciones,* y es que cada autor encuentra en ella un sinfín de elementos, que hacen de la misma, no el final de algo, o el inicio de un pensamiento, sino el movimiento de la vida en la tierra y en el universo, en este sentido, es que recobra su importancia, sobre todo, el hecho de que los pueblos y comunidades originarias construyan sus prácticas cotidianas en armonía con el universo.

De esta forma, la cosmovisión implica hablar de múltiples dimensiones[20] de contradicciones, de armonías, estados de ánimo, temperaturas, cuerpo humano y el movimiento, concebido mucho antes que Hegel, quien encuentra la conexión entre el ser, la nada y el devenir a través del movimiento que anima al mundo[21]. Aunque en América conserva su propia connotación, ya que es el movimiento de la dualidad el elemento más importante de dicha cultura,[22] esa es la forma en que se comprendió el mundo, la vida y la muerte.

La palabra cosmovisión en el devenir del pensamiento es una totalidad que encuentra su concreción en el lenguaje, la religión, la organización, las artes, las danzas; entre otros. Símbolos del pensamiento en movimiento, pero el pensamiento es también el universo, lo que está más allá de la materia, de lo tangible, desde esta perspectiva, los símbolos no solo deben encontrar su abstracción en lo visible; el universo como el ser, se conjugan en lo invisible, entonces, el pensamiento no es

---

[17] La totalidad no es un todo preparado, que se llena de un contenido, de la cualidad de las partes o de sus relaciones, sino que la totalidad misma se concretiza y esta *concrecion no es solo creación del contenido, sino también creación del todo. Ibídem; p. 72.*

[18] El hombre vive en varios mundos y cada uno exige una clave distinta; no puede, en consecuencia, pasar de un mundo a otros sin poseer la clave correspondiente, es decir, sin cambiar de intencionalidad y de modo de apropiarse la realidad. *Ibídem*; p. 41.

[19] *Ibídem;* p. 48.

[20] *Cfr.* Broda, Johanna. 2001. *Cosmovisión, ritual e identidad de los pueblos indígenas de México*. FCE, México; p. 17.

[21] *Cfr.* Hegel, George W. F. 2006. *La lógica de la enciclopedia.* Leviatán, Buenos Aires, Argentina; p. 10.

[22] *Cfr.* Leyva Contreras, Lucio. 2002. *Los derechos universales de la creación*, en: Revista, Altamirano. No. 24. H. Congreso del Estado de Guerrero. Instituto de Estudios Parlamentarios "Eduardo Neri", México; Pp. 158-177.

solo concreción en la realidad material, sino en la inmaterial, pero, además, estas palabras se despliegan en su concreción:

> *"El vocablo griego kosmos tal vez se acerque más a lo que quiere decir pacha, pero sin dejar de incluir el "mundo de la naturaleza", al que también pertenece el ser humano. Pacha también podría ser un equivalente homeomórfico del vocablo latino esse ("ser"): pacha es "lo que es", el todo existente en el universo, la "realidad". Es una expresión que se refiere al más allá de la bifurcación entre lo visible y lo invisible, lo material y lo inmaterial, lo terrenal y lo celestial, lo profano y lo sagrado, lo exterior y lo interior.*[23]"

Es el *chicahualiztli* (fuerza-concepto de unidad)[24] quien hace participar a todos en el cosmos, un esfuerzo colectivo que dan de sí para sí, en un sentido amplio en el que se reconocen como seres vivos, ese esfuerzo por el surgimiento de la vida lo ofrecen los árboles, el viento, los insectos, el sol, la luna, las piedras, los animales, el hombre, la mujer, los ancianos y los niños, todos sin excepción, su expresión en el *tequitl*, como en otras formas de reciprocidad, de ayuda mutua, de construcciones culturales, subsisten actualmente en rituales y festividades, como en la celebración del día de los fieles difuntos, presente en diversas poblaciones originarias y mestizas de México y Latinoamérica, que dan cuenta de la existencia del pensamiento cósmico, que en el devenir encuentra aún su realización a pesar de los años, las invasiones y las políticas económicas que desde el poder se articulan hacia la desaparición de este pensamiento colectivo, la individualidad es quizá uno de los factores más depredadores a los que se enfrentan los grupos de resistencia, esta ideología tiende a romper el tejido social necesario en la transmisión del pensamiento viviente.

Saberes y conocimiento ancestrales en la construcción de realidades cósmicas, Ecuador, Bolivia y México

El desarrollo de este tema es el esbozo de una realidad en construcción de los pueblos originarios en México, Ecuador y más recientemente en Bolivia, la importancia del análisis de estos reside en que dichos movimientos se originaron por parte de los propios actores sociales, los "sin voz"; fueron siglos de espera, de exigencias frustradas. La vida de niños, jóvenes, adultos y ancianos era silenciada, terminaba perdida en el *mictlān*, "lugar de muertos", pero los siglos de frustración, de muerte, fueron también de vida:

---

[23] *Cfr.* Tapia Ponce, Nelson. 2006. *Agroecología y agricultura campesina sostenible en los Andes Bolivianos. El caso del ayllu Majasaya-Mujlli, Departamento de Cochabamba, Bolivia*, Plural, Bolivia; p. 13

[24] La autora del artículo, (citado en: Broda Johanna, coord. 2004. *Historia y vida ceremonial en las comunidades mesoamericanas: los ritos agrícolas*, UNAM, México; Pp.153-176) señala la palabra, *chicahualiztli*, fuerza, como *trabajo*, en términos de Carl Marx en el Capital para designar el esfuerzo que cada hombre proporciona para producir un objeto o mercancía, sin embargo en los pueblos originarios el término adquiere una cosmovisión diferenciada, el esfuerzo, la energía, no es solo un *trabajo,* es dar lo que tienen, la energía de si, para sí, no es solo suya, es del cosmos (todo, en todos), el esfuerzo es parte de sí en la visión de alguien, que finalmente concluye en para sí, el esfuerzo regresa en él y para él.

Ok nelin nemoan, kenonamikan. (Nezahualcoytl)
En verdad viven, allá en donde de algún modo se existe...

En el movimiento por la reivindicación, están puestas las aspiraciones, los sueños, la vida, la muerte en donde también se vive, el pasado y el presente que el *ser* exige ser revelado para ojos extraños, para su reconocimiento, es solo a través de estas luchas históricas en que los pueblos originarios han logrado un espacio de inclusión, no solo a nivel nacional sino también internacional, es quizá dentro de estos espacios en donde la cosmovisión es captada y elevada al plano jurídico en Ecuador, Bolivia y México, sin embargo es en este último de relevancia el debate a que se someten las reformas del artículo 27 constitucional, ya que si bien, en apariencia sí hubo un cambio e inclusión de los pueblos originarios, esta no ha sido aceptada por los actores sociales, con ello se demuestra la contradicción de un sistema, que por un lado promueve y difunde la democracia (alineada- enajenada) y por otro, deforma y manipula las aspiraciones reales de la sociedad, plantados en un primer documento: El Plan de Ayala (28 de noviembre de 1911) y un segundo, los de Acuerdos de San Andrés Larrainzar (16 de febrero de 1996), Acuerdos que los propios sujetos presentaron ante el sistema de justicia para la formulación de una iniciativa de ley que respetara en primer lugar la auténtica autonomía de los pueblos y comunidades originarias para que a partir de ella se derivaran nuevas estructuras y visones. El camino quedo incompleto, pero se sigue trabajando, mientras la lucha siga.

Se Pensará, porqué abordo el tema jurídico antes que el cósmico, su formulación tiene justificación en analizar primero lo que hasta ahora no ha ofrecido solución a los conflictos entre occidente y los pueblos originarios, es el derecho implementado desde la esfera del poder del grupo hegemónico y que por años ha demostrado su ineficacia e ineficiencia en la solución de conflictos sociales de tipo étnico , lo que abre la posibilidad en la búsqueda de nuevos horizontes, por ello la importancia de re plantear nuevas estrategias en la esperanza por la construcción de un mundo inclusivo y no excluyente, como el que planeta occidente desde hace ya varios siglos.

La cosmovisión *es* y representa *perse* el origen y el fin en la comprensión de una realidad verdadera (entendemos el fin como el inicio, el máximo y el mínimo) que permita la convivencia pacífica y fraternal con y para la vida, al parecer, los pueblos originaros son quienes a través de los siglos demuestran que no se trata de una utopía, sino de una realidad posible y alcanzable en la medida en que el ser humano abandone su frenética carrera hacia la nada y empiece por detenerse a pensar más allá de su realidad ficticia[25] en donde la verdad desaparece volviéndose inalcanzable, el *ser,* se ha alejado tanto de su propia *esencia* que nada o poco recuerda de su pasado cósmico, ¿será posible que este haya muerto?, esto se pregunta siempre que se eliminan las formas de vida y pensamiento ancestrales de los pueblos originales.

---

[25] *Cfr.* Gadamer, Hans-Georg. 2002. *Acotaciones hermenéuticas.* Trotta, Madrid; p. 55.

De esta forma, es que la realidad para occidente debe reformularse (así lo exige la historia) a partir de la cosmovisión de los pueblos originarios; que también constituyen una realidad, la historia de las conquistas, las hazañas, los avances, y logros, se han descrito a partir de una forma de pensamiento, desde un solo lenguaje, desde una forma conceptual de la realidad, es decir, de una realidad parcelada, fragmentada, sin embargo, las formas de vida y de pensamiento necesitan escribirse desde otras forma de comprensión de la realidad, para tener una idea más clara del mundo.

Ecuador en la construcción de su realidad cósmica. súmac káusai.

En Ecuador a diferencia de otras regiones, el proceso de aculturación se llevó a cabo, permitiendo la preservación de su lengua *quichua*, esto, por la riqueza ancestral de su lengua y cultura, que anterior a la conquista se habría extendido desde las regiones ecuatorianas de la serranía y amazonia hasta chile en el año XV, ello representaba una ventaja para los misioneros quienes la utilizaron para la predicación, permitiendo su sobrevivencia, hasta hoy día; prueba de ello lo constituye el alto porcentaje de población quechua que en el censo de 2010 representaba el 85% del total de la población originaria, concentrada en las provincias Chimborazo y Morona Santiago que hasta entonces sumaban dieciocho manifestaciones culturales: *pastos, mantas, paltas, natabuela, huancavilca, kitukara, kirapincha, karanki, tomabela, waranka, saraguro, kañari, kayambi, otavalo, panzaleo, puruhua, chibuleo y salasaca.* Ventaja que les permitió un consenso igualitario en las exigencias por el respeto e implementación de su cultura en la realidad ecuatoriana.

Es precisamente en este contexto en que se desarrollaron los debates por la defensa de su cultura, en la exigencia de un cambio de Estado predominantemente capitalista y excluyente, que les llevó más de treinta años de discusiones. Es mediante la Asamblea Nacional en donde se cuestionó el rumbo del país, llegando a la conclusión que el rompimiento con occidente era posible a través del "buen vivir o *Sumak Kawsay*[26] que permite a través de la lingüística abrir visiones,[27] de tal forma que la vida encuentra su interpretación dentro del cosmos, la realidad construida en este pensamiento permite encontrar la raíz de este y a partir de esa concepción se origina la construcción de una realidad diferente.

Es importante señalar, que esta, como otras comunidades ven concretizadas sus aspiraciones, en el Derecho (quizá en el fondo es la idea de dominio; el demonio sometido), que encuentra su concreción en la Constitución, es en el concepto de autonomía, en donde depositan sus exigencias en la conducción de sus comunidades, en todas sus formas -políticas de organización social, económica, cultural, ambiental y tecnológica- y donde sus habitantes trabajen porque en su vida cotidiana se establezca no sólo el Sumak Kawsay (vida en armonía), sino el Sumak

[26] El verdadero significado, de acuerdo con Macas (Macas, 2011:52, citado en: Vega, 2013:74) proviene del quichua o kichwa y en su interpretación la primera expresión, Sumak, quiere decir plenitud, grandeza, lo justo, lo completo, lo superior, en tanto que Kawsay significa vida en permanente realización dinámica y cambiante.
[27] *Cfr.* Lenkersdorf, Carlos. 2007. *Los hombres verdaderos*. Siglo XXI, México; Pp. 9-16

Allpa (tierra sin mal) y el Sumak Yachay (conocimientos y técnicas ancestrales que han heredado). Lo anterior es posible en Ecuador ya que mediante la democracia participativa se construye la verdadera realidad que puede ser entendida sólo en armonía con la existencia humana y natural.

Es en la comprensión ancestral del pensamiento cósmico en donde encontramos la filosofía de los quechaua, expresada en el símbolo Chakana o cruz andina[28] que encierra los aspectos fundamentales de su filosofía, principios y leyes que se formulan como trilogías, ligadas a los tres escalones de la cruz, lo interior, lo material y lo espiritual, el significado de la palabra significa puente o escalera, simboliza la evolución de la vida de los *Tiwanakus.* Su centro tiene un círculo dividido en dos partes iguales, que representa la divinidad rodeada de toda su creación, la cruz consta de cuatro escalones de tres peldaños: dos superiores y extremos y dos inferiores e internos colocados de manera simétrica, los peldaños externos superiores corresponden a la representación del "mundo ideal", la escalera derecha comprende la teoría cosmogónica mientras que la izquierda explica la teoría de los tres mundos: el *uku pacha* (mundo de los muertos representado por la serpiente) con el *kay pacha* (mundo terrenal representado por el puma), con el *hanan pacha* (mundo de los dioses representado por el cóndor). Los escalones inferiores e internos corresponden al "mundo real", así entonces, la escalera de la izquierda comprende las normas de conducta y los principios básicos de la relación humana y la escala derecha significa el orden jerárquico inalterable de la relación política, social y religiosa. La *Chakana* también encierra una profunda relación entre el hombre y el mundo espiritual ordenador de los pensamientos en la búsqueda del contacto con las vibraciones del cosmos.

[28] Que tiene relación con constelación de la cruz del sur, observable solo en el cinturón austral localizando el cinturón de orión por estar ambas constelaciones enfrentadas.

Fuente: Ecuarunari, Confederación Kichwa del Ecuador, cuarenta años de lucha y resistencia por la vida.

Es en la comprensión ancestral del pensamiento cósmico en donde encontramos la idea de la vida en armonía, representada a través de cuatro designios: poder, saber, hacer y querer. El poder se sustenta en su organización y administración comunitaria y territorial; el saber, para el Sumak Kawsay, se sustenta en el intercambio de saberes, de reflexiones y de comunicación y en políticas educativas para la convivencia comunitaria; el hacer, busca una economía comunitaria tanto con la economía como con la tecnología saludable, dentro de ellas se insertan el trueque la comercialización, el turismo, las ferias, los mercados, el transporte comunitario, entre otras, el querer es brindar cuidado y protección.[29]

En este sentido, La *pachamama* es la madre tierra, pues la tierra para los andinos es el universo mismo, es su espacio-tiempo y su medio de subsistencia, la madre tierra lo cobija, alimenta, le brinda el agua y lo necesario para vivir. Todo cuanto

[29] Fuente: Ecuarunari, Confederación Kichwa del Ecuador, cuarenta años de lucha y resistencia por la vida.

existe, plantas, animales, personas, piedras, cerros, ríos, vientos, todo tiene vida y se relacionan entre sí en mayor o menor medida. Dentro de este animismo andino, las piedras, aunque parezcan inertes tienen un propósito y ocupan parte dentro del universo holístico. En el mundo andino todas las criaturas existentes a la par que la humanidad sean plantas, árboles y animales son considerados hermanos, pues provienen de la gran madre, que es la *pachamama*.

Desde los fundamentos constitucionales vigentes.
Es en el año de 2008 en que se declara a Ecuador como un estado Plurinacional, que en el preámbulo establece:

> *"reconociendo nuestras raíces milenarias, forjadas por mujeres y hombres de distintos pueblos, celebrando a la naturaleza, la Pacha Mama, de la que somos parte y que es vital para nuestra existencia, invocando el nombre de Dios y reconociendo nuestras diversas formas de religiosidad y espiritualidad, apelando a la sabiduría de todas las culturas que nos enriquecen como sociedad, como herederos de las luchas sociales de liberación frente a todas las formas de dominación y colonialismo. Y con un profundo compromiso con el presente y el futuro, decidimos construir una nueva forma de convivencia ciudadana, en diversidad y armonía con la naturaleza, para alcanzar el buen vivir, el sumak kawsay; una sociedad que respeta, en todas sus dimensiones, la dignidad de las personas y las colectividades; Un país democrático, comprometido con la integración latinoamericana -sueño de Bolívar y Alfaro-, la paz y la solidaridad con todos los pueblos de la tierra...*[30]*"*

El preámbulo sustenta la base principal de la Constitución de Ecuador, de forma que encontramos en su redacción, la coherencia necesaria para su aplicación, la concordancia que en su desarrollo se va relacionando con los diferentes códigos, es algo novedoso que no se había contemplado en otras Constituciones, porque da ventaja de saber lo que el legislador quiso decir con relación a un artículo, y que encuentra su base reglamentaria en algún código, pero, más valioso es el hecho de que la población esté enterada de ello, les ofrece una ventaja en el conocimiento de sus derechos, que muchas veces queda limitada a la ley general, no así con las leyes reglamentarias necesarias para su aplicación.

Así también encontramos en esta Constitución, en el Capítulo Segundo, los *derechos del buen vivir*, que contempla ocho secciones: Sección Primera. Sobre el agua y alimentación, Sección Segunda. Sobre el ambiente sano, Sección Tercera. Sobre la Comunicación e Información, Sección Cuarta. Cultura y Ciencia, Sección Quinta. Educación, Sección Sexta hábitat y vivienda, Sección Séptima. Salud, Sección Octava. Trabajo y Seguridad Social.

---

[30] *Cfr.* Constitución de la República de Ecuador, 2008. Consulta: 14/03/2018. http://www.turismo.gob.ec/wp-content/uploads/2016/02/CONSTITUCI%C3%93N-DE-LA-REP%C3%9ABLICA-DEL-ECUADOR.pdf

En la Sección Segunda del artículo 14 de la Constitución de Ecuador, se le otorga a la Pacha Mama la personalidad jurídica (ser vivo), con los mismos derechos que un ser humano, a través de este reconocimiento se exige el respeto integral de su existencia, de regeneración de sus ciclos vitales, estructura, funciones y procesos evolutivos; con relación a lo anterior, cabe mencionar, el derecho a la restauración (Capitulo Séptimo. Artículo 72) que tiene la tierra por el hecho de ser, de vital importancia, porque es en ella en donde se reproduce y realiza la vida, por lo tanto, la Constitución contempla el respeto al tiempo que necesita la naturaleza para producir la vida. Así mismo el sentido de protección hacia la madre tierra va más allá del respeto a los tiempos o ciclos naturales, la constitución, contempla incluso, el uso de material o elementos químicos que la dañen, por esta razón, se prohíbe la introducción de organismos y material orgánico e inorgánico que puedan alterar de manera definitiva el patrimonio genético nacional (Capitulo Séptimo. Artículo 73).[31]

Cabe señalar, la importancia que se le da a la educación, ello para que, a través de ese fortalecimiento, se consoliden los principios que rigen la constitución, por lo tanto, el centro de la educación es el ser humano, de tal forma, que la educación que reciba debe de ser holística de respeto a los derechos humanos, al medio ambiente sustentable y a la democracia, misma que debe ser: participativa, obligatoria, intercultural incluyente y diversa, de calidad y calidez.

La educación que reciba la población debe ser tan importante, que contribuirá a la construcción de un país soberano, así mismo, es el eje para la construcción del desarrollo nacional, la educación, por lo tanto, también deberá impulsar la equidad de género, la justicia, la solidaridad y la paz, además, estimulará el sentido crítico el arte, la cultura física, la iniciativa individual y comunitaria, el desarrollo de las competencias y capacidades para crear y trabajar. (Sección Quinta, artículo 27).[32]

Esta es una realidad que se construye en Ecuador a partir del *sumak kawsay* (Buen vivir), que permite a los pueblos originarios caminar en la vida social y comunitaria desde su cosmovisión, que es más bien, una descripción de la realidad de las

---

[31] Art. 73.- El Estado aplicará medidas de precaución y restricción para las actividades que puedan conducir a la extinción de especies, la destrucción de ecosistemas o la alteración permanente de los ciclos naturales. Se prohíbe la introducción de organismos y material orgánico e inorgánico que puedan alterar de manera definitiva el patrimonio genético nacional. Concordancias: Constitución de la República del Ecuador, Arts. 14, 277, 317, 400 Ley de Gestión Ambiental, Arts. 20, 21, 22 Ley Orgánica De Salud, Arts. 6, 115, 116, 149. *Ibídem.*

[32] Art. 27.- La educación se centrará en el ser humano y garantizará su desarrollo holístico, en el marco del respeto a los derechos humanos, al medio ambiente sustentable y a la democracia; será participativa, obligatoria, intercultural, democrática, incluyente y diversa, de calidad y calidez; impulsará la equidad de género, la justicia, la solidaridad y la paz; estimulará el sentido crítico, el arte y la cultura física, la iniciativa individual y comunitaria, y el desarrollo de competencias y capacidades para crear y trabajar.
La educación es indispensable para el conocimiento, el ejercicio de los derechos y la construcción de un país soberano, y constituye un eje estratégico para el desarrollo nacional. Concordancias: Ley Orgánica De Educación Superior, Loes, Arts. 4, 5, 6 Código De La Niñez Y Adolescencia, Arts. 6, 38, 214 Ley Orgánica de Educación Intercultural, Arts. 6. *Ibídem.*

diferentes naciones en la comprensión del *Abya Yala*[33] donde conviven diversas identidades de formas complementarias.

México, en su realidad cósmica.
En 1994, la radio y los medios de comunicación anunciaban lo que hacía años soñaban "los sin tierra", los desposeídos, los que mueren de enfermedades curables, que esperan y esperan, los que hablan sin ser escuchados, porque hace años que están en el olvido, los de los Altos de Chiapas que representan tan solo una cifra más en las encuestas que arrojan datos de pobreza extrema; es esta tierra, la que vio surgir el primer gran movimiento de los pueblos originarios, porque desde hacía ya unas décadas el Estado, el ejército, la policía y todo el aparato gubernamental habían callado las voces en Guerrero, como en otras latitudes, en donde la población optaba por las armas para ser escuchado; es Chiapas que despertó a México de su letargo de su inconciencia, son, fueron y serán, voces que la misma realidad reclama y que oscurecen las bellas palabras de la soberanía, de las alternancias, en la exigencia de un verdadero pluralismo jurídico, en donde se permita la alternancia en el poder, la alternancia de otras visiones, de otros gobiernos.

Son los grupos étnicos, que, sin rostro, buscan y exigen al gobierno les proporcione uno, este rostro el de la personalidad jurídica, que hasta hoy no les ha sido otorgada por el Estado y las instituciones, y que finalmente, no son más que la manipulación de unas cuantas mafias en el poder, es la hegemonía que permite y articula las bases jurídicas por la que ha de conducirse el pueblo para no alterar el orden establecido.

Los pueblos originarios en México, a diferencia de Ecuador y Bolivia, no pudieron elevar a nivel Constitucional sus aspiraciones, sin embargo, decidieron a partir de su propio Comité Clandestino Revolucionario Indígena y de las Juntas del buen gobierno (Creadas en 2003) la formación de los Caracoles, municipios autónomos que darían vida a un gobierno participativo en donde todos tuvieran voz.

[33] *Abya Yala*, es el nombre dado al continente americano por el pueblo kuna de Panamá y Colombia antes de la llegada de Cristóbal Colón y los europeos. Literalmente significaría tierra en plena madurez o tierra de sangre vital.

Fuente: Hidalgo, Onésimo y Castro Soto, Gustavo. Cambios en el EZLN. CIEPAC, 2003

Nombre	Anterior Aguascalientes	Grupos	Zona	JBG	Marez
Caracol Madre de los Caracoles del Mar de Nuestros Sueños	La Realidad	tojolabales, tzeltales y mames	Selva Fronteriza	"Hacia la Esperanza"	General Emiliano Zapata, San Pedro de Michoacán, Libertad de los Pueblos Mayas y Tierra y Libertad
Caracol Torbellino de Nuestras Palabras	Morelia	tzeltales, tzotziles y tojolabales	Tzots Choj	"Corazón del Arcoiris de la Esperanza"	17 de noviembre, Primero de Enero, Ernesto Ché Guevara, Olga Isabel, Lucio Cabañas, Miguel Hidalgo y Vicente Guerrero
Caracol Resistencia Hacia un Nuevo Amanecer	La Garrucha	tzeltales	Selva Tzeltal	"El Camino del Futuro"	Francisco Gómez, San Manuel, Francisco Villa y Ricardo Flores Magón
Caracol que Habla para Todos	Roberto Barrios	choles, zoques y tzeltales	Zona Norte de Chiapas	"Nueva Semilla que va a Producir"	Vicente Guerrero, Del Trabajo, La Montaña, San José en Rebeldía, La Paz, Benito Juárez y Francisco Villa
Caracol Resistencia y Rebeldía por la Humanidad	Oventic	tzotziles y tzeltales	Altos de Chiapas	"Corazón Céntrico de los Zapatistas delante del mundo	San Andrés Sacamch'en de los Pobres, San Juan de la Libertad, San Pedro Polhó, Santa Catarina, Magdalena de la Paz, 16 de febrero y San Juan Apóstol Cancuc

Sin embargo, esta realidad apenas en construcción, está exigiendo la re conceptualización del mundo en donde las palabras y su contenido no los absorban como en otros tiempos, en donde la intelectualidad buscaba afanosamente dar respuesta a través de su pensamiento de los movimientos sociales, de lo que se trata, es que miremos el mundo que nos ofrecen y no las expectativas frustradas de occidente en la caracterización del mundo a partir de sus experiencias, el reto que imponen los de abajo, es una valoración de los pensamientos diferenciados, que a la vez son los sueños de millones de seres humanos, de los "pobres del mundo".

> "En lugar de perecer busco una forma que se pueda desdoblar y hacer un círculo. En lugar de volar busco un lugar donde poner mis pies. Como los cuentos que me contaba mi mamá 'Natolia en los que las brujas se

ponían –como Icaros de totomoxtle- alas de petate y salían por ahí…por la ventana. Pero siempre habrá que bajar a la tierra para tomar un respiro…nomás pa' volar de nuevo, nomás pa' sentir los pies de nuevo, nomás pa' saber que se siente caminar otra vez, de nuevo (Carballo, La otra campaña. SN)"

Bolivia en su realidad cósmica. Quechumara

El pensamiento quechua en Bolivia se construye a partir de la palabra "pacha", expresado en el término (quechua y aimara), que guarda una connotación cósmica, pacha significa "el universo ordenado en categorías espacio temporales", dicha cosmovisión andina es compartida con Ecuador por su pasado histórico. Los incas habrán dominado la mayor parte del territorio latinoamericano, por más de diez mil años fueron la cultura dominante en la Cordillera de los Andes su cultura se extendió en Colombia, Ecuador, Perú, Bolivia, Chile y Argentina.

La constitución de Bolivia de 2009 representa al igual que Ecuador, la posibilidad de inclusión de los pueblos originarios, el "buen vivir" a partir de su conceptualización del mundo, en Bolivia, la orientación económica del Estado se orienta hacia la radicalización de la pobreza, como una forma de alcanzar "*el buen vivir*" (Artículo 306).[34] Sin embargo, en la misma Constitución se contempla el desarrollo, pero orientado a la subordinación del mercado hacia el Estado. Por otro lado, se encuentra también el "*vivir bien*" en sus múltiples dimensiones, a saber: la organización económica debe atender propósitos como la generación del producto social, la redistribución justa de la riqueza, la industrialización de los recursos naturales, entre otros. (Artículo 313).[35]

El buen vivir en Bolivia está ligado a los saberes tradicionales que por años había permanecido en el anonimato, y aunque en ambas Constituciones ya se encuentra el pensamiento de los pueblos originarios, es de vital importancia señalar que en el caso de Bolivia, el *suma qamaña*, no se expresa como derechos, como en la Constitución de Ecuador, aquí, son más bien principios ético-morales, que

[34] Artículo 306. I. El modelo económico boliviano es plural y está orientado a mejorar la calidad de vida y el vivir bien de todas las bolivianas y los bolivianos. II. La economía plural está constituida por las formas de organización económica comunitaria, estatal, privada y social cooperativa. III. La economía plural articula las diferentes formas de organización económica sobre los principios de complementariedad, reciprocidad, solidaridad, redistribución, igualdad, seguridad jurídica, sustentabilidad, equilibrio, justicia y transparencia. La economía social y comunitaria complementará el interés individual con el vivir bien colectivo. IV. Las formas de organización económica reconocidas en esta Constitución podrán constituir empresas mixtas. V. El Estado tiene como máximo valor al ser humano y asegurará el desarrollo mediante la redistribución equitativa de los excedentes económicos en políticas sociales, de salud, educación, cultura, y en la reinversión en desarrollo económico productivo. Nueva Constitución Política del Estado (NCP) Bolivia. Consulta: 15/03/2018 https://www.oas.org/dil/esp/Constitucion_Bolivia.pdf

[35] Artículo 313. Para eliminar la pobreza y la exclusión social y económica, para el logro del vivir bien en sus múltiples dimensiones, la organización económica boliviana establece los siguientes propósitos: 1. Generación del producto social en el marco del respeto de los derechos individuales, así como de los derechos de los pueblos y las naciones. 2. La producción, distribución y redistribución justa de la riqueza y de los excedentes económicos. 3. La reducción de las desigualdades de acceso a los recursos productivos. 4. La reducción de las desigualdades regionales. 5. El desarrollo productivo industrializador de los recursos naturales. 6. La participación de las economías pública y comunitaria en el aparato productivo. *Ibídem.*

conducen a la comunalidad a sentirse y comprenderse dentro de ella, esto constituye una mirada de retorno hacia la formas de pensamiento cósmico ancestrales, porque es en la comunalidad en donde se expresan todas las formas de pensamiento en armonía con el universo, es el eterno retorno, el diálogo, el movimiento, que en el derecho se limita a la esfera del poder y al acceso de unos cuantos a la justicia.

No podremos quizá ahora saber el ámbito de validez de este sistema, ni las formas de implementación de este, sin embargo, su construcción significa un cambio en donde las posibilidades se abren a lo real y no hacia la utopía como hace algunos años se pensaba. La realidad está presente y responde a las exigencias de los millones de seres que se debaten en la lucha por la supervivencia de la vida en el planeta.

Los derechos humanos de los pueblos originarios una visión critica

Daremos inicio con lo básico, que es el concepto mismo de pueblos originarios, esto requiere un análisis amplio desde los diversos autores y desde las diversas visiones, así, se abordara el tema a partir de los esquemas jurídicos impuestos por las sociedades dominantes comenzando por el Convenio 169 de la OIT y algunos otros instrumentos reconocidos a nivel internacional. Conceptualmente se retomará la palabra indio o indígena (palabra con la que se suele mencionar a los grupos de población originarios de un lugar) para encontrar su origen a través del tiempo, respecto de este concepto como del anterior, no constituye la parte nodal del análisis. La razón es que se ha hablado bastante de ello, su uso es común en el lenguaje de la academia, sin embargo, lo retomamos para dar paso a un análisis de fondo es el uso y la forma en que debería denominarse a los grupos de población autóctona que han perdido en el tiempo y en el espacio sus características propias.

De esta forma comenzaremos por citar el Convenio 169 de la OIT instrumento legalmente reconocido por los países del mundo en la época moderna y el más avanzado, que reconoce legal y oficialmente la existencia de los pueblos originarios o indígenas. Pero habrá que cuestionar la exigencia por designar un nombre a la generalidad de los habitantes de un país que conservan su propia lengua, sus costumbres, vestimenta y tradiciones, porque puede ser esta, una nueva forma de reducción de la cultura.

Por ello resulta necesario encontrar en las diversas acepciones la palabra "pueblos originarios" o "indios" con la finalidad de determinar su uso y, en todo caso, otra en la que los grupos de población se reconozcan.

Comenzaremos por desentrañar la palabra "indio" o "indígena", esta fue utilizada por los españoles a su llegada a América, al confundirla con las Indias, posteriormente el término indígena se utilizó para designar a los nativos del lugar. Durante la colonia, se verá al indio en las clases sociales[36] otorgándoles una categoría supra étnica, por otro lado, la palabra indio, como producto de la

[36] *Cfr.* Ricardo Pozas, 2006, Los indios en las clases sociales de México. Siglo XXI, México; p. 125

instauración del régimen colonial en América hace referencia necesaria a la relación colonial[37] pero no denota ningún contenido específico de los grupos que abarca, sino una particular relación entre ellos y otros sectores del sistema global del que los indios forman parte.

Así, a lo largo de la historia, en diferentes contextos se ha pretendido definir al indígena, que no encuentra lugar ni ubicación en ningún espacio, los indígenas son seres incomprendidos por la globalización al aferrarse a su propio contexto histórico producto de los vaivenes del hombre occidental. En todo caso, el indígena es todo individuo que se siente pertenecer a una comunidad indígena; que se concibe a sí mismo como indígena, que acepta su propia cultura y la del grupo a la que pertenece, participando en las simpatías y antipatías colectivas.[38]

Esto es básica mente el fundamento contenido en el Convenio 169 de la OIT, en donde se señala que se considera indígena a aquellos descendientes de las poblaciones que habitaban en la época de la conquista, o la colonización y que conservan sus propias instituciones sociales, económicas, culturales y políticas o parte de ellas (Convenio 169 de la OIT); además se tendrá en cuenta la conciencia de su identidad indígena, que se refiere al hecho de cómo se asuma el individuo dentro y fuera de su comunidad. Pero el Convenio 169 de la OIT, no es el único instrumento jurídico en el que se puede encontrar el encuadramiento forzoso de los pueblos en una visión globalizada. Así, se puede encontrar en diversos instrumentos internacionales la palabra "pueblos", que hace alusión a los grupos de población indígena en el mundo, ejemplo de ello lo constituyen: la Carta de las Naciones Unidas en su artículo 55, el Pacto Internacional de Derechos Económicos, Sociales y Culturales, artículo 1, el Pacto Internacional de Derechos Civiles y Políticos, la Declaración y el Programa de Acción de Viena y la Declaración Universal de los Derechos de los Pueblos Indígenas que señala de igual forma "pueblos indígenas" en prácticamente todos los artículos.

De esta forma es posible observar que legalmente en el marco de un sistema judicial los denominados "derechos de los pueblos" se hacen visibles para las minorías ya que, aparentemente logran acceder a los mismos, sin embargo; la gran mayoría de las poblaciones de origen indígena carece de los beneficios de ese sistema; más aún, los sistemas impuestos han coaccionado la libertad en los espacios naturales, sociales y culturales. Esto, no desde el punto de vista jurídico, que limita la interpretación de las otras posibilidades de la realidad, que son "los otros mundos"; que la razón ha mantenido cerrados; ocultos. Los mundos cerrados incluyen también los esquemas, los conceptos, las denominaciones; que constituyen lingüísticamente las nuevas formas de interpretación de la realidad.

Pero esa realidad lingüística, que incluye las formas en que se nombra a las cosas, a las personas, los lugares y los pueblos, debiera construirse a través de las voces,

[37] *Cfr.* Bonfil Batalla, Guillermo, 1972, *El concepto del indio en América: una categoría de la situación colonial,* en: Anales de Antropología, Vol. 9. Pp.105-124, UNAM. México, p. 342
[38] *Ibídem*; p. 112

las miradas y las dinámicas de quienes participan en la creación de los diferentes mundos en que se vive e interpreta la realidad.

En este sentido, la denominación de "pueblos", "indígenas" o "pueblos originarios"; que les son designados a las diferentes "poblaciones indígenas" para otorgarles derechos o "reconocerlos"; no son más que concepciones ambiguas desarticuladas de su contexto.[39] Lo que se pretende decir, es que "todos" los habitantes de una comunidad o población que conservan aun sus tradiciones, sus costumbres, lengua, formas de vida, vestimenta, entre otros elementos, pertenecen a una misma población o grupo, como comunidad, no como masa de población en donde no existe respeto hacia su propia y especial constitución como pueblos.

Es a partir de la invasión por parte de los europeos hacia América que hubo reducción de términos la designación de "indígenas", colocaba a todos los habitantes en un mismo grupo, de forma que, mientras que algunos grupos se suprimieron, otros más quedaron en el olvido, y junto con ellos, la raíz lingüística del origen de las culturas milenarias.

Así, los *Cucapá, Guarijío, Triqui, Purépecha, Hñähñü, Tachihuiin, Batsilwinik, Winikatel, Ñuusávi, Náhuatl, Maya, Jñatio, Ha shutaenima (Masateco), Téenek (Huasteco), Winik (Chol), P'urhépechas (Purépecha), Nahua Náhuatl, Maya, Zapoteco Binizaa, Mixteco Ñuusávi, Otomí Hñähñü , Totonaca,Tachihuiin, Tzotzil Batsilwinik, Tzeltal Winikatel, Mazahua Jñatio, Mazateco Ha shuta, nima, Huasteco Téenek, Chol, Purépecha P'urhépechas, ChinantecoTsajujmí, Mixe Ayüük, TlapasnekMe'phaa, Tarahumara Rarámuri, Mayo Yoreme, Zoque O'depüt, Chontal de Tabasco Yokot, Popoluca Tuncápxe, Chatino Cha'cña, Amuzgo Tzañcue, Tojolabal Tojolwinik, Huichol, xárika, Tepehuano O'dami, Triqui Tinujéi, Popoloca, Cora Nayeeri, Mame Qyool, Yaqui Yoémem, Cuicateco Nduuduyu, Huavel kööds, Tepehua Hamasipini, Kanjobal K'anjobal, Chontal de Oaxaca Slijuala sihanuk, Pame Xigüe, Chichimeca jonaz Ézar, Matlatzinca Botuná, Guarijío Makurawe, Chuj , Chocho Runix angiigua, Tacuate, Ocuilteco Pijejak, Pima Tohonoo'odham, Jacalteco, Abxubal, KekchíK'ekchí, Lacandón Hacht'an, Ixcateco, Seri Concaac, Motocintleco Qatok, Quiché, Q'iché, Kakchiquel K'akchikel, Paipai Akwa'ala, Pápago Tohonoo'odam, Cucapá Es péi, KumiaiTi'pai, KikapúKikapooa, Cochimí Laymón, mti'pá, Ixilxil, KiliwaKo'lew, Aguacateco, ópata, solteco y papabuco*, forman parte de las raíces lingüísticas que hay que descifrar, en cada signo, puede ser posible que se pueda encontrar el código de desciframiento de cada cultura, de cada comunidad.[40]

Por lo que no es erróneo decir que uno de los principales errores que se cometen al pretender analizar o descifrar la cosmogonía de los pueblos originarios, así como sus muy particulares formas de vida, lo constituye el hecho de considerarlos a todos

[39] *Cfr.* Stavenhagen, Rodolfo, 1988, *Derecho indígena y derechos humanos en América Latina*. El Colegio de México, México; p. 31.
[40] *Cfr.* Lenkersdorf, Carlos, 2004, *Conceptos tojolobales de filosofía y del altermundo*. Plaza y Valdez, México; p. 62.

iguales, dentro de un margen del sistema de derecho, que es un sistema o una visión limitada, porque los coloca a todos dentro de un mismo grupo; cuando cada uno, debe conservar su propia y exclusiva designación. Ello, porque no es en vano que cada una de las poblaciones originarias adquieran dichas denominaciones, las cuales se encuentran directamente vinculadas con los lugares geográficos en los que se ubican; el nombre entonces constituye el origen de todo vínculo con la tierra, con el espacio, con la cultura, la comunidad, la lengua y todos los elementos que la integran.

Por lo que, al referirse a las comunidades, a los pueblos a los erróneamente llamados "indios" debería ser, como ellos mismo se reconozcan, no ya como "indios"; sino como *O'dami, Téenek, Makurawe, Chuj, Chocho Runix angiigua, Tacuate, Ocuilteco Pijejak, Pima Tohonoo'odham, Jacalteco*, entre otros, que es la forma en que cada uno ancestralmente se designaba.

A manera de conclusiones

Es indudable que occidente ha avanzado en diversas cuestiones, puede decirse que nunca en la historia de la humanidad, se lograron tantas cosas, tantos inventos, así como nuevos y novedosos sistemas jurídicos, sin embargo, este sistema ha sido también cuna de crueles barbaries hacia las comunidades originarias (y de otras que, no siendo originarias, han sufrido sus estragos), así, podemos hablar de pluralismo, de multiculturalismo, que en la praxis no encuentra su concreción. En diversas comunidades y aun en la Ciudad de México, los pueblos originarios siguen muriendo de hambre, viven en la pobreza, en muchas ocasiones sufren de persecución por así convenir a los intereses privados de los representantes del Estado mexicano; su derecho al acceso a la educación y la justicia se ve mermado por diversos factores, entre ellos la lengua, ante la inexistencia de traductores, y en el caso del acceso a la educación esta se ve trastocada porque su impartición ya que esta no se enfoca en la interculturalidad o multiculturalidad, tal como lo establecen los instrumentos nacionales e internacionales relacionados con pueblos originarios.

Especialmente en el caso de México, falta mucho por avanzar, pero este cambio solo será posible en la medida en que sea respetada la forma de vida y pensamiento de los pueblos originarios, su propia concepción del mundo constituye esa otra realidad que necesita ser descifrada, entendida y aceptada por la mentalidad occidental que a pesar de sus avances, cierra los ojos a esas otras realidades y que son tan valiosas e importantes como occidente, no solo por el ámbito de validez de la norma que constituye la parcelación de conocimiento, sino por el *ser* que abre las posibilidades de la realidad.

Bibliografía

1. Bonfil Batalla, 1972, Guillermo. *El concepto del indio en América: una categoría de la situación colonial,* en: Anales de Antropología, Vol. 9. Pp.105-124, UNAM, México. Broda, Johanna, 2001, *Cosmovisión, ritual e identidad de los pueblos indígenas de México.* FCE. México.
2. ______, coord. 2004, *Historia y vida ceremonial en las comunidades mesoamericanas: los ritos agrícolas,* UNAM, México.
3. Deimer. A, *et al*, 1985, *Los fundamentos filosóficos de los derechos humanos,* UNESCO, Barcelona.
4. Freire, Paulo, 2010, *Cartas a quien pretende enseñar,* Siglo XXI, México
5. Geertz, C., J. Clifford et al, 1992, *El surgimiento de la antropología postmoderna,* Gedisa. Barcelona.
6. Gómez, Magdalena, 1995, *Derechos indígenas.* Lectura comentada del Convenio 169 de la Organización Internacional del Trabajo, INI, México.
7. Hegel, George W. F, 2006. *La lógica de la enciclopedia,* Leviatán, Buenos Aires, Argentina.
8. Heidegger, Martín, 2009, *El arte y el espacio,* Herder, España.
9. Lenkersdorf, Carlos, 2007, *Los hombres verdaderos.* Siglo XXI, México.
10. _______, Carlos, 2004, *Conceptos tojolobales de filosofía y del altermundo,* Plaza y Valdez, México.
11. Macas, Luis, 2011, *El Sumak Kawsay,* En: Debates sobre cooperación y modelos de desarrollo. Perspectivas desde la Sociedad Civil en el Ecuador, Gabriela Weber, Coord. P.p 47-60. Quito, Centro de Investigaciones.
12. Malagoni Duarte, Ignacio. 1995, *Educadores del mundo,* Costa Amic, México.
13. Reyes Sánchez, Giovanna Liset, et al, 2009, Diálogo de saberes : plantas medicinales, salud y cosmovisiones. ARFO, Universidad Nacional de Colombia, Bogotá.
14. Ricardo Pozas, 2006, Los indios en las clases sociales de México. Siglo XXI, México.
15. Stavenhagen, Rodolfo, 1988, Derecho indígena y derechos humanos en América Latina. El Colegio de México, México.
16. Tapia Ponce, Nelson, 2006, *Agroecología y agricultura campesina sostenible en los Andes Bolivianos. El caso del ayllu Majasaya-Mujlli, Departamento de Cochabamba, Bolivia.* Plural, Bolivia.
17. Toledo, V. M, 199, *La perspectiva etnoecología. Cinco reflexiones acerca de las "ciencias campesinas" sobre la naturaleza con especial referencia a México.* Ciencias –especial- 4: 22-29, UNAM, México.

Revistas

18. Hernández-Xolocotzi, E, 1983, *El Concepto de Etnobotánica.* En: A. Barrera (editor). La Etnobotánica: tres puntos de vista y una perspectiva. Cuadernos de Divulgación. Instituto Nacional de Investigaciones sobre Recursos Bióticos, Xlapa, Veracruz; Pp.
13- 17
19. Leyva Contreras, Lucio. 2002, *Los derechos universales de la creación,* en: Revista, Altamirano. No. 24. H. Congreso del Estado de Guerrero. Instituto de Estudios Parlamentarios "Eduardo Neri", México; Pp. 158-177.

Páginas web

20. Constitución de la República de Ecuador, 2008. Consulta: 14/03/2018. http://www.turismo.gob.ec/wp-content/uploads/2016/02/ CONSTITUCI%C3%93N-DE-LA-REP%C3%9ABLICA-DEL-ECUADOR.pdf
21. Nueva Constitución Política del Estado (NCP) Bolivia. Consulta: 15/03/2018 https://www.oas.org/dil/esp/Constitucion_Bolivia.pdf
22. http://www.flacsoandes.edu.ec/iconos/images/pdfs/%C3%8Dconos48/ I48_5doss_v ega.pdf
23. http://revistarebeldia.org/revistas/numero50/02caracoleszapatistas.pdf
24. http://www.olimon.org/uan/12-quechua-estermann.pdf

Derechos Humanos, educación y pluriculturalismo en México

Santa Isabel Sierra Martínez[1]

Introducción

La educación está establecida en la Declaración Universal de los Derechos Humanos, por lo tanto, es un derecho inherente a todos los individuos, y debe garantizarse sin importar religión, sexo, género, creencias, condiciones étnicas, entre otros. La enseñanza relativa a los derechos humanos es parte integral del derecho a la educación y cada vez obtiene mayor reconocimiento en tanto que derecho humano en sí misma. El conocimiento de los derechos y las libertades está considerado como un instrumento fundamental para asegurar el respeto de los derechos de todas las personas.

El proceso de aprendizaje debería abarcar valores tales como la paz, la no discriminación, la igualdad, la justicia, la no violencia, la tolerancia y el respeto de la dignidad humana, además debe ser una educación de calidad basada en un enfoque de derechos humanos significa que éstos se aplican en todo el del sistema educativo y en todos los contextos de aprendizaje.

México, al haber firmado y ratificado diversos instrumentos internacionales, como son, el Convenio 169 de la OIT (Organización Internacional del Trabajo), la Convención sobre los Derechos del Niño, Pacto Internacional de Derechos Económicos, Sociales y Culturales y el Pacto Internacional de Derechos Civiles y Políticos, entre otros que buscan proteger los derechos de las niñas, los niños y adolescentes; queda obligado a establecer políticas públicas que garanticen no solo el derecho a la educación, sino la promoción y divulgación de los Derechos Humanos y en su caso, de los usos y costumbres de los pueblos y comunidades indígenas.

Nuestro país ha emprendido esfuerzos para cambiar la situación de rezago social de la población indígena, sin embargo, persisten grandes asimetrías en relación con la población no indígena, las cuales se reflejan en los altos niveles de pobreza, marginación y exclusión que enfrenta la primera y que limitan el pleno ejercicio de sus derechos, siendo las niñas, niños y adolescentes uno de los sectores más afectados.

Enseñanza de los Derechos Humanos en México

En México existen diversas políticas públicas encaminadas a que la educación impartida en las escuelas sea de calidad[2], los Derechos Humanos tomaron fuerza

[1] Licenciada en Derecho por la Universidad Autónoma Metropolitana y estudiante de la maestría en Derecho de la UAM-A

[2] Sylvia Schemelkes establece que la educación de calidad puede entenderse como la capacidad de proporcionar a los alumnos el dominio de los códigos culturales, además se les debe dotar de capacidades para poder participar en la democracia y ciudadanía, así como desarrollar sus capacidades, valores y aptitudes acordes con

en la esfera educativa desde 1993, por lo anterior, se estableció en el Artículo 3° Constitucional[3] que la educación es un derecho de todos, actualmente, el Estado tiene propósitos y compromisos en esta materia, entre los que destacan el desarrollo humano, la obligatoriedad, la no discriminación y la gratuidad.

La educación tiene dos propósitos, el primero es individual, es decir, que abarca el desarrollo personal del ser humano, y el segundo es el de la sociedad[4], por tal motivo, el derecho a la educación es fundamental, de hecho, resulta tan importante que se encuentra precisado en la Declaración Universal de los Derechos Humanos (DUDH) específicamente en su artículo 26[5], en el Convenio 169 de la OIT (respecto de los pueblos y comunidades indígenas), en el Pacto Internacional de Derechos Económicos, Sociales y Culturales (1966) y el Pacto Internacional de Derechos Civiles y Políticos (1966), tratados que son jurídicamente vinculatorios para los Estados que son parte en ellos.

La DUDH y los pactos han logrado desarrollar diversos tratados, en materia de educación básica, el más importante es la Convención sobre los derechos del niño, la cual busca salvaguardar los derechos humanos de las niñas, niños y adolescentes. La Convención establece que los derechos de las niñas y niños son responsabilidad de las generaciones adultas, a su vez, nos señala que estas generaciones encargadas de proteger y vigilar el cumplimiento de estos derechos se dividen en tres niveles: familia, sociedad y Estado[6].

Por parte del Estado se han implementado planes, programas y políticas públicas encaminadas a la protección de los derechos de la niñas, niños y adolescentes, un ejemplo de lo anterior es el Plan de Acción del Decenio[7], el cual busca promover una táctica que evalué las necesidades y formulé estrategias eficaces para la creación y fortalecimiento de programas y funciones en la esfera multinivel.

---

una sociedad. Consultado en Schmelkes Sylvia. Hacia una mejor calidad de nuestras escuelas. Colección INTERAMER, ISSN 1021-4666; no. 32. P.4. 1994.

[3] Señala que todo individuo tiene derecho a recibir educación, y que esta será obligatoria hasta la educación media superior.

[4] Instituto Nacional para la evaluación de la educación. El derecho a la educación en México Informe 2009. Instituto Nacional para la evaluación de la educación, Primera edición 2010, México. P.16.

[5] Establece que todos los seres humanos tienen derecho a la educación, y que esta debe ser obligatoria y gratuita.

[6] Duro Elena. UNICEF va a la escuela para promover los derechos de los niños, niñas y adolescentes. UNICEF, Argentina 2002.P 26.

[7] La Conferencia Mundial de Derechos Humanos afirmó, en su Declaración y Programa de Acción de Viena (en particular el parágrafo 33 de la sección I) que los derechos a la educación, la capacitación y la información pública en materia de derechos humanos son indispensables para establecer y promover relaciones estables y armoniosas entre las comunidades, así como para fomentar y consolidar la comprensión mutua, la tolerancia y la paz. La Conferencia recomendó a los Estados que hicieran esfuerzos para erradicar el analfabetismo y que orientaran la educación hacia el pleno desarrollo de la personalidad humana y el fortalecimiento del respeto a los derechos humanos y a las libertades fundamentales. Asimismo, instó a todos los Estados e instituciones a incluir los derechos humanos, el derecho humanitario, la democracia y el estado de derecho como materias de los programas de estudio de toda institución educativa, tanto del ámbito formal como del no formal. Consultado en http://www.ohchr.org/SP/Issues/Education/EducationTraining/Pages/Decade.aspx 17/07/2017

Actualmente, México tiene el compromiso de implementar en todos los planes y programas de estudio de nivel básico (primaria, secundaria y nivel medio superior) la enseñanza de los Derechos Humanos, este mandato del Instituto Interamericano de Derechos Humanos (IIDH) busca que los países comprometidos muestren sus avances en cuanto a la capacitación de docentes, asistencia especializada y producción de materiales didácticos que permitan la incorporación de la enseñanza de los Derechos Humanos[8].

La *United Nations Educational, Scientific and Cultural Organization*[9] (UNESCO) a través del Programa Mundial para la Educación en Derechos Humanos, de igual forma que el IIDH, está interesada en que los países parte implementen la enseñanza de los Derechos Humanos en las aulas de clase, la cual debe ser de calidad, enfocada a difundir y promover valores como son la paz, la no discriminación, la igualdad, la justicia, la no violencia, la democracia[10], la tolerancia y el respeto de la dignidad humana.

Educación y pluriculturalismo

Como se estableció con anterioridad, la educación en Derechos Humanos tiene como propósito el fortalecimiento del respeto hacia los Derechos Humanos y libertades fundamentales, así como el desarrollo de la personalidad humana, es por eso que la educación tendrá un papel preponderante para que a nivel personal y social los seres humanos logren alcanzar estos ideales[11].

La DUDH establece que todos los seres humanos somos libres e iguales tanto en dignidad como en derechos, a su vez, nos dice que debemos comportarnos fraternalmente, sin hacer distinciones, ya sea por religión, raza, preferencias sexuales, entre otras[12]. Gracias a estos valores la DUDH permite que los pueblos y comunidades indígenas logren no sólo un reconocimiento, sino un respeto a las diferencias etnoculturales, por lo anterior, el 13 de septiembre de 2007 se crea la Declaración de las Naciones Unidas sobre los Derechos de los Pueblos Indígenas, la cual, tiene como objetivo que los pueblos y comunidades indígenas sean tratados con igualdad y respeto, a la vez que busca salvaguardar sus derechos.[13]

En la Constitución Política de los Estados Unidos Mexicanos (CPEUM), artículo 2º se reconoce el carácter pluricultural de la nación, con ello, este concepto se

---

[8] Multiculturalidad e interculturalidad en el ámbito educativo: experiencia de países latinoamericanos, módulo 1, Enfoque teórico / Manuel de Jesús Salazar Tetzagüic ; Instituto interamericano de Derechos Humanos. -- San José, C.R.: IIDH. P. 7. 2009

[9] Organización de las Naciones Unidas para la Educación, la Ciencia y la Cultura.

[10] En esta parte de la democracia cabe señalar que Noberto Bobbio establecía que los ciudadanos deben de estar informados sobre la democracia, es decir, cómo, cuándo y dónde ejercerla, la falta de educación e información logran que la democracia tenga "Promesas no cumplidas". Consultado en BOBBIO, Norberto. El futuro de la Democracia. México: Fondo de Cultura Económica, 1996.

[11] *Opt. Cit.* Salazar Tetzagüic, Manuel de Jesús. P.14

[12] *Ídem*

[13] *Ídem*

relaciona con el multiculturalismo que, en distintas dimensiones, diversos autores puntualizan como se verá a continuación.

Cabe señalar que siempre hemos vivido en una sociedad multicultural, por lo anterior, una pedagogía de la interculturalidad representa una herramienta necesaria para que las generaciones actuales y las futuras logren sensibilizarse, reconocer y valorar las diferentes culturas que existen, así como buscar una relación intercultural con ellas, hasta que se logre considerar que no existen culturas superiores o inferiores.[14]

El multiculturalismo puede definirse como acción de reconocimiento pleno del carácter multibilingüe, multiétnico y pluricultural de un país o nación. El Multiculturalismo da pie a nuevas políticas y programas con el propósito de responder a las necesidades de los pueblos y comunidades. A su vez, el multiculturalismo se apoya en valores como equidad, justicia, igualdad, buscando así un mayor respeto de culturas, impulso a reforma del sistema educativo y la lucha contra el racismo y la discriminación.[15]

Para *Slavoj Žižek*, el multiculturalismo es una ideología basada en el capitalismo global, es un racismo que vacía su posición de todo contenido positivo, que no opone al otro los valores particulares de su cultura, pero, igualmente mantiene esta posición con un privilegiado punto vacío de universalidad desde la cual puede apreciar (y despreciar) a las otras culturas particulares.[16]

Raúl Fornet Betancurt sostiene que el sistema educativo es un filtro de exclusión de saberes, por lo anterior, no todo el conocimiento se logra transmitir, es decir, en el proceso de enseñanza aprendizaje hay conocimientos que se van quedando rezagados, o bien, se van perdiendo; a su vez, nos dice que los miembros de la élite, ya sea cultural o política de una sociedad son los que establecen en la sociedad lo que esta debe o no aprender. Fornet toma a la educación como una parte fundamental para segur reproduciendo, o bien, mantener vivas las tradiciones, incluidas las filosóficas.[17]

En los años 80 la interculturalidad comenzó a entenderse, en América Latina se impulsaron políticas públicas encaminadas a salvaguardar y asegurar el derecho a la educación de los pueblos indígenas, así como la educación intercultural bilingüe, dichas políticas fueron promovidas por los mismos pueblos indígenas, ONG y por el Estado.[18]

---

[14] *Ibídem* p.15

[15] *Ídem*

[16] ZIZEK, Slavoj. Multiculturalismo o la lógica cultural del capitalismo multinacional. En JAMESON, Fredric; ZIZEK, Slavoj. Estudios Culturales: reflexiones sobre el multiculturalismo. Buenos Aires, Argentina: Editorial Paidós, 1998. Pp. 137-188

[17] Reflexiones de Raúl Fornet-Betancourt sobre el concepto de interculturalidad. Consorcio Intercultural. Segunda reimpresión 2007. México. P.22

[18] Walsh Catherine. Interculturalidad, Estado, sociedad: Luchas (de) coloniales de nuestra época. Universidad Andina Simón bolívar. Ediciones Abya-Yala, Primera Edición, Quito, marzo 2009. P.48

En nuestro país, en el año de 1982, se llevó a cabo la reunión regional de especialistas sobre la educación bilingüe, en donde se estableció que eran necesarios políticas nacionales de plurilingüismo y multietnicidad; también propusieron la oficialización de las lenguas indígenas y políticas globales.[19]

Actualmente, nuestra Constitución señala que los Gobiernos están obligados a abatir las carencias y rezagos que afectan a los pueblos indígenas, por lo anterior, se debe garantizar e incrementar el nivel de escolaridad, sin dejar de lado la educación bilingüe e intercultural. La cultura se aprende y se transmite, por ello es importante e imprescindible que los programas educativos reconozcan la herencia cultural de los pueblos indígenas, y que esta sea plasmada en su contenido.[20] Cabe señalar que los planes y programas de estudio destinados a los pueblos y comunidades indígenas deben aplicarse y elaborarse en cooperación con éstos, con el propósito de que estos programas respondan a las necesidades tanto particulares como colectivas, se deberán incluir su historia, usos y costumbres, técnicas (por ejemplo en la agricultura, ganadería pesca, apicultura, entre otras),[21] además, se deberá garantizar en todo momento que los pueblos tendrán acceso a la educación de todos los niveles, gozando de condiciones de igualdad respecto del resto de la población.[22]

Derecho a la educación de las niñas, niños y adolescentes indígenas

La política educativa implementada por la Secretaría de Educación Pública (SEP) encaminada a la atención de la población indígena del país aún no da los resultados esperados, por lo que es necesario mejorar e innovar las rutas de acción en materia de educación.

Uno de los grandes retos en educación indígena es fortalecer el diseño educativo para cerrar las brechas educativas que aún prevalecen en los distintos sectores escolares, además, es necesario impulsar el principio de equidad con el objetivo de favorecer la igualdad social, lo anterior ayudará a que las niñas, niños y adolescentes indígenas puedan hacer válido su derecho a la educación.

Los indicadores educativos de 2014[23] indican que la población indígena enfrenta un fuerte rezago en educación, la tasa de analfabetismo entre indígenas de 15 o más años se triplico (19.3%), además, la población indígena alcanzó apenas 6.7 años de escolaridad, en comparación con el promedio del país, que fue de 8.9 años. Las brechas se ubican tanto en el acceso como en el aprendizaje y la permanencia en la escuela. En 2014, 73.1% del grupo etario de 3 a 5 años asistía a la escuela; este porcentaje se redujo a 68.5% para la niñez indígena.[24]

---

[19] *Ídem*

[20] Artículo 2º Constitución Política de los Estados Unidos Mexicanos. Sista, México, 2018.

[21] Artículo 27, *ídem.*

[22] Coordinación General de Educación Intercultural y Bilingüe. Políticas y fundamentos de la educación intercultural bilingüe en México. Primera reimpresión 2007. México. P. 17.

[23] Fuente INEE y UNICEF (2016)

[24] INEE (2017). Directrices para mejorar la atención educativa de niñas, niños y adolescentes indígenas. México: INEE.

Respecto a los niveles de aprendizaje, mientras que 5 de cada 10 estudiantes de escuelas primarias generales obtuvieron el nivel más bajo de logro académico en la prueba de Lenguaje y Comunicación realizada por el Plan Nacional de Evaluación de los Aprendizajes (INEE, 2015), en escuelas primarias de modalidad indígena esto ocurrió con 8 de cada 10 estudiantes. Finalmente, al revisar los indicadores de permanencia, se observa que, en 2014, mientras que 76.6% de los jóvenes de entre 15 y 17 años contaba con educación básica completa, esto sólo sucedía para 56.7% de los jóvenes hablantes de alguna lengua indígena[25].

Estos resultados se deben en parte a la débil pertinencia cultural y lingüística de la oferta educativa y a la falta de equidad en la asignación de los recursos humanos y materiales. A ello se suma la decisión de ofrecer una educación intercultural y bilingüe sólo en aquellas escuelas de modalidad indígena, a pesar de que Niñas, Niños y Adolescentes de los diferentes pueblos originarios se matriculan en todos los tipos de servicio educativo.[26]

El Censo de Escuelas, Maestros y Alumnos de Educación Básica (CEMABE), realizado en 2013, reportó que 43 de cada 100 estudiantes hablantes de lenguas indígenas que estudiaban la primaria lo hacían en escuelas de modalidad general. El censo también mostró que, en las escuelas preescolares y primarias de modalidad indígena, 47 y 53 de cada 100 docentes, respectivamente, no hablaban una lengua originaria. Por su parte, la Evaluación de las Condiciones Básicas para la Enseñanza y el Aprendizaje (ECEA) muestra que para 2015, mientras que 3.1% de las primarias a nivel nacional carecía de servicios básicos, esta proporción se elevaba a 9.5% en el caso de las escuelas indígenas multigrado.[27]

De acuerdo con la información reportada por el Instituto Nacional de Estadística y Geografía (INEGI), la población indígena en México representa 21.5% de la población total del país, considerando el criterio de autoadscripción[28]. De ésta, 22.1% (7297694 Niñas, Niños y Adolescentes) se ubica en el grupo etario de 3 a 17 años, es decir, en edad de cursar la educación obligatoria.[29]

Por otro lado, para hacer efectivo el derecho a la educación resulta imprescindible considerar que existen derechos específicos para Niñas, Niños y Adolescentes de los pueblos y comunidades indígenas, mismos que responden a la exigencia de que la educación conserve su naturaleza de fundarse desde la cultura que le es propia al grupo social que la recibe y a partir de esto se amplíe a conocimientos, valores y otros elementos esenciales para cohabitar en una sociedad nacionales e internacional multicultural.[30] De esta manera, también es necesario tener presente que "las diferencias, tanto de formas de aprender como de lenguaje, entre las culturas dominantes y las de los pueblos originarios plantean exigencias de

---

[25] *Ídem*

[26] *Ídem*

[27] *ídem*

[28] *ídem*

[29] INEGI, 2015

[30] *ídem*

adaptabilidad importantes sobre los sistemas educativos, de modo que puedan satisfacer adecuadamente las necesidades educativas de la población indígena.[31]"

El Convenio 169 sobre Pueblos Indígenas y Tribales en Países Independientes, ratificado por nuestro país en 1990, es un documento vinculante promovido por la Organización Internacional del Trabajo en el cual se precisa el derecho a la educación en la lengua originaria y el de dominar el español.[32]

México se ha adherido a lo estipulado en este Convenio, así como a la Declaración Universal de los Derechos Humanos, la Convención sobre los Derechos del Niño y otros tratados internacionales, los cuales conforman un marco para el respeto y la promoción de las culturas, las lenguas y la educación de los pueblos indígenas[33].

El Panorama Educativo de la Población Indígena[34] señala que para 2014, entre la población indígena la proporción de personas en pobreza y pobreza extrema fue de 73.2% y 32%, respectivamente. Por su parte, la proporción de población no indígena en condición de pobreza fue de 43%. Ello es muestra de que "la condición étnica está asociada en mayor medida a un estado de carencia y privación social".[35] De hecho, la población indígena presenta mayores niveles de vulnerabilidad, en tanto que 8 de cada 10 indígenas que no son pobres están en riesgo de serlo por la presencia de al menos una carencia social. Asimismo, tienen el mayor rezago en el acceso a la seguridad social (79.4%), en el acceso a los servicios básicos en la vivienda (61%) y en el acceso a la alimentación (38.8%), lo cual refleja la imposibilidad que enfrentan para ejercer derechos sociales básicos.[36]

Las graves condiciones de pobreza en que vive esta población afectan en mayor medida a niños, niñas y adolescentes, ya que 9 de cada 10 están en situación de pobreza, y de éstos, más de la mitad se encuentra en pobreza extrema37, situación que los pone en riesgo de no completar su educación obligatoria. Por ello, la atención educativa que se les brinde debe ser parte de una atención integral, que considere la riqueza, la diversidad y la cosmovisión de cada uno de los pueblos indígenas.[38]

De manera general, las tasas de asistencia a la escuela y de escolaridad de la población indígena son menores que las de la no indígena. Aunque la proporción de alumnos indígenas que asiste a la escuela se ha incrementado en las últimas

---

[31] UNESCO, 2016

[32] El artículo 28 del Convenio 169 expresa que "Deberán tomarse medidas adecuadas para asegurar que esos pueblos tengan la oportunidad de llegar a dominar la lengua nacional o una de las lenguas oficiales del país".

[33] INEE (2017). Directrices para mejorar la atención educativa de niñas, niños y adolescentes indígenas. *Op. Cit.*

[34] INEE y UNICEF, 2016

[35] *Ibídem* p. 40

[36] INEE (2017). Directrices para mejorar la atención educativa de niñas, niños y adolescentes indígenas. *Op. Cit.*

[37] *Ídem*

[38] INEE (2017). Directrices para mejorar la atención educativa de niñas, niños y adolescentes indígenas. *Op. Cit.*

décadas, prevalece en la tasa de asistencia escolar de la población una brecha importante en comparación con la media de toda la población en el país.[39]

Desde una perspectiva de derechos, es posible señalar que el derecho a la educación de Niñas, Niños y Adolescentes indígenas no se está garantizando. Esto se concluye al observar los niveles de acceso a la educación, de permanencia en la escuela, y el logro de aprendizajes relevantes, útiles y significativos para sus vidas. Además, el derecho se encuentra limitado por la condición étnica, puesto que las brechas educativas son mayores para esta población.[40] Si bien los niveles de escolaridad entre los indígenas se han incrementado al pasar de 6.1 a 6.7 años entre 2010 y 2014, aún persisten brechas importantes respecto a la población total, cuya escolaridad promedio pasó de 8.6 a 8.9 años durante el mismo periodo.[41]

Por su parte, los resultados nacionales 2015 del Plan Nacional para la Evaluación de los Aprendizajes (PLANEA) advierten que esta situación permanece constante pues el desempeño académico de los estudiantes indígenas está en un nivel de logro insuficiente. Mientras que 5 de cada 10 estudiantes de las escuelas generales públicas obtuvieron un nivel 1 o de logro insuficiente, en el caso de estudiantes indígenas el número asciende a 8 de cada 10, en las áreas de Lenguaje y Comunicación y de Matemáticas.[42]

A manera de conclusión

El Estado mexicano ha suscrito y ratificado instrumentos jurídicos internacionales de carácter vinculante y no vinculante. El principal es la Declaración Universal de los Derechos Humanos, pues establece, reconoce y agrupa un extenso conjunto de derechos humanos y libertades fundamentales. La declaración reconoce ampliamente el derecho a la educación en condiciones de equidad e igualdad, a fin de favorecer la comprensión, la tolerancia y la amistad entre todas las naciones y los grupos cultural y étnicamente diversos.

Uno de los objetivos del sistema educativo es contribuir a la erradicación de la discriminación en contra de los pueblos y comunidades indígenas, o bien cualquier cultura que fuera diferente, estos objetivos deben cumplirse en cualquier nivel educativo y cultural, por lo anterior, se debe buscar la implementación de políticas públicas efectivas, las cuales deben estar encaminadas a la protección, divulgación, promoción y herencia de los usos, costumbres e idioma de los pueblos y comunidades indígenas.

Es imprescindible que se garantice una mejora en la calidad educativa en todo el país, es decir tanto personas pertenecientes a una comunidad indígena como a las que no pertenecen, y no solo se está hablando de la actualización a los planes y

---

[39] *Ídem*

[40] *Ídem*

[41] *Íbidem.* P.49

[42] INEE (2017). Directrices para mejorar la atención educativa de niñas, niños y adolescentes indígenas. *Op. Cit.*

programas de estudio, esta evolución en la calidad educativa debe abarcar docentes, infraestructura, el compromiso de que las escuelas tendrán todos los niveles y un maestro asignado a cada grado.

Cabe señalar que, aunque existe legislación que busca garantizar el derecho a la educación tanto de niñas, niños y adolescentes indígenas y no indígenas esta no es eficaz, en virtud de que las políticas públicas no han logrado subsanar las deficiencias que tiene México en materia de educación.

Actualmente en nuestro país no se puede hablar de una educación de calidad ni para los occidentales ni para las comunidades indígenas, en algunas ocasiones las políticas públicas que intentan promover y fortalecer la educación en México terminan por ser inefectivas. En las comunidades indígenas existen no solo problemas de enseñanza aprendizaje, también hay complicaciones con la infraestructura y la docencia, hoy día aún existen escuelas multinivel, donde un profesor se encarga de dar clase a todos los grados, lo cual afecta notablemente el aprendizaje de las niñas y niños.

Las escuelas son otra dificultad a enfrentar, principalmente porque en gran parte de las comunidades indígenas no existen escuelas, algunas niñas y niños deben tomar clase en el campo, en pequeñas casas que no cuentan con un piso de concreto, y en ocasiones, deben llevar las sillas para tomar clase, esta es la realidad de la educación en México, como vimos en la presente investigación, existe legislación y políticas públicas, pero nuestro país aún no cumple con los estándares mínimos para garantizar la protección de este derecho, de igual forma, no están llegando becas suficientes para que las niñas y niños puedan continuar con sus estudios, de igual forma, le falta capacitar a los docentes, debido a que la gran mayoría no habla el idioma de la comunidad en la que está impartiendo clase, lo cual representa una significativa desventaja en el proceso de enseñanza aprendizaje.

Otro problema es la falta de alimentación, derecho que está estrechamente vinculado con el de la educación, si los infantes no obtienen los nutrientes necesarios para su desarrollo tendrán problemas de salud y aprendizaje, lo cual, los pone en desventaja frente a la población no indígena, con lo anteriormente expuesto podemos concluir que el estado carece de medidas eficientes que garanticen los derechos de las y los niños indígenas.

Fuentes de consulta

1. BOBBIO, Norberto. El futuro de la Democracia. México: Fondo de Cultura Económica, 1996.
2. Coordinación General de Educación Intercultural y Bilingüe. Políticas y fundamentos de la educación intercultural bilingüe en México. Primera reimpresión 2007. México.
3. Correas, Oscar. Metodología jurídica I. Una introducción filosófica. Ed. Fontamara, 2ª. Reimpresión, México, 2003
4. Duro Elena. UNICEF va a la escuela para promover los derechos de los niños, niñas y adolescentes. UNICEF, Argentina 2002.

5. INEE (2017). Directrices para mejorar la atención educativa de niñas, niños y adolescentes indígenas. México: INEE.
6. Instituto Nacional para la evaluación de la educación. El derecho a la educación en México Informe 2009. Instituto Nacional para la evaluación de la educación, Primera edición 2010, México.
7. Multiculturalidad e interculturalidad en el ámbito educativo: experiencia de países latinoamericanos, módulo 1, Enfoque teórico / Manuel de Jesús Salazar Tetzagüic; Instituto interamericano de Derechos Humanos. -- San José, C.R.: IIDH, 2009.
8. Reflexiones de Raúl Fornet-Betancourt sobre el concepto de interculturalidad. Consorcio Intercultural. Segunda reimpresión 2007. México.
9. Schmelkes Sylvia. Hacia una mejor calidad de nuestras escuelas. Colección INTERAMER, ISSN 1021-4666; no. 32. 1994.
10. Walsh Catherine. Interculturalidad, Estado, sociedad: Luchas (de) coloniales de nuestra época. Universidad Andina Simón bolívar. Ediciones Abya-Yala, Primera Edición, Quito, marzo 2009.
11. ZIZEK, Slavoj. Multiculturalismo o la lógica cultural del capitalismo multinacional. En JAMESON, Fredric; ZIZEK, Slavoj. Estudios Culturales: reflexiones sobre el multiculturalismo. Buenos Aires, Argentina: Editorial Paidós, 1998.

Legislación

1. Constitución Política de los Estados Unidos Mexicanos
2. Declaración Universal de los Derechos Humanos

Fuentes electrónicas

1. http://www.ohchr.org/SP/Issues/Education/EducationTraining/Pages/Decade.aspx 17/07/2017

El Convenio 169 de la OIT, un recuento de su historia y aplicación

David Villegas Garavita[1]

El gobierno mexicano ha tenido presente la situación de los pueblos originarios; y la política en torno a ellos ha cambiado a lo largo del siglo XX y lo que lleva del siglo XXI. Dicha evolución del trato a los pueblos originarios se ve reflejado en la creación de instituciones, adhesión a convenciones internacionales, y generación de legislación nueva. Dichas reformas responden directamente a la concepción de la población originaria, así como a las presiones económicas, sociales y políticas de su momento. La evolución de las demandas de los pueblos originarios, organizaciones civiles y habitantes de zonas indígenas desembocan en la inclusión dentro de procesos de gobierno gestión que observan su vínculo con su territorio y con su cultura. Dichos reclamos fueron más vocales en la década de 1990; derivados de construcción de infraestructura que menoscababa derechos de los pueblos[2], así como por demandas de reconocimiento expreso de su identidad, manifestado en el levantamiento del Ejército Zapatista de Liberación Nacional, EZLN[3]. Son estos temas, el derecho de consulta y el derecho al mantenimiento y fortalecimiento de su cultura, los que, de manera expresa, defiende el Convenio 169 de la Organización Internacional del Trabajo (OIT).

Breve evolución de la concepción del indígena para el gobierno mexicano

El "problema indígena"[4], como lo denominó el General Lázaro Cárdenas del Río, refiere a la política con enfoque integracionista que no sólo vulneraba la permanencia y el fortalecimiento de la cultura indígena, también busca asimilar las poblaciones[5], destruyendo su capacidad de autodeterminación, a favor de un proceso efectivo y de una mejor convivencia[6]. El enfoque integracionista prevaleció como política gubernamental a lo largo del siglo XX, apoyado en la aceptación del sistema internacional; tanto en el Convenio 107 de la OIT, como en las resoluciones de las Convenciones Indigenistas Interamericanas. La eliminación del indígena como pueblo y como cultura se presentaba como un destino inevitable y método de proporcionar un impulso económico dentro de los países que tenían una población indígena importante dedicada a las labores del campo, para convertirlos en una población obrera que pudiera proyectar al país a la industrialización. Si bien es cierto que México adoptó políticas que reivindicaban algunas de las causas de la

---

[1] Estudiante de la maestría en Planeación y Políticas Metropolitanas. UAM-A. Departamento de Sociología.

[2] Cruz Rueda, Eliza. *Mecanismos de consulta a los pueblos indígenas en el marco del convenio 169 de la OIT: El caso mexicano*. Revista Pueblos y Fronteras Digital, Núm. 5, Junio-Noviembre de 2008. UNAM. www.pueblosyfronteras.unam.mx (10 de junio de 2017)

[3] Serna Moreno, J. Jesús María. *Análisis interdisciplinario de aplicación del Convenio 169 de la OIT. Convenio 169 de la OIT y Chiapas. Enfoque latinoamericano*. Revista Estudios Latinoamericanos, N. 8-9, Julio-Diciembre 2001. San Juan de Pasto, Universidad de Nariño. Pp 61-80

[4] Cárdenas del Río, Lázaro. *Discurso del Presidente de la República en el Primer Congreso Indigenista Interamericano*. Páztcuaro, 1940. http://memoriapoliticademexico.org/Textos/6Revolucion/1940PCM.html (11 de junio de 2017)

[5] *idem*. El discurso enmarca la política que habría de perseguirse en el futuro bajo la frase "mexicanizar al indio"

[6] Aguirre Beltrán, Gonzalo. *Obra Antropológica IV. Formas de gobierno indígena*. México, Instituto Nacional Indigenista. 1991

población indígenas, como la Reforma Agraria, ello no evita la tendencia "etnocida" de la que fue partidario hasta la década de 1990. Sin embargo, la ratificación de adhesión al Pacto Internacional de Derechos Económicos, Sociales y Culturales (PIDESC) y al Pacto Internacional de Derechos Civiles y Políticos (PIDCP), ambos ratificados en 1981, que establecen el derecho de todos los pueblos a la autodeterminación, permitieron una mayor presión social, que culminó en la aceptación del Convenio 169 de la OIT en 1989.

Sin perjuicio de lo anterior, cabe recordar que antes de la ratificación de los ya mencionados, se adhiere al Convenio Internacional sobre la Eliminación de todas las Formas de Discriminación Racial en 1975, que hace referencia al Convenio 111 de la OIT y a la Convención relativa a la lucha contra la discriminación de la enseñanza. Es necesario agregar que existen también instrumentos internacionales no vinculantes, sin embargo, han sido utilizados como guía para la resolución de problemas indígenas. Estos son: a) la Declaración de las Naciones Unidas sobre los derechos de los pueblos indígenas; y b) la Declaración sobre los derechos de las personas pertenecientes a minorías nacionales o étnicas, religiosas y lingüísticas. La primera, aprobada en 2006, viene a reforzar el derecho de los pueblos originarios sobre sus tierras, territorios y recursos, así como el principio de consentimiento libre, previo e informado. Ésta incluye también derechos oponibles al Estado, como son: contar con medios para financiar funciones autónomas; no ser desplazados o desposeídos sin su consentimiento libre, previo, e informado; la no adopción de medidas legislativas que les afecten sin contar con su consentimiento; y, reconocimiento de formas de tenencia de tierra de los pueblos originarios. La segunda, aprobada en 1992, concede: derecho a disfrutar de su cultura, uso del idioma propio en público y en privado, derecho a participar de la política regional y nacional, y la libertad de ejercer sus derechos de manera individual o colectiva. Asimismo, otros instrumentos no vinculantes que sirven de guía a las políticas nacionales son las llamadas Declaraciones de Barbados. El primer Consejo de Barbados llevado a cabo en 1971 buscaba llamar la atención de la situación de los pueblos originarios, responsabilizando a gobiernos e instituciones de esta. El segundo Consejo de Barbados recalca la actitud paternalista y dominante de los gobiernos donde existen pueblos indígenas; actitud que lleva a dar dádivas en vez de soluciones. De esta segunda reunión nace la teoría del "etnodesarrollo", la cual llama a los Estados a brindar las condiciones necesarias para la autogestión y la autodeterminación, en lugar de paliativos.

La acción del gobierno mexicano se ve plagada de un vaivén de políticas que afectan a la población indígena que actualmente, representa el 6,5 por cierto de la población mexicana[7]; si bien es cierto que conformaban un gran porcentaje de la población durante la época de la Revolución, hasta llegar a un 11 por ciento en 1940[8].

---

[7] Instituto Nacional de Estadística y Geografía. *Censo Nacional de Población y Vivienda 2010*. México, 2010
[8] Instituto Nacional de Estadística y Geografía. *Población Indígena en México*. México, 2004

¿Qué acciones ha realizado el gobierno mexicano en materia de pueblos originarios?

Mucho antes de la adopción de tratados internacionales en la materia de derechos indígenas, el gobierno mexicano ya había tratado con el tema. A raíz del espíritu revolucionario y de las aspiraciones del nuevo indigenismo, se crearon, o reformaron, diferentes instituciones, dirigidas a integrar a la sociedad a las comunidades indígenas. Si bien es cierto que José Vasconcelos quería asimilar a los indígenas dentro de la sociedad[9], tuvo a bien entender que la educación de todos era determinante para el progreso. Para 1922, se crea el Departamento de Educación y Cultura Indígena, el cual, contrastando con las ideas del "Mecenas de la Cultura", buscaba sacar al indígena de su condición de servilismo social, para que, desde su nueva percepción de la vida, pudiese salir adelante y ser cultivado. En 1923 esta instancia publica el Programa de Redención Indígena, con el cual busca facilitar tierras de vivienda y cultivo, construcción de vías de comunicación con centros urbanos, y la enseñanza de técnicas modernas de producción. El mismo año, se inicia la operación de escuelas rurales, así como la campaña de escuelas ambulantes llamadas "Casas del Pueblo", a fin de facilitar el acceso a la educación. El anterior departamento es renombrado Departamento de Escuelas Rurales de Incorporación Cultural Indígena en 1926, continuando así su labor. En el mismo año, el Presidente Calles inaugura el primer internado para estudiantes indígenas, conocido como la Casa del Estudiante Indígena[10], la cual sería renombrada como Internado Nacional de indios. Durante el cardenismo, se crea el Departamento Autónomo de Asuntos Indígenas, primer organismo institucional creado para atender los problemas indígenas.[11] Sin embargo, las funciones de este departamento eran limitadas, y dependía de los demás para la solución de conflictos; de la misma manera, su carácter consultivo y de coordinación, dejaba de lado la investigación antropológica del objeto. Es así como el Instituto Nacional de Antropología e Historia surge con el objetivo de estudiar a los pueblos originarios de México. Sin embargo, la educación proporcionada a los indígenas seguía siendo un indigenismo de integración, la cual perduró hasta entrada la década de 1970.

Durante la celebración del Primer Congreso Indigenista Interamericano, llevado a cabo en Michoacán, que se establece el Instituto Indigenista Interamericano (III). Éste tenía a su cargo la coordinación y orientación de las políticas en materia de pueblos originarios de toda América. Fungió como criadero de ideas base para el indigenismo, impulsor de políticas de desarrollo, así como de instancia para la resolución de problemas indígenas. Dentro de sus espacios se realizaron diversos estudios relativos al problema agrario, combate a la discriminación, el racismo, y la

---

[9] Ocampo López, J. José Vasconcelos y la Educación Mexicana. *Historia de la Educación Latinoamericana*, [en línea] 7, 2005, pp.139-159. http://www.redalyc.org/pdf/869/86900707.pdf (12 de junio de 2017)

[10] Citarella, Luca. México. In: F. Chiodi, ed., *La Educación Indígena en América Latina*, 1a ed. Santiago: UNESCO/ORELAC. 1990

[11] Samano Rentería, M. El indigenismo institucionalizado en México (1936-2000): un análisis. In: J. Ordóñez Cienfuentes, ed., *la construcción del estado nacional: democracia, justicia, paz y estado de derecho*, 1st ed. México: Instituto de Investigaciones Jurídicas UNAM. 2004

pobreza; asimismo, fue pionero en el debate ecológico y movimientos etnopolíticos.[12] El III cerró operaciones en 2009.
Derivado de las acciones anteriores y del Primer Congreso Indigenista Interamericano, el gobierno mexicano funda el Instituto Nacional Indigenista, en 1948. Quien contaba con intelectuales que contaban con la experiencia institucional para llevar a cabo su objetivo. Su carácter de institución de coordinación, consulta e investigación tenía ataviado el problema de la falta de comunicación entre las dependencias, lo que la llevó a fungir el carácter de "institución suplente".[13] El Instituto suplía desde labores de salubridad hasta las de educación y agricultura. A mediados del siglo XX cambia su forma de trabajo, dividiendo el país en áreas de acción; dentro de las cuales provee a sus Centros Coordinadores de un equipo interdisciplinario de profesionistas que le permiten enfrentar gran parte de problemas indígenas.

Los derechos culturales de los pueblos originarios resurgieron en la década de 1970. Se reorganizaron las Misiones Culturales, los Internados Indígenas pasaron a ser Centros de Integración Social, y se creó la Dirección de Educación Bilingüe. Durante el gobierno de López Portillo se creó la Coordinación General del Plan Nacional de Zonas Deprimidas y Grupos Marginados (COPLAMAR), la cual coordinó programas a favor de grupos marginados como son los grupos indígenas.[14] Su acción radicó en programas de salud, educación, servicios públicos, y combate a la pobreza. Para finales de la década de 1970, se llegó a la conclusión de que la educación brindada a los indígenas tenía el fin de perpetuar su condición de sumisión y pobreza; desafortunadamente, no se realizaron proyectos de educación que buscasen la preservación de las culturas originales. Los sexenios subsecuentes castigaron el presupuesto de los programas sociales, dejando así las propuestas de reconocimiento de una nación multicultural en el aire.

Desde la ratificación del Convenio 169, varios programas sociales se han implementado en materia de derechos de los pueblos originarios con muy poco éxito. Durante la administración de Salinas de Gortari, el Programa Solidaridad, el cual tuvo relativo éxito, tuvo varias vertientes. En 1989 se crea la Comisión Nacional de Justicia para los Pueblos Indígenas, que tenía como objetivo ser un órgano consultivo encargado de analizar el marco jurídico y proponer reformas constitucionales en materia de derechos indígenas. Bajo el Programa Solidaridad se brinda apoyo a productores cafetaleros indígenas, asimismo, se establecen Fondos Regionales Solidaridad, a fin de promover programas sociales a los núcleos de comunidades indígenas. Igualmente, se crearon Fondos para la Cultura Indígena, promoviendo la producción y venta de artesanías; lo anterior apoyado en el Programa de Comercialización, que buscó modificar el esquema de producción y comercio en zonas indígenas.

---

[12] Zolla, C. y Zolla Márquez, E. *Los pueblos indígenas de México*. México: Universidad Nacional Autónoma de México. 2004
[13] *idem*.
[14] Samano Rentería, *op. cit.*

El progreso que pudo haber alcanzado el desarrollo de las comunidades indígenas quedó socavado con las reformas del mismo sexenio, que abarcaban la enajenación de las propiedades ejidales, así como la firma del Tratado de Libre Comercio de América del Norte. El levantamiento del Ejército Zapatista de Liberación Nacional trajo consigo el recordatorio que los programas nacionales en favor de los derechos indígenas no pueden borrar años de opresión y marginación. La gestión de Zedillo trajo consigo la Consulta Nacional de Derechos y Participación Indígena, cuyos resultados se verían plasmados en la reforma constitucional de 2001. Misma que se daría dentro del sexenio de Vicente Fox, que encontraría oposición, ya que no resolvía el conflicto en Chiapas.[15] Durante su gestión, el INI se convertiría en la Comisión Nacional para el Desarrollo de los Pueblos Indígenas, la cual seguiría la misma línea de acción que la anterior, sólo que ahora con un carácter estrictamente consultivo y de promoción. Cabe mencionar que durante este periodo ocurrió un interés desmesurado por la promoción del ecoturismo en México, mismo que buscaba beneficiar a las comunidades indígenas cercanas a las localidades designadas por la Secretaría de Turismo. Del año 2007 a 2012 la Comisión se dedicó a la investigación de la situación de los grupos indígenas a través de consultas, mismas que darían resultados en forma de sugerencias a las políticas públicas. Dicho movimiento dio lugar a la armonización de constituciones estatales y leyes locales que trastocaban la materia de derechos indígenas (INI-CDI, 2012).

En la actualidad, el Programa Especial de los Pueblos Indígenas 2014-2018 tiene como base la promoción de los derechos de los pueblos originarios, aumentar su participación civil y política, así como la mejora de la calidad de vida de las comunidades indígenas (como son los servicios públicos, el acceso a la educación y la mejora de su producción e ingresos monetarios).

¿Qué cambios a la legislación ocurrieron desde la adopción del Convenio 169?

Los cambios ocurridos a la legislación mexicana en materia de derechos de los pueblos originarios no se pueden comprender con la simple adopción del Convenio, éstos tienen que verse a la luz de lo ocurrido en la década de 1990. Si bien es cierto que, en 1993, la Comisión Nacional de Derechos Humanos creó una Coordinación de asuntos indígenas, los derechos de autodeterminación y consulta estaban lejos de la realidad. Los cambios se dieron a partir del levantamiento del EZLN. Con el objetivo de lograr la paz en la región, se realizaron diversas reuniones entre la recién formada Comisión de Concordia y Pacificación (Cocopa) y la dirigencia del EZLN; de dichas reuniones se obtienen los Acuerdos de San Andrés. Dicho documento concentra las demandas sociales que buscaban satisfacción del gobierno; una nueva relación entre la población indígena y el estado, que buscaba elevar a rango constitucional las aspiraciones de la población, fundamentadas en lo propuesto por el Convenio 169. Sin embargo, poco resultó de dichos acuerdos, la Ley para el Diálogo, la Conciliación y la Paz Digna en Chiapas no reflejó lo vertido en las reuniones y acuerdos; lo que causó un rechazo del EZLN, así como una situación de inconformidad. La Propuesta de la Comisión de Concordia y Pacificación se vio

---

[15] Zolla y Zolla Marquez, *op. cit.*

reflejada en las reformas constitucionales de 2001; as adiciones al artículo primero constitucional con motivo de la no discriminación, como derecho humano, y la inclusión de los pueblos indígenas en el artículo segundo, elevó sus derechos a nivel constitucional, otorgándoles un *status* especial. Este mismo, en su párrafo segundo, nos ofrece la definición que por ley se entiende como "indígena". En consecuencia, su apartado A les da libre autonomía y determinación en cuanto a su normatividad interna, y su apartado B les une con el resto de la población enmarcando la igualdad de oportunidades y la eliminación de la discriminación; regla que habrá de seguir y promover el gobierno.

Si bien los cambios constitucionales ocurrieron hasta 2001, una variedad de leyes secundarias cambiaron poco después de la adopción del Convenio: 1) el Código Federal de Procedimientos Penales establece la necesidad de un traductor especializado, con el fin de garantizar los derechos de los acusados, así como el estudio de las características culturales del inculpado, con el fin de aportar al examen pericial sobre la comisión de los delitos y el significado de éstos[16]; y 2) el Reglamento de los Centros Federales de Readaptación Social establece la necesidad de contar con traductores y enseñanza en su lengua, así como de la facilitación de educadores de español para facilitar su reinserción social.[17] Otras leyes secundarias fueron modificadas en el mismo sentido, con lo cual se garantizaba el derecho al reconocimiento de sus tierras,[18] el derecho al acceso a la justicia,[19] así como el derecho a la educación[20], y la protección de sus expresiones culturales.[21]

Fuera de las modificaciones normativas en materia de derechos indígenas, la reforma en materia de derechos humanos de 2011 trajo consigo un enorme refuerzo al respeto a los derechos de los pueblos originarios, haciendo de la consulta y del respeto a su cultura derechos inherentes a proteger, y no garantías concedidas.

¿Se ha aplicado correctamente el Convenio 169?

[16] Diario Oficial de la Federación, 9 de enero de 1991. En las modificaciones a los artículos 95, fracción III, y 220 Bis. Dentro del mismo se modifica el Código de Procedimientos Penales para el Distrito Federal, con las mismas bases del Federal.

[17] Diario Oficial de la Federación, 30 de octubre de 1991. Marcado en el artículo 19, mismo que incluye la traducción de los reglamentos del lugar de internamiento a personas que no tengan manejo del idioma español.

[18] Diario Oficial de la Federación, 26 de febrero de 1992. En la expedición de la Ley Agraria no sólo se pone de ante mano consideraciones especiales para el tratamiento de sus tierras, Artículo 106, también se deben de considerar sus usos y costumbres al momento de emitir sentencia, Artículo 164.

[19] Diario Oficial de la Federación, 13 de mayo de 1992. El acceso a la justicia queda protegido por el Reglamento Interior de los Tribunales Agrarios, en el artículo 41, fracción IV, previendo que se debe contar con un intérprete, así como en el artículo 77, que prevé que, dada su condición de desigualdad, puedan presentar sus quejas administrativas de manera verbal.

[20] Diario Oficial de la Federación, 13 de julio de 1993. La Ley General de Educación trae consigo la misiva de atraer a la población indígena a un mejor nivel de educación, así como a educación que promueva su cultura, y permita que existan avances en sus comunidades.

[21] Diario Oficial de la Federación, 24 de diciembre de 1996. La Ley Federal de Derecho de Autor dedica su título séptimo a la protección de expresiones culturales derivadas de manifestaciones culturales, artesanías, usos, costumbres y tradiciones de la "composición pluricultural del Estado."

Con la reforma constitucional en materia de derechos humanos de 2011, se puede creer que todo iría mejorando para los pueblos indígenas, lo cual puede estar muy alejado de la realidad. Cabe recordar que dicha reforma busca la incorporación del principio *pro homine* en derechos humanos, mismo que sería guía para la actuación de la administración pública y la procuración de justicia.[22] La actual reforma constitucional en materia energética viola dos partes esenciales del Convenio 169 de la OIT. El primero reside en la llamada "ocupación", que debe quedar claro que es muy diferente a la expropiación. Mediante esta figura una compañía puede entrar a una propiedad y realizar labores de extracción y todo lo que sea necesario para su objetivo; sin embargo, no existe defensa efectiva contra esta acción, lo que inhibe el derecho de los pueblos indígenas al uso y administración de los recursos que se encuentran en sus tierras. En una segunda parte, se tiene el pago por el aprovechamiento de los recursos; el cual debe de ir dirigido a subsanar el despojo a los pueblos indígenas. Sin embargo, el pago propuesto por ley raya en menos del dos por ciento de la extracción total, sin plazo para el pago de esta; y sólo existiría el pago de haber ganancias para la empresa.

De la misma manera, la consulta propuesta en la normativa sólo tiene un carácter informativo, por lo que no produce efectos estrictamente vinculantes. De la misma manera, la consulta puede ser manipulada con el fin de aparentar su realización correcta; esto se logra a través de mecanismos que permiten realizarla a personas que sean propietarios originales de tierras, aquellos que reúnan características lingüísticas requeridas, y a aquellos que tengan un interés legítimo en la zona donde se planean realizar obras. Todos los anteriores buscan reducir el número de personas que puedan participar en la consulta, así como poder conseguir el beneplácito de la población a través de mecanismos clienterales o corporativistas (en el caso de ejidatarios y comuneros). Es decir, la consulta se presenta como un estandarte que le permite al gobierno mexicano proyectar una imagen de respeto a los derechos humanos en el mundo.[23]

Reflexión final

Se podría concluir que la adopción de medidas en contra de la discriminación, del reconocimiento de las minorías, y del respeto a su cultura, son esenciales para tener y fomentar una administración pública que vea por el bien de toda la población; grave problema es que, por otro lado, los intereses económicos y políticos tengan en retroceso el avance de los derechos humanos. Se puede decir que, al menos, es mejor contar con un sistema normativo que proteja en cierta medida, que no tener nada.

---

[22] Castillo Lara, Clara. *La Constitución mexicana y el Convenio 169 de la OIT sobre pueblos indígenas y tribales*. Revista Alegatos, 97, septiembre-diciembre 2017. México, Universidad Autónoma Metropolitana-Azcapotzalco. pp 559-578

[23] Cruz Rueda, Eliza. *op. cit.*

Bibliografía

-Aguirre Beltrán, Gonzalo. *Obra Antropológica IV. Formas de gobierno indígena.* México, Cárdenas del Río, Lázaro. *Discurso del Presidente de la República en el Primer Congreso Indigenista Interamericano.* Páztcuaro, 1940. http://memoriapoliticademexico.org/Textos/6Revolucion/1940PCM.html (11 de junio de 2017)

-Castillo Lara, Clara. *La Constitución mexicana y el Convenio 169 de la OIT sobre pueblos indígenas y tribales.* Revista Alegatos, 97, septiembre-diciembre 2017. México, Universidad Autónoma Metropolitana-Azcapotzalco. pp 559-578

-Citarella, Luca. México. In: F. Chiodi, ed., *La Educación Indígena en América Latina*, 1a ed. Santiago: UNESCO/ORELAC. 1990

-Cruz Rueda, Eliza. *Mecanismos de consulta a los pueblos indígenas en el marco del convenio 169 de la OIT: El caso mexicano.* Revista Pueblos y Fronteras Digital, Núm. 5, Junio-Noviembre de 2008. UNAM. www.pueblosyfronteras.unam.mx (10 de junio de 2017)

-Diario Oficial de la Federación, 9 de enero de 1991. *Decreto por el que se modifica el Código Federal de Procedimientos Penales y el Código de Procedimientos Penales para el Distrito Federal*

-Diario Oficial de la Federación, 30 de octubre de 1991. *Decreto por el que se modifica el Reglamento de los Centros Federales de Readaptación Social*

-Diario Oficial de la Federación, 26 de febrero de 1992. *Ley Agraria*

-Diario Oficial de la Federación, 13 de mayo de 1992. *Reglamento Interior de los Tribunales Agrarios*

-Diario Oficial de la Federación, 24 de diciembre de 1996. *Ley Federal de Derecho de Autor*

-Instituto Nacional de Estadística y Geografía. *Censo Nacional de Población y Vivienda 2010.* México, 2010

-Instituto Nacional de Estadística y Geografía. *Población Indígena en México.* México, 2004

-Instituto Nacional Indigenista - Comisión para el Desarrollo de los Pueblos Indígenas. 1948-2012. (2012). México: CDI-INI.

-Ocampo López, J. José Vasconcelos y la Educación Mexicana. *Historia de la Educación Latinoamericana*, [en línea] 7, 2005, pp.139-159. http://www.redalyc.org/pdf/869/86900707.pdf (12 de junio de 2017)

-Samano Rentería, M. El indigenismo institucionalizado en México (1936-2000): un análisis. In: J. Ordóñez Cienfuentes, ed., *LA CONSTRUCCIÓN DEL ESTADO NACIONAL: DEMOCRACIA, JUSTICIA, PAZ Y ESTADO DE DERECHO*, 1st ed. México: Instituto de Investigaciones Jurídicas UNAM. 2004

-Jesús María. *Análisis interdisciplinario de aplicación del Convenio 169 de la OIT. Convenio 169 de la OIT y Chiapas. Enfoque latinoamericano.* Revista Estudios Latinoamericanos, N. 8-9, Juilio-Diciembre 2001. San Juan de Pasto, Universidad de Nariño. pp 61-80

-Zolla, C. y Zolla Márquez, E. *Los pueblos indígenas de México*. México: Universidad Nacional Autónoma de México. 2004

El Estado pluricultural: derechos humanos y los derechos culturales de los pueblos indígenas en México

Jhonatan Antonio Hernández[1]

Introducción

La nación pluricultural en México se fundamenta en la Constitución Política de los Estados Unidos mexicanos (CPEUM)[2] y la responsabilidad, que el gobierno debe asumir para proteger los derechos de esos pueblos y a garantizarles el respeto de su integridad contemplado en el Convenio 169 de la Organización Internacional del Trabajo (OIT). En el presente trabajo se plantea desde distintas perspectivas (jurídica, sociológica y antropológica) que aportan los expertos en el tema.

Se inicia con una explicación relativa al Estado pluricultural de derecho y la importancia que tiene el Estado-nación, así como lo relativo a su composición mono o pluricultural. Posteriormente, en el segundo apartado, se desarrollan las distintas opiniones doctrinarias, enfatizando la importancia de los derechos humanos en un Estado pluricultural, considerándolo desde la perspectiva culturalista y universalista propuesta por Miguel Giusti. En el tercer apartado, se hace referencia a los derechos culturales de los pueblos indígenas, como derechos colectivos, en razón de que estos, se ejercitan en común con la sociedad y en menor grado de forma individual, finalmente en el apartado de conclusiones, se sintetizan las concepciones más relevantes desarrolladas en el presente texto, también se hace una crítica sobre las disposiciones normativas que hasta el momento, han resultado ineficaces frente a los problemas que afectan de manera cotidiana a los pueblos indígenas en el país.

El Estado pluricultural de derecho

El Estado-nación moderno logra su consolidación definitiva con las revoluciones democráticas de los siglos XVIII y XIX[3]. En ese sentido, el Estado-nación es admitido como una asociación de individuos que se articulan libremente por contrato. Ante esa situación, la sociedad no es contemplada ya como la ininteligible red de grupos disímbolos, asociaciones, culturas diversas, que ha ido desarrollándose a lo largo de la historia, sino como una suma de individuos que conviene en hacer suya una voluntad general, es así que el nuevo Estado instituye la homogeneidad en una sociedad heterogénea, el Estado-nación, consagrado por las revoluciones modernas, no, reconoce comunidades históricas previamente existentes.[4] En razón de ello, el respeto hacia las culturas está condicionado al marco que la ley "oficial" establecerá, es decir, que las concepciones y prácticas jurídicas, lingüísticas, políticas, religiosas, educativas, fiscales, económicas, artísticas, médicas, de los pueblos indígenas, sólo podrán desarrollarse

[1] Lic. En Derecho y estudiante de la Maestría en Derecho, UAM-A

[2] *Cfr.* Castillo Lara, Clara. *La Constitución mexicana y el Convenio 169 de la OIT sobre pueblos indígenas y tribales*. Revista Alegatos, 97, septiembre-diciembre 2017. México, Universidad Autónoma Metropolitana-Azcapotzalco. Pp. 559-578

[3] *Cfr.* Villoro Luis, *Del Estado homogéneo al Estado plural, publicado en Estado plural, pluralidad de culturas.* México: UNAM/Paidós, 1998, p, 19.

[4] *Ídem.*

integrándolas al sistema jurídico estatal.[5] De esta manera la homogeneización de la sociedad se formalizará sobre todo en el nivel cultural, en la unidad de lengua antes que nada.[6]

De lo anterior, en el caso particular del Estado mexicano, en la CPEUM[7], reconoce el carácter pluricultural de la nación, y relacionado con ello, la doctrina considera que el pluralismo cultural explícito es un reconocimiento implícito a la pluralidad de sistemas jurídicos: 1 a nivel federal, 32 estatales locales y 60 consuetudinarios indígenas. No obstante, el respeto a la cultura de un pueblo indígena, incluye no sólo el reconocimiento a los derechos a su idioma, vestimenta, religión, educación, medicina, entre otros, sino también su derecho a su derecho, es decir, a respetar su sistema de normas consuetudinarias que no son homogéneas en su aplicación.[8] Cada cultura de los pueblos indígenas, encierra en sí una esfera de conocimientos que rige su vida en comunidad, que es valiosa y que garantiza su cohesión social y su supervivencia identitaria en el futuro.[9]

De esta manera, desde la perspectiva sociológica, explica que, el Estado que reconoce el pluralismo cultural, la norma (antes, durante y después de su aprobación), es un espacio de lucha por el consenso.[10] Es decir, se pretende poner en práctica el discurso jurídico, en un espacio donde el pluriculturalismo funcione de manera armoniosa, no obstante, como ya se expuso en líneas anteriores, es un tanto utópico, en razón misma de la pluriculturalidad de la que se compone el Estado.

En la actualidad, para explicar el sistema complejo de la sociedad, se ha hecho énfasis en la utilización de términos como, pluri y multi e inter cultural. Sin embargo, a ¿qué se refieren cada uno de estos términos? Catherine Walsh, sostiene que en cuanto al «pluri», es un término de mayor uso en América del Sur; refleja la particularidad y realidad de la región donde pueblos indígenas y negros, han convivido por siglos con blancos-mestizos y donde el mestizaje y la mezcla racial han jugado un papel significante. Mientras que lo «multi» apunta una colección de culturas singulares sin relación entre ellos y en un marco de una cultura dominante, lo «pluri» típicamente indica una convivencia de culturas en el mismo espacio

---

[5] *Cfr.* Gonzales Galván, El Estado pluricultural de derecho: los principios y los derechos indígenas constitucionales, disponible en https://revistas.juridicas.unam.mx/index.php/derecho-comparado/article/view/3470/4097. 26-10-17.

[6] Villoro Luis, *op. cit.,* p. 21.

[7] *Cfr.* Constitución Política de los Estados Unidos Mexicanos, art. 2, segundo párrafo: (…) La Nación tiene una composición pluricultural sustentada originalmente en sus pueblos indígenas que son aquellos que descienden de poblaciones que habitaban en el territorio actual del país al iniciarse la colonización y que conservan sus propias instituciones sociales, económicas, culturales y políticas, o parte de ellas. Porrúa, México 2017.

[8] *Cfr.* Gonzales Galván, Jorge Alberto. *El Estado pluricultural de derecho: los principios y los derechos*, p. 172. Disponible en http://www.corteidh.or.cr/tablas/r16826.pdf. 26-10-17.

[9] *Cfr.* Ortega Villaseñor, Humberto, "México como nación pluricultural. Una propuesta de articulación sociojurídica en el siglo XXI, Boletín Mexicano de Derecho Comparado, nueva serie, año XLV, núm. 133, enero-abril de 2012, p. 224

[10] *Ídem.*

territorial, aunque sin una profunda interrelación equitativa.[11] y es el término utilizado en el artículo 2º de la CPEUM.

No obstante, que Slavoj Žižek, da una explicación un tanto diferente respecto multiculturalismo, él precisa que es una ideología basada en el capitalismo global, que es un racismo que vacía su posición de todo contenido positivo, que no opone al otro los valores particulares de su cultura, pero, igualmente mantiene esta posición con un privilegiado punto vacío de universalidad desde la cual puede apreciar (y despreciar) a las otras culturas particulares.[12]

Como se estableció en líneas anteriores, un tercer término es utilizado en este contexto, me refiero a la interculturalidad[13], y siguiendo la explicación de Catherine Walsh, refiere que esta palabra aún no existe, es algo por construir. Afirma que va mucho más allá del respeto, la tolerancia y el reconocimiento de la diversidad; señala y alienta, más bien, un proceso y proyecto social político dirigido a la construcción de sociedades, relaciones y condiciones de vida nueva y distinta. [14] Hace referencia no sólo a las condiciones económicas, sino también a ellas que tienen que ver con la cosmogonía de la vida en general, incluyendo los conocimientos y saberes, la memoria ancestral, y la relación con la madre naturaleza y la espiritualidad, entre otras.[15]

Por consiguiente, la simbiosis entre el Estado -gobierno y la pluriculturalidad, deriva en la obligación de que el primero debe respetar y reconocer efectivamente la diversidad, ajustando las divisiones geopolíticas de la realidad, considerando las particularidades existentes en cada cultura como pieza fundamental del pueblo[16] y no considerarlas como minorías.[17]
Por lo tanto, un Estado plural presume tanto el derecho a la igualdad como el derecho a la diferencia. Igualdad no es similitud; igualdad es la capacidad de todos

---

[11] *Cfr.* Walsh Catherine, "Interculturalidad, plurinacionalidad y decolonialidad: las insurgencias político-epistémicas de refundar el Estado", Universidad Andina Simón Bolívar, Ecuador, número 9, julio -diciembre de 2008. P. 140.

[12] *Cfr.* Žižek, Slavoj. Multiculturalismo o la lógica cultural del capitalismo multinacional. En Jameson, Fredric; Zizek, Slavoj. Estudios Culturales: reflexiones sobre el multiculturalismo. Buenos Aires, Argentina: Editorial Paidós, 1998. P. 137-188.

[13] La interculturalidad y la multiculturalidad son empleadas a menudo por el Estado, las ONGs, y los Organismos Internacionales y Multilaterales –me refiero en particular al Banco Mundial, BID, PNUD y UNESCO– como términos sinónimos, que derivan más de las concepciones globales occidentales que de las luchas e insurgencias socio-históricas y de las demandas y propuestas de los pueblos ancestrales. Walsh Catherine, "Interculturalidad, plurinacionalidad y decolonialidad: las insurgencias político- epistémicas de refundar el Estado. P. 141.

[14] *Ídem.*

[15] *Ídem.*

[16] De acuerdo a Luis Villoro, los Pueblos, pueden ser, naciones (sociedades con una cultura e identidades propias, un proyecto histórico y una relación con un territorio), o bien, las etnias que tengan su propia identidad cultural, aunque carezcan de la voluntad y el proyecto de ser una entidad histórica distintiva. *Del Estado homogéneo al Estado plural, publicado en Estado plural, pluralidad de culturas.* México: UNAM/Paidós, 1998, p. 46.

[17] Minorías: podríamos llamar, en cambio, a cualquier grupo étnico, racial, religioso o lingüístico, que sea minoritario en su país y no pretende constituirse en una entidad nacional. *Ídem.*

los individuos y grupos de elegir y efectuar su plan de vida conforme a sus principios y valores, por diferentes que éstos sean, no debería buscarse la homogeneidad se deben respetar por igual los contrastes que enriquecen y distinguen a la nación (como en el caso de los 60 grupos étnicos en México) pues como Estado plural, debe, impedir, cualquier atentado de supeditación o discriminación de un grupo social a otro,[18] o en todo caso el sometimiento de las culturas consideradas minoría, respecto a la cultura dominante, la cual dirige los destinos de las demás culturas a través de leyes, políticas públicas y programas sectoriales que generalizan la problemática existente.

Los derechos humanos

Para dar explicación al polémico tema de los derechos humanos, diversos autores lo han abordado desde la perspectiva de la filosofía del Derecho, tratando de alejarse de la posición multiculturalista, asumiendo una visión desde la interculturalidad, que en la mayoría de los casos se considera como el diálogo entre diferentes visiones.[19]

Hoy día, la apuesta por la interculturalidad se ha hecho más usual constituyendo así una triada (multiculturalismo, pluriculturalismo e interculturalismo, como se hizo referencia en el apartado I), en ese sentido, Miguel Giusti, trata de contextualizar a los derechos humanos dentro de la interculturalidad en donde sostiene que, un nuevo fantasma recorre el mundo en tiempos de la globalización que es el interculturalismo, para contraponerse al proceso uniformizante[20]. Pues el mismo autor, propone dos maneras de visualizar y explicar a los derechos humanos, desde una perspectiva culturalista y otra universalista.

Desde la perspectiva culturalista en esencia, lo que le cuestiona a la universalista es la concepción individualista e instrumental subyacente a la noción de derechos humanos, concepción que es, sí, propia de la cultura occidental, pero que pretende incluirse como una concepción válida en un sentido universal y homogéneo en cuestiones culturales, económicos, políticos y jurídicos, consecuentemente vinculante para todos los seres humanos del mundo,[21] o al menos, eso se pretende.

Ahora bien, desde la misma perspectiva de Giusti, los defensores de la visión universalista abogan por una cosmovisión occidental que privilegia el individualismo, la utilización tecnológica de la naturaleza y el dominio insaciable de las leyes del mercado ante la globalización. Posiciones como éstas han podido escucharse en la Conferencia de Viena de 1993 o en la Declaración de Bangkok

---

[18] *Ibídem. P. 48.*

[19] *Cfr.* Sámano Rentería, Miguel Ángel, *Interculturalidad jurídica: entre los derechos humanos y los derechos culturales de los pueblos indígenas*, publicado en *Justicia indígena y autodeterminación*, Durand Alcántara Carlos Humberto (coord.), Procuraduría Agraria, México 2015, p, 58.

[20] *Cfr.* Giusti, Miguel. (2012). "Los derechos humanos en un contexto intercultural. Organización de los Estados Iberoamericanos". Disponible en: http:// www.oei.es/valores2/giusti2.htm. 27-10-17.

[21] *Ídem.*

sobre los “valores asiáticos”, del mismo año, y siguen expresándose también en muchos otros foros nacionales o internacionales.[22]

Debido a lo anterior, para que los derechos humanos dejen de ser un simple ideal, Giusti propone que se debe resolver la desigualdad estructural del orden económico internacional, en tanto se mantenga en las posiciones incompatibles de la defensa universalista de los derechos de las personas y no se reconozca efectivamente la autonomía de las culturas que han sido sometidas, no se puede hablar de una concepción universal de los derechos humanos.[23]

En tal caso, Pedro Talavera al cuestionar la globalización, sostiene la idea que:

> *“Los derechos humanos requieren de una fundamentación autónoma con respecto a los procesos económicos y a los fenómenos culturales promovidos por la globalización liberal. No basta con que se proclamen en declaraciones internacionales; lo que hace falta, sobre todo, es que, con respecto a ellos, se desarrollen globalmente un ídem sentiré (un mismo sentir)”.*[24]

El mismo autor, concluye diciendo que los derechos humanos deben tener un “núcleo duro” que supere el aspecto teórico de los derechos y se acerque a la realidad para lograr un consenso pluricultural, sin perder de vista los derechos básicos que protegen la propia existencia física de la persona y los que protegen el desarrollo básico de todo sujeto en lo personal y social.[25] Es decir, adopta una posición ecléctica entre lo culturalista y universalista, al proponer la protección de los derechos tanto colectivos como individuales, la razón suficiente es que deben ser efectivos.

Sin embargo, De Lucas puntualiza que los derechos humanos ponen un límite al pluralismo cultural, y concluye que estos derechos no son intocables y cerrados a la inclusión de otros derechos; reconoce que hay derechos colectivos de grupos y estos son importantes cuando se habla de pluralismo cultural.[26] La importancia, radica en el respeto indiferenciando de los derechos colectivos o individuales.

Por lo tanto, es oportuno conciliar, mediante un equilibrio que debe reconocer como tarea difícil, la comprensión y valoración de la diversidad, con la posibilidad (más aún, el deber) de evaluar las pretensiones normativas de las diferentes culturas. El límite es prescindir la asimilación forzosa, impuesta, tanto de unos pretendidos

---

[22] *Ídem.*
[23] *Ídem.*
[24] *Cfr.* Talavera Fernández Pedro, (2011). “Diálogo intercultural y universalidad de los derechos humanos”, en Revista IUS, Vol. 5, núm. 28, Puebla, jul/ dic. 2011. Disponible en: www.scielo.org.mx. 2011, 27-10-17.
[25] *Ídem.*
[26] *Cfr.* De Lucas, Javier. (1994). “Derechos humanos, legislación positiva e interculturalidad”, en Documentación Social, 97, 73-90. Disponible en: www. dialnet.unirioja.es/servlet/articub?codigo=138365. 02-11-17.

valores considerados como universales, así como de aquéllos cuya máxima justificación es la especificidad.[27]

Con las aportaciones de los autores analizados, es evidente que el pluriculturalismo coloca a los derechos humanos en una perspectiva de corte universalista, por su parte, la interculturalidad, es un concepto de recién incorporación, (tal como lo explica Catherine Walsh)[28] que pretende establecer el respeto y fomentar el diálogo entre la visión universalista de los derechos humanos, tanto individuales como colectivos. Y aunque en el discurso político, nacional, así como internacional (destaca el convenio 169 de la Organización Internacional del Trabajo, OIT) se pretende establecer una aproximación a la interculturalidad en relación con los derechos humanos, así como el reconocimiento de los derechos culturales.

La verdad, es que existe un abismo entre lo real y lo ideal para aceptar dicho reconocimiento; prueba de ello, es que existen un sinnúmero de derechos contemplados en la normatividad nacional, y los adoptados por los instrumentos internacionales, no obstante, que no existen las garantías o mecanismos suficientes para hacer funcionar la maquinaria de los derechos humanos.

Los derechos culturales de los pueblos indígenas

Para la antropología, el concepto de cultura se concibe como la suma de las actividades, productos materiales y espirituales de un determinado grupo social que lo distinguen de otros grupos similares, entendido de esta manera, la cultura también se perfila como un sistema de valores y símbolos coherentes, y autocontenido que un grupo social especifico, reproduce en el tiempo y que brinda a sus miembros la orientación y los significados necesarios para tomar la conducta y las relaciones sociales en la vida cotidiana.[29]

Por lo tanto, los derechos culturales[30] son aquellas garantías de todo individuo a poseer una identidad propia, y se relaciona con su contexto cultural en el cual se

---

[27] *Ídem.*

[28] Walsh Catherine, *op. Cit*, p 140.

[29] *Cfr.* Stavenhagen Rodolfo, *Los derechos humanos y derechos culturales de los pueblos indígenas*, P. 375. Disponible en file:///C:/Users/J.%20Antonio/Downloads/Dialnet-DerechosHumanosYDerechosCulturalesEnLosPueblosIndi-2775772.pdf. 03-11-17.

[30] En el artículo 27 de la Declaración Universal de Derechos Humanos, aprobada por la Asamblea General de las Naciones Unidas el 10 de diciembre de 1948, se mencionaba el derecho de toda persona a: a) tomar parte libremente en la vida cultural de la comunidad; b) gozar de las artes; c) participar en el progreso científico y en los beneficios resultantes, y d) la protección de sus intereses morales y materiales correspondientes por razón de la producción científica o artística (conocida ahora como derechos de autor), fue en el marco del Pacto Internacional de Derechos Económicos, Sociales y Culturales (PIDESC), del 3 de enero de 1976, donde se retoma y apuntala el desarrollo del concepto derechos culturales en su artículo 15, añadiendo la responsabilidad de los Estados con el fin de respetar la libertad para añadiendo la responsabilidad de los Estados con el fin de respetar la libertad para la investigación científica y la actividad creadora, y adoptar medidas para su ejercicio pleno. Posteriormente, en el artículo 27 del Pacto Internacional de Derechos Civiles y Políticos (PIDCP) ,1 entrado en vigor el 23 de marzo de 1976, se otorga a las personas pertenecientes a minorías étnicas, religiosas o lingüísticas el derecho a disfrutar de su propia cultura, a profesar y practicar su religión y a utilizar su propio idioma, reconociendo con ello un derecho especial que se suma a los demás que puedan disfrutarse en virtud del Pacto. Hernández Veráztica, América Elvira, *Derechos culturales de los pueblos indígenas*, publicado en

desenvuelve. Desde el punto de vista jurídico, los derechos humanos, provocan en momentos ciertas contradicciones, por no querer reconocer que los derechos culturales son colectivos antes que individuales, aunque se efectúen en el derecho de cada persona a tener una cultura propia, relacionada con su lengua, vestimenta, cosmovisión, su forma de ser y de actuar en un contexto sociocultural en donde participa.[31]

En ese sentido, Osvaldo Ruíz precisa una cuestión central:

> *"(...) el Derecho a la Identidad Cultural, básicamente consiste en el derecho de todo grupo étnico cultural y sus miembros a pertenecer a una determinada cultura y ser reconocido como diferente; conservar su propia cultura y patrimonio cultural tangible e intangible y a no ser forzado a pertenecer a una cultura diferente o ser asimilados por ella".*[32]

Tanto los derechos culturales como los humanos son derechos fundamentales.[33] Ruíz afirma que: "el derecho a la identidad cultural es un derecho síntesis que abarca tantos derechos individuales como colectivos"[34]. En ese contexto, Etxeberria, puntualiza concretamente que los derechos culturales son inherentes a la persona, por lo tanto, son parte de sus derechos humanos que deben ser respetados y garantizados por el Estado. En este sentido, la identidad individual, en los contextos plurales e interculturales, hacen referencia a valores universales supra grupales y por otra parte se debe a diversas identificaciones particulares, como pueden ser la religión, la medicina, la laboral o de género, pero tiene que ver con la historia de vida de cada persona.[35]

Sámano Rentería, puntualiza que el derecho de las minorías se refiere a las garantías culturales de los grupos minoritarios en una sociedad, donde los grupos mayoritarios imponen a las minorías sus derechos. El problema es que quien controla las instancias de la legislación para las minorías son los considerados como grupos mayoritarios. Por eso, el reconocimiento de los derechos colectivos se les limita a las minorías, sobre todo cuando existe una gran diversidad cultural.[36]

Un ejemplo claro es México, en donde convergen más de 60 grupos étnicos, con políticas sociales raquíticas que se implementan para atender las necesidades en general de estos grupos, en esas políticas no se contempla lo divergente que es un

---

"Opinión y Debate", Número 02, febrero 2011. Disponible en http://www.corteidh.or.cr/tablas/r28341.pdf. 04-11-17.

[31] Sámano Rentería, Miguel Ángel, *op. cit.*, p. 62.

[32] Citado por Sámano Rentería, Miguel. Ángel. Ruíz, Osvaldo. (2007). "El derecho a la identidad cultural de los pueblos indígenas y las minorías nacionales. Una miradas desde el sistema Interamericano", en Boletín Mexicano de Derecho Comparado, nueva serie, año XI, núm. 118, enero-abril.

[33] Sámano Rentería, Miguel. Ángel, *op.cit.* p. 61.

[34] Ruíz, Osvaldo, *op.* cit., p. 198.

[35] *Cfr.* Etxeberria, Xabier. (2004). *Derechos culturales e interculturalidad.* Construyendo nuestra interculturalidad. Disponible en: http://interculturalidad. org/numero01/b/arti/b_dfo_010404.htm. 05-11-17.

[36] Sámano Rentería, Miguel Ángel, *op. cit.*, p. 64.

cultura con otra, lo que se pretende es homogeneizar con el resto de la sociedad no indígena, a pesar que existen instituciones como la Comisión Nacional para el Desarrollo de los Pueblos Indígenas[37] y de forma específica se encuentra el Instituto Nacional de Lenguas Indígenas (INALI), el cual tienen la obligación y el compromiso de trabajar para disminuir el desplazamiento de cada una de las lenguas mexicanas y de proponer políticas públicas que propicien el fortalecimiento, la revitalización y el desarrollo de las lenguas indígenas de México, tal y como se ha señalado en la CPEUM, la Ley General de Derechos Lingüísticos de los Pueblos Indígenas y en el Programa Institucional del INALI[38].

La Ley General de Derechos Lingüísticos de los Pueblos Indígenas[39] son insuficientes para atender las cuestiones que les aqueja; factores como la globalización y la migración, aunado a esas políticas sociales poco efectivas que contribuyen a la perdida de la identidad cultural, con el transcurso del tiempo ocasionan etnocidios[40] legitimados por el propio Estado.

Lo anterior concuerda con lo que dispone Sámano Rentería, en los países latinoamericanos se tiene que recurrir al Derecho Internacional para presionar a los Estados a reconocer ciertas garantías, que no están contempladas en las constituciones nacionales, en especial aquellas que tienen que ver con los derechos y garantías individuales (ahora derechos humanos en la CPEUM), pues no se da un pleno reconocimiento a los derechos culturales y menos a los colectivos, ni siquiera se reconocen a los pueblos indígenas como minorías nacionales, sino como grupos étnicos.[41]

---

[37] Ley de la Comisión Nacional para el Desarrollo de los Pueblos Indígenas, articulo 2, La Comisión tiene como objeto orientar, coordinar, promover, apoyar, fomentar, dar seguimiento y evaluar los programas, proyectos, estrategias y acciones públicas para el desarrollo integral y sustentable de los pueblos y comunidades indígenas de conformidad con el artículo 2 de la Constitución Política de los Estados Unidos Mexicanos, para lo que tendrá las siguientes funciones...Disponible en http://www.diputados.gob.mx/LeyesBiblio/ref/lcndpi.htm. 05-11-17.

[38] México. Lenguas indígenas nacionales en riesgo de desaparición: Variantes lingüísticas por grado de riesgo. 2000 / INALI; coordinadores Arnulfo Embriz Osorio, Óscar Zamora Alarcón. México: INALI, 2012, p. 16.

[39] Ley General de Derechos Lingüísticos de los Pueblos Indígenas. Artículo 1. La presente Ley es de orden público e interés social, de observancia general en los Estados Unidos Mexicanos y tiene por objeto regular el reconocimiento y protección de los derechos lingüísticos, individuales y colectivos de los pueblos y comunidades indígenas, así como la promoción del uso cotidiano y desarrollo de las lenguas indígenas, bajo un contexto de respeto a sus derechos. Disponible en http://www.diputados.gob.mx/LeyesBiblio/pdf/257_171215.pdf 05-11-17.

[40] Caso de etnocidio contra la población nahua de San Pedro Tlanixco, Tenango del Valle, Estado de México. Se le considera "presunto poblado terrorista", según una averiguación previa de la Procuraduría General de la Republica. La comunidad indígena, sin embargo, sólo intenta defenderse: una trasnacional le quitó el agua; otra le despoja las tierras; ha perdido su elemento de cohesión: la lengua náhuatl; dos integrantes de su antigua dirigencia ejidal están prófugos; seis más, presos –tres de ellos, condenados a 50 años de cárcel por homicidio–. A la menor movilización, cientos de policías saturan sus calles. gobernadores y tribunales siempre han estado en su contra. Con el objetivo de suspender las obras que afectan al poblado de Tlanixco, los indígenas interpusieron el amparo 590/2011 ante el Juzgado Quinto de Distrito en Materias de Amparo y Juicios Civiles Federales en Toluca. Sin embargo, el juez Agustín Archundía Ortiz lo negó bajo el argumento de que los quejosos no demostraban ser los titulares de las tierras. Disponible en http://www.contralinea.com.mx/archivo-revista/index.php/2011/07/05/etnocidio-contra-nahuas-de-tlanixco/ 05-11-17.

[41] Sámano Rentería, Miguel Ángel, *op. cit.*, p. 64.

A modo de conclusiones

Acorde con la CPEUM, nuestra nación, es considerada como pluricultural, y reafirmada para su debida protección, mediante los diversos instrumentos internacionales signados por el Estado mexicano, entre ellos, el Convenio 169 de la OIT (Organización Internacional del Trabajo); todos ellos, suponen, tanto el derecho a la igualdad como el derecho a la diferencia. Sin embargo, hay que tomar en cuenta que la Igualdad no es equiparable; la igualdad radica en la capacidad de los individuos y de la colectividad de optar y efectuar su plan de vida conforme a sus principios y valores, por diferentes que éstos sean. Por consiguiente, no debería buscarse la homogeneidad sino, respetar los contrastes que enriquecen y distinguen a la nación mexicana, no obstante, como nación mexicana pluricultural, debe, hacer efectivos los mecanismos jurídicos, para prever cualquier eventualidad que provoque inestabilidad en la forma de vida de un grupo social a otro.

Es por eso, que de acuerdo al sistema jurídico mexicano, en observancia a las leyes nacionales e internacionales, como la CPEUM, en el segundo párrafo del artículo 2° del mismo cuerpo normativo, adopta a la nación mexicana con carácter de pluricultural, en relación a ello, el Convenio 169 de la OIT (Organización Internacional del Trabajo), reconoce a los pueblos indígenas como sujetos de derechos, legitimando la protección y respeto a sus derechos e identidad cultural, así como sus instituciones ancestrales.

Según Giusti, conviene subrayar que el pluriculturalismo es evidente que ubica a los derechos humanos en una perspectiva de corte universalista, que busca homogeneizar la cosmovisión del mundo, por su parte, la interculturalidad, como concepto de recién incorporación, pretende establecer el respeto y fomentar el diálogo entre la visión universalista de los derechos humanos, tanto individuales como colectivos.

Por lo anterior, y aunque en el discurso político y jurídico, llámese nacional o internacional, se contempla una aproximación a la interculturalidad con relación a la educación, los derechos humanos, así como el reconocimiento de los derechos culturales. En lo fáctico, existe un abismo entre lo real y lo ideal para aceptar dicho reconocimiento y respeto a su dignidad como personas, pertenecientes a una colectividad cultural ancestral, las cuales son consideradas como simples grupos étnicos, identificados como una minoría que obstaculiza el desarrollo económico, político y social del país.

La razón de lo anterior se sustenta en las limitaciones que la misma CPEUM 2° dispone, en el apartado A y en consecuencia las VIII fracciones que le suceden. En el dónde se reafirma que el derecho nacional impone, homogeniza a los pueblos indígenas, y por ello, su derecho a la libre determinación y autonomía, quedan emancipadas por la ley nacional; discriminando su derecho consuetudinario, el cual han practicado desde tiempos ancestrales, dándoles el reconocimiento de simples "usos y costumbres".

Por último, me permitiré resaltar que la cantidad de leyes que abundan, tanto nacionales como internacionales adoptadas por el Estado mexicano y que versan al respecto, no significa que sean efectivas ni mucho menos que cumplan con eficacia, el mismo tratamiento tienen las políticas públicas destinadas a estos pueblos indígenas.

Fuentes de consulta

1. Castillo Lara, Clara. La Constitución mexicana y el Convenio 169 de la OIT sobre pueblos indígenas y tribales. Revista Alegatos, 97, septiembre-diciembre 2017. México, Universidad Autónoma Metropolitana-Azcapotzalco. Pp 559-578
2. De Lucas, Javier. (1994). "Derechos humanos, legislación positiva e interculturalidad", en Documentación Social, 97, 73-90. Disponible en: www. dialnet.unirioja.es/servlet/articub?codigo=138365. 27-07-17.
3. Etxeberria, Xabier. (2004). Derechos culturales e interculturalidad. Construyendo nuestra interculturalidad. Disponible en: http://interculturalidad. org/numero01/b/arti/b_dfo_010404.htm. 27-07-17
4. Gonzales Galván, Jorge Alberto. *El Estado pluricultural de derecho: los principios y los derechos,* disponible en http://www.corteidh.or.cr/tablas/r16826.pdf. 26-07-17.
5. -----, *El Estado pluricultural de derecho: los principios y los derechos indígenas constitucionales,* disponible en https://revistas.juridicas.unam.mx/index.php/derecho-comparado/article/view/3470/4097. 26-07-17.
6. Giusti, Miguel. (2012). "Los derechos humanos en un contexto intercultural. Organización de los Estados Iberoamericanos". Disponible en: http://www.oei.es/valores2/giusti2.htm. 27-07-17.
7. Hernández Veráztica, América Elvira, *Derechos culturales de los pueblos indígenas*, publicado en "Opinión y Debate", Número 02, febrero 2011. Disponible en http://www.corteidh.or.cr/tablas/r28341.pdf. 27-07-17.
8. México. Lenguas indígenas nacionales en riesgo de desaparición: Variantes lingüísticas por grado de riesgo. 2000 / INALI; coordinadores Arnulfo Embriz Osorio, Óscar Zamora Alarcón. México: INALI, 2012,
9. Ortega Villaseñor, Humberto, "México como nación pluricultural. Una propuesta de articulación sociojurídica en el siglo XXI, Boletín Mexicano de Derecho Comparado, nueva serie, año XLV, núm. 133, enero-abril de 2012.
10. Sámano Rentería, Miguel Ángel, *Interculturalidad jurídica: entre los derechos humanos y los derechos culturales de los pueblos indígenas*, publicado en *Justicia indígena y autodeterminación*, Durand Alcántara Carlos Humberto (coord.), Procuraduría Agraria, México 2015.
11. Stavenhagen Rodolfo, *Los derechos humanos y derechos culturales de los pueblos indígenas*, (sf). Disponible en

file:///C:/Users/J.%20Antonio/Downloads/Dialnet-DerechosHumanosYDerechosCulturalesEnLosPueblosIndi-2775772.pdf 27-07-17.

12. Talavera Fernández Pedro, (2011). "Diálogo intercultural y universalidad de los derechos humanos", en Revista IUS, Vol. 5, núm. 28, Puebla, jul/ dic. 2011. Disponible en: www.scielo.org.mx. 2011, 27-07-17.
13. Villoro Luis, *Del Estado homogéneo al Estado plural, publicado en Estado plural, pluralidad de culturas.* México: UNAM/Paidós, 1998.
14. Walsh Catherine, "Interculturalidad, plurinacionalidad y decolonialidad: las insurgencias político- epistémicas de refundar el Estado", Universidad Andina Simón Bolívar, Ecuador, número 9, julio -diciembre de 2008.
15. Žižek, Slavoj. Multiculturalismo o la lógica cultural del capitalismo multinacional. En JAMESON, Fredric; Žižek, Slavoj. Estudios Culturales: reflexiones sobre el multiculturalismo. Buenos Aires, Argentina: Editorial Paidós, 1998.

Leyes y páginas electrónicas

1. Constitución Política de los Estados Unidos Mexicanos, Porrúa, México 2017.
2. Ley de la Comisión Nacional para el Desarrollo de los Pueblos Indígenas. Disponible en http://www.diputados.gob.mx/LeyesBiblio/ref/lcndpi.htm. 27-07-17.
3. Ley General de Derechos Lingüísticos de los Pueblos Indígenas. Disponible en http://www.diputados.gob.mx/LeyesBiblio/pdf/257_171215.pdf. 27-07-17.
4. Caso de etnocidio contra la población nahua de San Pedro Tlanixco, Tenango del Valle, Estado de México. Disponible en http://www.contralinea.com.mx/archivo-revista/index.php/2011/07/05/etnocidio-contra-nahuas-de-tlanixco/. 27-07-17. Convenio 169 de la Organización Internacional del Trabajo (OIT) http://www.cdi.gob.mx/transparencia/convenio169_oit.pdf.

Marco Jurídico del delito de feminicidio

Deyanira Martínez Castro[1]

En el país, con el paso del tiempo se ha naturalizado la violencia contra la mujer, como sucede en algunos de los Estados Federativos del país, como es el estado de México, donde, debido a la constante inseguridad y otros factores sociales, culturales o económicos, tales como: la impunidad, la pobreza y la corrupción, entre otros; que se manifiestan de manera recurrente, terminan desencadenando un incremento desmedido en el número de mujeres que han sido víctimas de violencia hasta ahora. La historia, ha demostrado que las mujeres de todo el mundo, en general, lo mismo que las mexicanas en particular han sido más susceptibles de sufrir manifestaciones de violencia, debido a las construcciones sociales y culturales en las que se desenvuelven, tales "*como la familia, la escuela, la religión, los medios de comunicación social y las prácticas sociales*"[2].

Considerando al delito de feminicidio *(feminicide)*[3] como la manifestación más extrema de violencia en contra las mujeres. Término que encuentra su antecedente más próximo en 1976, durante el Primer Tribunal de Crímenes contra la Mujer, celebrado en Bruselas; cuando Diana Russell lo utiliza para referirse a los asesinatos de mujeres, para diferenciarlos de aquellas figuras jurídicas neutras como la del homicidio o el asesinato. Es en 1982, cuando en su libro *Rape in Marriage,* definió oficialmente el vocablo *feminicide* como el "asesinato de mujeres por ser mujeres".[4] con lo que se aclaró que la causa estos acontecimientos se relaciona con su condición genérica.

A principios de la década de 1990, esta expresión continúo siendo desarrollada por las investigadoras Jane Caputi y Diana Russell; incluyendo al termino *feminicide,* el concepto de *muertes violentas*; que engloba una gran variedad de abusos de tipo verbal y físicos, tales como la violación, prostitución, tortura, acoso sexual, abuso sexual, mutilación genital, esclavitud y maternidad forzada, entre otros, que son cometidos, en su mayoría, por parte de los maridos, novios o padres de las víctimas. Por lo cual, diversos autores sostienen que estos acontecimientos poseen un sustrato común en la misoginia, y que se fundamenta en el odio, desprecio, placer o sentimiento de propiedad[5]. A partir de entonces, para hacer frente a la violencia en contra de las mujeres, se ha recurrido a la creación y promulgación de un conjunto de instrumentos jurídicos, especializados en la prevención, erradicación y sanción de los delitos de feminicidio, así como de las demás tipologías de violencia[6]

---

[1] Deyanira Martínez Castro. Universidad Autónoma Metropolitana-A.

[2] Olamendi, Patricia, *Feminicidio en México*. México, Tirant lo Blanch. 2016. P.18.

[3] Feminice: Es el término acuñado y desarrollado por Diana Russell en la década de los 90´S. que se refiere al asesinato de mujeres por ser mujeres

[4] Olamendi, Patricia, *Feminicidio en México. Ibidem*. P.25.

[5]Diana Russell, Jane Caputi. *"Feminicide": Speaking the Unspeakable.* http://www.unc.edu/~nkleinman/handouts/Femicide.pdf. Consultada el 5-10-2017.

[6] Al hablar de instrumentos jurídicos especializados en la prevención, erradicación y sanción de los delitos de feminicidio y las demás tipologías de violencia destacan a nivel internacional: "La Convención sobre la

como la familiar, económica, psicológica, sexual, laboral, o de género. Mismas que atentan en contra de la *"dignidad humana"* y causan daño físico, sexual o psicológico en las mujeres,[7] y que se agravan por las distintas presiones sociales:

> *Como la vergüenza de denunciar ciertos actos; la falta de acceso de la mujer a la información, asistencia letrada o protección jurídica; la falta de leyes que prohíban efectivamente la violencia contra la mujer; el hecho de que no se reformen las leyes vigentes; el hecho de que las autoridades públicas no pongan el suficiente empeño en difundir y hacer cumplir las leyes vigentes; y la falta de medios educacionales y de otro tipo para combatir las causas y consecuencias de la violencia*[8].

En concreto, los feminicidios han traído consigo la respuesta Estatal manifiesta en la creación de un conjunto de normativas jurídicas nacionales y la adopción de diversos instrumentos internacionales, que ahora, en razón de la modificación de la Constitución Política de los Estados Unidos Mexicanos (CPEUM), esta al más alto nivel la observación de los derechos humanos que contengan los instrumentos jurídicos de los que México sea parte.[9] Considerando que su fin primordial es: "prevenirlos *con medidas de carácter jurídico, político, administrativo y cultural que promuevan la salvaguarda de los derechos humanos"*[10] , o bien castigarlos "*como un hecho ilícito que, como tal, es susceptible de acarrear sanciones para quien las cometa, así como la obligación de indemnizar a las víctimas por sus consecuencias perjudiciales"*[11]. Dichos instrumentos jurídicos antes referidos, son de carácter internacional, regional, nacional o estatal, e independientemente de su origen, se deben distinguir en dos bloques que se vinculan directamente con el tema central de esta investigación, como delito de feminicidio.

En primer lugar, tenemos la legislación sobre la prevención y erradicación de las diversas tipologías de violencia contra la mujer, acompañadas de aquellas que están encaminadas a la protección y preservación de los derechos humanos. Como, por ejemplo: "La Convención sobre la Eliminación de Todas las Formas de Discriminación contra la Mujer",[12] "La Declaración de Viena",[13] "La Convención Interamericana para Prevenir, Sancionar y Erradicar la Violencia contra la Mujer",[14]

Eliminación de Todas las Formas de Discriminación contra la Mujer", La Declaración de Viena" , "La Declaración de Beijing"; de igual manera a nivel nacional encontramos: "Ley General de Acceso de las Mujeres a una Vida Libre de Violencia", "Código Penal Federal", "Ley General para la igualdad entre mujeres y hombres".

[7] Olamendi, Patricia. *Op. Cit.* pág.31.

[8] *Ibídem.* P.10.

[9] Vasil'eva, Jana, et al. *Violencia de género y feminicidio en el Estado de México: La percepción y las acciones de las organizaciones de la sociedad civil.* México, D.F., Ed. Centro de Investigación y Docencia Económicas. 2016. P. 26

[10] *Ibídem.*, p.120.

[11] *Ibídem.*, p.121.

[12] Es un instrumento internacional que fue aprobado por la Organización de las Naciones Unidas en 1979. http://www.un.org/womenwatch/daw/cedaw/text/sconvention.htm.Consultado el 15-10-2017.

[13] http://www.ohchr.org/SP/NewsEvents/OHCHR20/Pages/WCHR.aspx. Consultado el 25- 10-2017.

[14] http://www.oas.org/juridico/spanish/tratados/a-61.html. Consultado el 25-10-2017.

entre otras. El segundo bloque, engloba los instrumentos jurídicos que se encargan de tipificar el delito de feminicidio. Dado que su estudio se vincula al derecho penal, contemplado como un hecho ilícito que trae consigo una sanción, como en el "Código Penal Federal", cuyo artículo 325 prevé las siguientes sanciones para la comisión del delito:

- De cuarenta a sesenta años de prisión,
- De quinientos a mil días multa,
- La pérdida de todos los derechos del sujeto activo con relación a la víctima, incluidos los de carácter sucesorio
- Cuando se trate del servidor público que retarde o entorpezca maliciosamente o por negligencia la procuración o administración de justicia se le impondrá como pena: prisión de tres a ocho años y de quinientos a mil quinientos días multa, además de ser destituido e inhabilitado de tres a diez años para desempeñar otro empleo, cargo o comisión públicos.[15]

Marco jurídico del delito de feminicidio a nivel internacional

Proveniente de los principios contenidos en la Declaración Universal de Derechos Humanos;[16] comenzó la conformación de un sistema normativo de protección, denominado; "*Derecho internacional de los Derechos Humanos*"[17], que, a lo largo de la historia, ha pretendido responder a determinadas situaciones como la violencia o discriminación que sufren las personas, en general. Sistema que ha sido utilizado por los diversos movimientos de mujeres y feministas, que a partir del siglo XIX denunciaban su "*subordinación histórica*", revelando una falta de reconocimiento de algunos de sus derechos, como, por ejemplo, el derecho al voto o el derecho a la propiedad, en sus respectivas legislaciones.[18]

Desde la perspectiva del derecho internacional, se busca lograr la plena vigencia y el eficaz cumplimiento de los derechos humanos de las personas, incluidas las mujeres; a través de la creación y adopción de los distintos instrumentos de protección a los derechos humanos, cuyo objetivo es contrarrestar los efectos de las desigualdades e inequidades históricas que han sufrido las mujeres. Conceptualizar los derechos humanos, sin duda es tarea difícil, pues requiere de la profundización de los aspectos filosóficos que la explican, pero, además, recurrir "*a lo que tradicionalmente los juristas conocen como derechos subjetivos, ya constituyen un discurso que tiene por objeto exigirle algo a alguien, o bien, justificar.*[19]"

---

[15] Artículo 325. Código Penal Federal. https://www.juridicas.unam.mx/legislacion/ordenamiento/codigo-penal-federal#10227. Consultada el 13-10-2017.

[16] Proclamada por la Asamblea General de las Naciones Unidas en Paris, el 10-12-1948. Ídem.

[17] *Ibidem*. P.20

[18] Franco Rodríguez, María José. *Los Derechos Humanos de las mujeres en la Jurisprudencia de la Corte Interamericana de Derechos Humanos*. Colección Sistema Interamericano de Derechos Humanos. México, 2011. P. 16.

[19] Castillo Lara, Clara. *Estudio socio-jurídico de las Sentencias de la Corte Interamericana de Derechos Humanos"*. Revista alegatos, UAM-A, México, No. 89., enero-abril, 2015. P. 114.

Los derechos humanos, son considerados como "*aquellas normas básicas necesarias para vivir como un ser humano, sin las cuales las personas no pueden sobrevivir ni desarrollarse con dignidad. Son inherentes al ser humano, inalienables y universales".*[20] Es por ello, que, desde la normativa domestica el Estado mexicano ha incorporado al más alto nivel, los tratados, pactos y convenciones internacionales en la materia, en consideración a la modificación del artículo primero de la CPEUM, de fecha de 10 de junio de 2011, explicado anteriormente. Por lo cual, invocare al marco jurídico vigente y aplicable, que otorga protección a los derechos humanos de las mujeres, para prevenir o erradicar la violencia en sus diversas tipologías, que da lugar al delito de feminicidio como la más extrema de todas las violencias existentes.

De tal manera que, en primer lugar, se cuenta con "La Convención sobre la Eliminación de Todas las Formas de Discriminación contra la Mujer", instrumento que surge como una urgencia de la comunidad internacional para visibilizar la situación de las mujeres que sufrían de violencia en sus derechos humanos. La Convención, fue aprobada por la Asamblea General de las Naciones Unidas en su resolución 34/180, el 18 de diciembre de 1979 y entro en vigor el 3 de septiembre de 1981.

> *Está constituida por un preámbulo que describe por qué es necesaria la CEDAW; y por 30 artículos, organizados en seis partes, que definen cuáles son los actos que constituyen discriminación contra la mujer; describen la naturaleza de la obligación estatal mediante leyes, políticas públicas y programas que el Estado debe desarrollar para eliminar la discriminación; especifican las diferentes áreas en las que los gobiernos están obligados a eliminar la discriminación; describen el establecimiento y las funciones del Comité de la CEDAW; y tratan principalmente sobre la administración y otros aspectos de procedimientos para la firma, ratificación, adhesión y funcionamiento de la Convención.*[21]

Este tratado, es el primero en reconocer explícitamente las condiciones de desigualdad y desventaja de las mujeres frente a los hombres, que aprecia las distintas formas de discriminación que viven las mujeres en los distintos ámbitos donde se desenvuelven, estableciendo los necesarios parámetros de políticas públicas para combatirlas[22].

El Estado Mexicano firmó la Convención en 1980, y la ratificó el 23 de marzo de 1981. Ello, significa un compromiso importante que involucra los tres poderes (Ejecutivo, Legislativo y Judicial), en sus tres niveles (federal, estatal y municipal), para cumplir con las disposiciones que derivan de la Convención sobre la Eliminación de Todas las Formas de Discriminación contra la Mujer (CEDAW).

---

[20] https://www.unicef.org/spanish/crc/index_framework.html. Consultada el 22-05-2017.
[21] https://www.unicef.org/panama/spanish/MujeresCo_web.pdf .Consultada el 12-06-2017.
[22] *Convención para la Eliminación de Todas las Formas de Discriminación contra la Mujer, y su Protocolo Facultativo*. México, Comisión Nacional de los Derechos Humanos. 2012. P. 5.

Cabe subrayar, que, la reforma constitucional en materia de Derechos Humanos en México se llevó a cabo a partir de un decreto presidencial publicado el 10 de julio de 2011; donde las normas jurídicas, contenidas en los tratados internacionales de los que el Estado mexicano es parte; adquirieron el mismo nivel jerárquico que las contenidas en la CPEUM. Lo cual, implica que ahora, dichos tratados de los que el estado mexicano sea parte son consideradas como norma local, debido al mandato constitucional. Por lo "*que nuestro país está plenamente obligado a cumplir con la CEDAW como instrumento legal del más alto nivel y es responsable de las violaciones contra la Convención que ocurran en su territorio".*[23]

Adicionalmente, en el marco del Derecho Internacional, existen otros instrumentos específicos, los cuales están encargados de contrarrestar la discriminación y la violencia en contra de las mujeres. Tal es el caso de "La Declaración de Viena" y "La Declaración de Beijing" acompañada de su respectiva plataforma de acción"[24]. "La Conferencia Mundial de los Derechos Humanos de Viena", celebrada del 14 a 25 de junio de 1993, con la asistencia y colaboración de los representantes de 171 Estados soberanos, concluyó con la creación de "La Declaración de Viena", cuyo objetivo consistía en reiterar el compromiso que asumían los Estados de velar por los derechos humanos. Y debido a la importancia que adquirió por los temas y problemáticas adquiridas, tuvo una gran repercusión en el medio nacional e internacional, lo que influyo a la creación de nuevos mecanismos,[25] con los cuales, los defensores de derechos humanos buscan fomentar y difundir los derechos de las mujeres, entre otros derechos, exigiendo al Estado su eficaz amparo.

> *El legado de Viena es doble: no solo defiende la universalidad de los derechos humanos invocada por la Declaración Universal de 1948, si no también confiere visibilidad a los derechos humanos de las mujeres y de las niñas, en expresa alusión al proceso de especificación del sujeto de derecho y a la justicia en cuanto reconocimiento de identidades. En este último escenario la mujer debe ser vista en las especificidades y diferencias de su condición social. El derecho a la diferencia implica el derecho al reconocimiento de identidades propias, lo que propicia la incorporación de la perspectiva de género; es decir repensar, revisar y reconceptualizar los derechos humanos a partir de la relación entre género, como un tema transversal.*[26]

Al término de la Cuarta Conferencia Mundial sobre la Mujer (celebrada en septiembre de 1995), se adoptó "La Declaración y Plataforma de Acción de Beijing". Ambos mecanismos son útiles para fomentar la promoción de los derechos

---

[23] *Ibídem*. P. 9.

[24] http://www.ohchr.org/SP/NewsEvents/OHCHR20/Pages/WCHR.aspx. Consultado el 25- 10-2017.

[25] Un mecanismo emergente de la Conferencia Mundial de los Derechos Humanos de Viena, es la figura del Relator Especial sobre los Derechos Humanos impuesta por la Comisión de las Naciones Unidas sobre los Derechos Humanos en su resolución 1994/45 (aprobada el 4 de marzo de 1994); siendo su labor transmitir llamamientos urgente y comunicaciones a los Estado con respecto a los casos de violencia contra las mujeres.

[26] Ramos de Mello, Adriana. "Feminicidio: *Un análisis criminológico -jurídico de la violencia contra las mujeres"*. Tesis Doctoral, Universidad Autónoma de Barcelona, España, 2015. pág.79.

humanos de las mujeres, además, de considerar de vital importancia, incluir la perspectiva de género en todas las políticas públicas y los programas gubernamentales,[27] que se lleven a cabo en el país.

Consecuentemente, es de primordial importancia distinguir entre la Plataforma y la Declaración; puesto que la primera "*reconoce que la plena realización de los derechos de las mujeres y las niñas es la piedra angular del desarrollo, la democracia y la paz,*[28]" y a su vez, funge como el medio idóneo por el cual se llevan a cabo las acciones contenidas en la CEDAW. Mientras que, la Declaración ratifica el compromiso de los distintos gobiernos para garantizar a mujeres y niñas (sin distinción alguna), todos los derechos y libertades necesarias para erradicar las formas y modalidades de discriminación contra ellas, y así suprimir los obstáculos a la igualdad de género.[29]

Marco jurídico del delito de feminicidio a nivel regional
En 1948, con la aprobación de "La Declaración Americana de los Derechos y Deberes del Hombre", en la Novena Conferencia Internacional Americana, celebrada en Bogotá Colombia; comenzó a integrarse "El Sistema Interamericano de Derechos Humanos"; que tiene como finalidad esencial la protección regional de los derechos humanos. El Sistema Interamericano de Derechos Humanos, se encuentra conformado por la Comisión y Corte Interamericana de Derechos Humanos (CIDH, CoDH), son los órganos principales del sistema. Asimismo, se cuenta con instrumentos jurídicos importantes como la Convención Interamericana para Prevenir, Sancionar y Erradicar la Violencia contra la Mujer (Convención Belém do Pará), además de los órganos especializados tales como la *Comisión Interamericana de Mujeres (CIM),* que se fundamentan en la Convención Americana sobre Derechos Humanos (CADH).

El Sistema Interamericano de Derechos Humanos (SIDH), contiene instrumentos legislativos trascendentes en la prevención de la violencia contra las mujeres, tales como: Convención Belém do Pará, creada en 1992, por la Organización de Estados Americanos (OEA), con el fin de ser la primera Convención Regional, que haría frente a la violencia contra las mujeres.

Dos años después fue aprobada en Belém do Pará, Brasil, durante la Vigésima Cuarta Sesión Ordinaria de la Asamblea General de la Organización de los Estados Americanos y finalmente entró en vigor en el año de 1995. "La Convención Belém do Pará", reconoce que la violencia en contra de las mujeres es una "*ofensa a la Dignidad Humana, una manifestación de las relaciones de poder históricamente desiguales entre mujeres y hombres, y por ende una violencia de derechos humanos de las mujeres, que afecta negativamente todos los sectores de la*

[27] *Ibidem.* P. 75.
[28] *Ibidem.* P. 80.
[29] *Ibidem.* P. 83.

sociedad independientemente de su clase, raza o grupo étnico, nivel de ingresos, cultural, nivel educacional, edad o religión".[30]

Consecuentemente, se determina que toda mujer tiene pleno reconocimiento al ejercicio, goce y protección de los derechos humanos, y a las demás libertades consignadas por los instrumentos regionales e internacionales. Motivo por el cual, la Convención, en su artículo 5,[31] señala que, la violencia funge como una barrera que impide el pleno ejercicio de sus derechos humanos y dispone que "*toda mujer podrá ejercer libremente sus derechos civiles, políticos, económicos, sociales o culturales, y contará con la total protección de esos derechos consagrados en los instrumentos internacionales regionales sobre derechos humanos".* "La Convención" se refiere también, a la relación que existe entre la violencia de género y la discriminación, por lo que en su artículo 4,[32] enfatiza un mínimo de derechos que deben ser garantizados por los Estado parte, y destacan:

- El derecho a que se respete su vida;
- El derecho a que se respete su integridad física, psíquica y moral;
- El derecho a la libertad y a la seguridad personales;
- El derecho a no ser sometida a torturas;
- El derecho a que se respete la dignidad inherente a su persona y que se proteja a su familia;
- El derecho a igualdad de protección ante la ley y de la ley;
- El derecho a un recurso sencillo y rápido ante los tribunales competentes, que la ampare contra actos que violen sus derechos;
- El derecho a la libertad de asociación;
- El derecho a la libertad de profesar la religión y las creencias propias dentro de la ley;
- El derecho a tener igualdad de acceso a las funciones públicas de su país y a participar en los asuntos públicos, incluyendo la toma de decisiones.

---

[30] Olamendi, Patricia. *Op. Cit.* pág.15.

[31] Artículo 5.-Toda mujer podrá ejercer libre y plenamente sus derechos civiles, políticos, económicos, sociales y culturales y contará con la total protección de esos derechos consagrados en los instrumentos regionales e internacionales sobre derechos humanos. Los Estados Partes reconocen que la violencia contra la mujer impide y anula el ejercicio de esos derechos. https://www.unicef.org/argentina/spanish/ar_insumos_ConvencionBelem.pdf. Consultado el 01-05-2017.

[32] Artículo 4.- Toda mujer tiene derecho al reconocimiento, goce, ejercicio y protección de todos los derechos humanos y a las libertades consagradas por los instrumentos regionales e internacionales sobre derechos humanos. Estos derechos comprenden, entre otros:

a. el derecho a que se respete su vida; b. el derecho a que se respete su integridad física, psíquica y moral; c. el derecho a la libertad y a la seguridad personales; d. el derecho a no ser sometida a torturas; e. el derecho a que se respete la dignidad inherente a su persona y que se proteja a su familia; f. el derecho a igualdad de protección ante la ley y de la ley; g. el derecho a un recurso sencillo y rápido ante los tribunales competentes, que la ampare contra actos que violen sus derechos; h. el derecho a libertad de asociación; i. el derecho a la libertad de profesar la religión y las creencias propias dentro de la ley, y j. el derecho a tener igualdad de acceso a las funciones públicas de su país y a participar en los asuntos públicos, incluyendo la toma de decisiones. https://www.unicef.org/argentina/spanish/ar_insumos_ConvencionBelem.pdf. Consultado el 15-10-2017.

Adicionalmente, en su artículo 6[33] encontramos, expreso otro derecho humano, expresado como: "El derecho de toda mujer a una vida libre de violencia" que incluye:

- El derecho de la mujer a ser libre de toda forma de discriminación;
- El derecho de la mujer a ser valorada y educada libre de patrones estereotipados de comportamiento y prácticas sociales y culturales basadas en conceptos de inferioridad o subordinación.

Como podemos observar "*la protección y garantía de estos derechos, representa un mínimo indispensable para impedir violaciones graves y sistemáticas a los derechos humanos de las mujeres.*[34]" Convención Belém do Pará, puntualiza en su artículo primero; que la violencia en contra de las mujeres es "*cualquier acción o conducta basada en su género, que cause muerte, daño o sufrimiento físico, sexual o psicológico a la mujer, tanto en el ámbito público como en el privado",*[35] y de forma detallada, nos enuncia las distintas diversas modalidades de violencia (física, sexual y psicológica)[36].

Con la definición de "violencia contra las mujeres", se incluye el término "género", que *"nos orienta a tomar en cuenta los factores culturales y sociales que colocan a las mujeres en una situación de subordinación, aunado a los estereotipos y valores que determinados grupos sociales le atribuyen a las mujeres".*[37] Las tres modalidades incluidas en la definición violencia contra de las mujeres (la física, sexual y psicológica) pueden hacerse presentes en ámbito público o privado, es decir:

a) Que tenga lugar en la familia o unidad doméstica o en cualquier otra relación interpersonal, ya sea que el agresor comparta o haya compartido el mismo domicilio que la mujer, y que comprende entre otros, violación, maltrato o abuso sexual;

b) Que tenga lugar en la comunidad y sea perpetrada por cualquier persona y que comprende, entre otros, violación, abuso sexual, tortura, trata de personas, prostitución forzada, secuestro y acoso sexual, en el lugar de trabajo, así como en instituciones educativas, establecimientos de salud o cualquier otro lugar; y

---

[33] Artículo 6.- El derecho de toda mujer a una vida libre de violencia incluye, entre otros: a. el derecho de la mujer a ser libre de toda forma de discriminación, y b. el derecho de la mujer a ser valorada y educada libre de patrones estereotipados de comportamiento y prácticas sociales y culturales basadas en conceptos de inferioridad o subordinación. https://www.unicef.org/argentina/spanish/ar_insumos_ConvencionBelem.pdf. Consultado el 15-10-2017.

[34] Olamendi, Patricia, op.cit. pág.17.

[35] Articulo 1.- Para los efectos de esta Convención debe entenderse por violencia contra la mujer cualquier acción o conducta, basada en su género, que cause muerte, daño o sufrimiento físico, sexual o psicológico a la mujer, tanto en el ámbito público como en el privado. https://www.unicef.org/argentina/spanish/ar_insumos_ConvencionBelem.pdf. Consultado el 01-05-2017.

[36] Franco Rodríguez, María José. *Op. Cit.* pág.27.

[37] Olamendi, Patricia. *Op. Cit.* pág.16.

c) Que sea perpetrada o tolerada por el Estado o sus agentes, donde quiera que ocurra.[38]

Por su parte el artículo 7,[39] de "La Convención de Belem do Pará", señala la obligación de los Estados partes de tutelar los derechos humanos de las mujeres, entendiendo que la omisión o tolerancia de dicha violencia, puede constituir violaciones a los derechos humanos,[40] lo que significa que los Estados se ven forzados a condenar, investigar, enjuiciar y sancionar todas las formas y modalidades de esta violencia ejercidas en contra de las mujeres con la debida diligencia. Los Estados para cumplir con sus respectivas obligaciones deberán implementar y adoptar políticas y medidas específicas orientadas a la prevención, sanción y erradicación de la violencia y la discriminación en contra de la mujer. Por ello, se ha considerado que, "La Convención" constituye una *"verdadera redefinición del derecho interamericano de los derechos humanos*"[41], porque se aplica con una orientación concreta de género y es un avance de la comunidad internacional, dado a que es el único instrumento de carácter vinculante que se refiere expresamente a esta materia.[42]

---

[38] Articulo 2.- Se entenderá que violencia contra la mujer incluye la violencia física, sexual y psicológica: a)Que tenga lugar dentro de la familia o unidad doméstica o en cualquier otra relación interpersonal, ya sea que el agresor comparta o haya compartido el mismo domicilio que la mujer, y que comprende, entre otros, violación, maltrato y abuso sexual; b)Que tenga lugar en la comunidad y sea perpetrada por cualquier persona y que comprende, entre otros, violación, abuso sexual, tortura, trata de personas, prostitución forzada, secuestro y acoso sexual en el lugar de trabajo, así como en instituciones educativas, establecimientos de salud o cualquier otro lugar, y c)Que sea perpetrada o tolerada por el Estado o sus agentes, dondequiera que ocurra. https://www.unicef.org/argentina/spanish/ar_insumos_ConvencionBelem.pdf. Consultado el 03-05-2017.

[39]Artículo 7.- Los Estados Partes condenan todas las formas de violencia contra la mujer y convienen en adoptar, por todos los medios apropiados y sin dilaciones, políticas orientadas a prevenir, sancionar y erradicar dicha violencia y en llevar a cabo lo siguiente: a)Abstenerse de cualquier acción o práctica de violencia contra la mujer y velar por que las autoridades, sus funcionarios, personal y agentes e instituciones se comporten de conformidad con esta obligación; b)Actuar con la debida diligencia para prevenir, investigar y sancionar la violencia contra la mujer; c)Incluir en su legislación interna normas penales, civiles y administrativas, así como las de otra naturaleza que sean necesarias para prevenir, sancionar y erradicar la violencia contra la mujer y adoptar las medidas administrativas apropiadas que sean del caso; d)Adoptar medidas jurídicas para conminar al agresor a abstenerse de hostigar, intimidar, amenazar, dañar o poner en peligro la vida de la mujer de cualquier forma que atente contra su integridad o perjudique su propiedad; e)Tomar todas las medidas apropiadas, incluyendo medidas de tipo legislativo, para modificar o abolir leyes y reglamentos vigentes, o para modificar prácticas jurídicas o consuetudinarias que respalden la persistencia o la tolerancia de la violencia contra la mujer; f) Establecer procedimientos legales justos y eficaces para la mujer que haya sido sometida a violencia, que incluyan, entre otros, medidas de protección, un juicio oportuno y el acceso efectivo a tales procedimientos; g)Establecer los mecanismos judiciales y administrativos necesarios para asegurar que la mujer objeto de violencia tenga acceso efectivo a resarcimiento, reparación del daño u otros medios de compensación justos y eficaces; y h)Adoptar las disposiciones legislativas o de otra índole que sean necesarias para hacer efectiva esta Convención. https://www.unicef.org/argentina/spanish/ar_insumos_ConvencionBelem.pdf. Consultado el 03-05-2017.

[40] Olamendi, Patricia. *Op. Cit.* P.55.

[41]Escobar, Guillermo, *Derechos de la mujer*, Madrid. Federación Iberoamericana de Ombubsman. II Informe sobre Derechos Humanos. 2004. P.51.

[42] Franco Rodríguez, María José. *Op. Cit.* P. 25.

Marco jurídico del delito de feminicidio a nivel federal

En México, también existen dos bloques de instrumentos jurídicos. El primero, engloba las legislaciones encargadas de prevenir o erradicar las distintas tipologías de violencia contra las mujeres, acompañados de los que protegen y promueven sus derechos humanos. Mientras que, en el segundo bloque, se encuentran las legislaciones de índole jurídica, encaminadas a tipificar las manifestaciones más extremas de violencia contra la mujer bajo el delito de feminicidio.

De tal forma que, en la "Ley General de Acceso de las Mujeres a una Vida Libre de Violencia", promulgada en el Diario Oficial de la Federación de 2007; la cual, surgió como una medida para afrontar y prevenir la violencia de género contra las mujeres. Teniendo como antecedente, las altas cifras en los casos de feminicidio, acaecidos en la frontera mexicana de Ciudad Juárez, Chihuahua, durante la década de los 90´s. Ley General de Acceso de las Mujeres a una Vida Libre de Violencia, fue elaborada por un grupo de legisladoras con perspectiva de género; que se propusieron resaltar el Derecho Humano de las mujeres, a vivir una vida libre de violencia. En su iniciativa se contemplaba la tipificación del delito de feminicidio, pero fue aprobada sin contener esta figura ni otras normas de carácter penal.[43] El objetivo de esta ley es armonizar la legislación y los compromisos suscritos por México. Por lo que con su creación respondió a las exigencias de Organismos de las Naciones Unidas, como el Comité de la CEDAW o el Alto Comisionado para los Derechos Humanos, y a su vez, con las peticiones de organizaciones no gubernamentales (ONG's), como Amnistía Internacional o Human Rights.

Con la implementación de dicha ley, se originaron nuevas condiciones normativas para que el gobierno mexicano se transforme, en un ente promotor de las soluciones en materia de prevención, detección, erradicación, asistencia y tratamiento de la violencia de género contra las mujeres. Por lo mismo, se definen conceptos fundamentales como el de "*violencia contra las mujeres*", referido en su artículo 5.[44] Asimismo, en su artículo 6, señala los tipos y modalidades de violencia contra la mujer.[45].

---

[43] Toledo Vásquez, Patsilí. *Feminicidio.* México, Ed. OACUDH. 2009. P. 110.

[44] *ARTÍCULO 5.- IV. Violencia contra las Mujeres: Cualquier acción u omisión, basada en su género, que les cause daño o sufrimiento psicológico, físico, patrimonial, económico, sexual o la muerte tanto en el ámbito privado como en el público.* En: http://www.dof.gob.mx/nota_detalle.php?codigo=4961209&fecha=01/02/2007. Consultada el 10-08-2017.

[45] *ARTÍCULO 6.- Los tipos de Violencia contra las Mujeres son: I. La violencia psicológica: Es cualquier acto u omisión que dañe la estabilidad psicológica, que puede consistir en: negligencia, abandono, descuido reiterado, celotipia, insultos, humillaciones, devaluación, marginación, desamor, indiferencia, infidelidad, comparaciones destructivas, rechazo, restricción a la autodeterminación y amenazas, las cuales conllevan a la víctima a la depresión, al aislamiento, a la devaluación de su autoestima e incluso al suicidio; II. La violencia física: Es cualquier acto que inflige daño no accidental, usando la fuerza física o algún tipo de arma u objeto que pueda provocar o no lesiones ya sean internas, externas, o ambas; III. La violencia patrimonial: Es cualquier acto u omisión que afecta la supervivencia de la víctima. Se manifiesta en: la transformación, sustracción, destrucción, retención o distracción de objetos, documentos personales, bienes y valores, derechos patrimoniales o recursos económicos destinados a satisfacer sus necesidades y puede abarcar los daños a los bienes comunes o propios de la víctima; IV. Violencia económica: Es toda acción u omisión del Agresor que afecta la supervivencia económica de la víctima. Se manifiesta a través de limitaciones encaminadas a controlar el ingreso de sus percepciones económicas, así como la percepción de un salario menor por igual*

Actualmente el texto vigente de "La Ley General de Acceso de las Mujeres a una Vida Libre de Violencia", recalca el tipo penal e incluye un apartado específicamente para la violencia feminicida, definiéndola en el artículo 21, como:

> *"la forma más extrema de violencia de género contra las mujeres, producto de la violación a sus derechos humanos, en los ámbitos público y privado, conformado por el conjunto de conductas misóginas que pueden conllevar impunidad social y del Estado y puede culminar en homicidio y otras formas de muerte violenta de las mujeres.*[46]"

Puede efectuarse dentro de los ámbitos público y privado, conformado por un conjunto de conductas misóginas que pueden incluir la impunidad social del Estado, que generalmente culmina en homicidio u otras formas de muerte violenta de las mujeres.[47] Esta ley además instaura, la figura de "Alerta de Violencia de Género contra las Mujeres", que la puntualiza en su artículo 22 como: "*El conjunto de acciones gubernamentales de emergencia para enfrentar y erradicar la violencia feminicida en un territorio determinado, ya sea ejercida por individuos o por la propia comunidad.*[48]" Cuyo objetivo radica fundamentalmente en garantizar la seguridad de las mujeres, el cese de la violencia en su contra y la eliminación de las desigualdades producidas por una legislación que agravia sus derechos humanos por lo que se deberá:

- Establecer un grupo interinstitucional y multidisciplinario con perspectiva de género que dé el seguimiento respectivo;
- Implementar las acciones preventivas, de seguridad y justicia, para enfrentar y abatir la violencia feminicida;
- Elaborar reportes especiales sobre la zona y el comportamiento de los indicadores de la violencia contra las mujeres;
- Asignar los recursos presupuestales necesarios para hacer frente a la contingencia de alerta de violencia de género contra las mujeres, y
- Hacer del conocimiento público el motivo de la alerta de violencia de género contra las mujeres, y la zona territorial que abarcan las medidas a implementar[49].

---

trabajo, dentro de un mismo centro laboral; V. La violencia sexual: Es cualquier acto que degrada o daña el cuerpo y/o la sexualidad de la Víctima y que por tanto atenta contra su libertad, dignidad e integridad física. Es una expresión de abuso de poder que implica la supremacía masculina sobre la mujer, al denigrarla y concebirla como objeto http://www.dof.gob.mx/nota_detalle.php?codigo=4961209&fecha=01/02/2007. Consultada el 10-08-2017

[46] http://www.dof.gob.mx/nota_detalle.php?codigo=4961209&fecha=01/02/2007. Consultada el 10-08-2017

[47] Olamendi, Patricia. *Op. Cit.* P. 71.

[48] http://www.dof.gob.mx/nota_detalle.php?codigo=4961209&fecha=01/02/2007. Consultada 10-08-2017

[49] Articulo 23.- La alerta de violencia de género contra las mujeres tendrá como objetivo fundamental garantizar la seguridad de las mismas, el cese de la violencia en su contra y eliminar las desigualdades producidas por una legislación que agravia sus derechos humanos, por lo que se deberá: I. Establecer un grupo interinstitucional y multidisciplinario con perspectiva de género que dé el seguimiento respectivo; II. Implementar las acciones preventivas, de seguridad y justicia, para enfrentar y abatir la violencia feminicida; III. Elaborar reportes especiales sobre la zona y el comportamiento de los indicadores de la violencia contra las mujeres; IV. Asignar los recursos presupuestales necesarios para hacer frente a la contingencia de alerta de violencia de género contra

Adicionalmente, "La Ley General de Acceso de las Mujeres a una Vida Libre de Violencia", consigna la responsabilidad del Estado Mexicano de proteger a las mujeres de los tipos de violencia que las amenaza (artículo 26); brindando las "*bases legales sobre cómo se deben coordinar las dependencias federales y los tres órdenes de gobierno para conjuntar esfuerzos, instrumentos, servicios y políticas con el propósito de prevenir, atender, sancionar y erradicar la violencia contra las mujeres en todo el territorio nacional.*[50]

Por otra parte, en lo referido a la creación del tipo penal de la figura de feminicidio. En 2011, se sometió a consideración del pleno una iniciativa que reformaría y adicionaría, el Código Penal Federal.[51] Esto, porque la violencia en contra de las mujeres había aumentado alarmantemente de 1985 a 2009, de acuerdo con los datos del informe "Feminicidio en México", que registró durante ese lapso en el país 34 mil 176 muertes de mujeres en las que se presumió el delito de homicidio.[52] Es así como en México, tipificó el feminicidio como un delito autónomo, con características y especificidades que lo diferencian de otro tipo de homicidios. Pues anteriormente era común colocar el asesinato de mujeres sólo como una agravante que podía desviar:

> *La atención del tema de fondo: la existencia de una violencia extrema, estructural y sistemática contra ellas, sus cuerpos y su dignidad, enmarcada en una cultura machista y misógina que no sólo las discrimina y niega sus derechos, sino que oculta, tolera y minimiza estos crímenes, cobijados por autoridades corruptas y leyes ambiguas o carentes de mecanismos que den resultados concretos. Todo ello sumado a la falta de voluntad política de muchas autoridades*[53].

---

las mujeres, y V. Hacer del conocimiento público el motivo de la alerta de violencia de género contra las mujeres, y la zona territorial que abarcan las medidas a implementar. http://www.dof.gob.mx/nota_detalle.php?codigo=4961209&fecha=01/02/2007. Consultada el 10-08-2017

[50] ARTÍCULO 26.- Ante la violencia feminicida, el Estado mexicano deberá resarcir el daño conforme a los parámetros establecidos en el Derecho Internacional de los Derechos Humanos y considerar como reparación: I. El derecho a la justicia pronta, expedita e imparcial: Se deben investigar las violaciones a los derechos de las mujeres y sancionar a los responsables; II. La rehabilitación: Se debe garantizar la prestación de servicios jurídicos, médicos y psicológicos especializados y gratuitos para la recuperación de las víctimas directas o indirectas; III. La satisfacción: Son las medidas que buscan una reparación orientada a la prevención de violaciones. Entre las medidas a adoptar se encuentran: a) La aceptación del Estado de su responsabilidad ante el daño causado y su compromiso de repararlo; b) La investigación y sanción de los actos de autoridades omisas o negligentes que llevaron la violación de los derechos humanos de las Víctimas a la impunidad; c) El diseño e instrumentación de políticas públicas que eviten la comisión de delitos contra las mujeres, y d) La verificación de los hechos y la publicidad de la verdad. http://www.dof.gob.mx/nota_detalle.php?codigo=4961209&fecha=01/02/2007. Consultada el 10-08-2017

[51] http://www.diputados.gob.mx/LeyesBiblio/proceso/lxi/254_DOF_14jun12.pdf. Consultada el 15-10-2017

[52] Observatorio Ciudadano Nacional del Feminicidio, *Estudio de la implementación del tipo penal de feminicidio en México: Causas y consecuencias 2012-2013.* México, Ed. Católicas por el Derecho a decidir A.C. 2014. P. 15.

[53] http://www.jornada.unam.mx/2011/06/04/opinion/017a1pol. Consultada el 08-08-2017

Finalmente, el 14 de junio de 2012; quedó adicionado al artículo 325 del Código Penal Federal".[54] Resguardando así, el derecho humano a la vida de las mujeres y definiendo el feminicidio como un delito que, *"se entiende como la privación de la vida a una mujer por razones de género, en donde el sujeto activo reúne condiciones o patrones culturales con tendencia a prácticas misóginas o de una ideología de desprecio y discriminación contra la mujer que culmina en un crimen por odio".*[55]

Con la modificación del artículo 325 del Código Penal Federal, se estableció que el feminicidio es un delito doloso, cuya consumación debería ser sancionado por la conducta de acción u omisión,[56] que daña o lesiona el bien jurídico protegido. Se identifican en el derecho penal, los siguientes elementos objetivos de este delito:

- Conducta: Acción u omisión
- Sujeto activo: Cualquier persona
- Sujeto pasivo: Mujer, niña o individuo con características físicas parecidas a las de una mujer.
- Circunstancias: Aquellas relacionadas con las razones de género [lesiones, mutilaciones infamantes, actos de necrofilia, antecedentes de violencia en cualquier ámbito (laboral, escolar o familiar), amenazas, incomunicación, que el cuerpo de la víctima hubiera sido expuesto en la vida pública o lugar público.
- Bien jurídico: La vida
- Nexo causal: Cualquier acción que prive de la vida a una mujer.
- Resultado material: Privar de la vida a una mujer.[57]

Los elementos subjetivos del tipo penal del feminicidio son aquellos que se ciñen a los aspectos internos de la conducta,[58] como la culpa y el dolo. *"Estos elementos se identifican en la descripción típica cuando se utilizan expresiones como "con el*

---

[54] Articulo 325.- Comete el delito de feminicidio quien prive de la vida a una mujer por razones de género. Se considera que existen razones de género cuando concurra alguna de las siguientes circunstancias: I. La víctima presente signos de violencia sexual de cualquier tipo; II. A la víctima se le hayan infligido lesiones o mutilaciones infamantes o degradantes, previas o posteriores a la privación de la vida o actos de necrofilia; III. Existan antecedentes o datos de cualquier tipo de violencia en el ámbito familiar, laboral o escolar, del sujeto activo en contra de la víctima; IV. Haya existido entre el activo y la víctima una relación sentimental, afectiva o de confianza; V. Existan datos que establezcan que hubo amenazas relacionadas con el hecho delictuoso, acoso o lesiones del sujeto activo en contra de la víctima; VI. La víctima haya sido incomunicada, cualquiera que sea el tiempo previo a la privación de la vida; VII. El cuerpo de la víctima sea expuesto o exhibido en un lugar público. A quien cometa el delito de feminicidio se le impondrán de cuarenta a sesenta años de prisión y de quinientos a mil días multa. Además de las sanciones descritas en el presente artículo, el sujeto activo perderá todos los derechos con relación a la víctima, incluidos los de carácter sucesorio. En caso de que no se acredite el feminicidio, se aplicarán las reglas del homicidio. Al servidor público que retarde o entorpezca maliciosamente o por negligencia la procuración o administración de justicia se le impondrá pena de prisión de tres a ocho años y de quinientos a mil quinientos días multa, además será destituido e inhabilitado de tres a diez años para desempeñar otro empleo, cargo o comisión públicos. https://www.juridicas.unam.mx/legislacion/ordenamiento/codigo-penal-federal#10227. Consultada el 10-08-2017.

[55] Olamendi, Patricia. *Op. Cit.* pág.32.

[56] Se puede considerar omisión ya que se puede privar de la vida dejando de hacer o negándole algo.

[57] Olamendi, Patricia, *Op. Cit.* P. 161.

[58] *Ibidem.* P. 169.

propósito de", "con la intención de", "motivado por", "con ánimo de" "con fines de" y "por razón de"".[59]

Marco jurídico del delito de feminicidio a nivel estatal
En el estado de México, el texto Constitucional en su título segundo, denominado: "De los principios constitucionales", se consagra el principio de igualdad, reconociendo de manera particular la igualdad ante la ley de mujeres y hombres y prohibiendo expresamente toda clase de discriminación motivada por origen étnico, género, edad, condición social, estado civil, o cualquier otra forma que atente contra la dignidad humana, y cuyo objeto sea anular o menoscabar los derechos de las personas.

"La Ley de Acceso a las mujeres a una vida libre de violencia del Estado de México", promulgada el 20 de noviembre de 2008, contiene un marco de protección al derecho humano de las mujeres a vivir libres de cualquier expresión de violencia. Teniendo por objeto establecer la coordinación y cooperación entre los Gobiernos estatales y municipales para prevenir, atender, sancionar y erradicar la violencia contra las mujeres; así como establecer las políticas y acciones gubernamentales para garantizar el acceso de las mujeres a una vida libre de violencia que favorezca su desarrollo y bienes, conforme a los principios de igualdad y no discriminación, que garanticen un desarrollo íntegro.[60] De manera más puntual, en lo relacionado con el delito de feminicidio, esta ley estatal establece en su artículo 21, que la Violencia Feminicida:

> *"Es la forma extrema de violencia de género contra las mujeres, producto de la violación de sus Derechos Humanos, en los ámbitos público y privado, conformada por el conjunto de conductas misóginas que pueden conllevar impunidad social y del Estado y puede culminar en homicidio y otras formas de muerte violenta de mujeres y de niñas".*[61]

Adicionalmente, esta ley indica que cuando se presenten casos de violencia feminicida, se pondrán en marcha acciones claras como la obligación de *"investigar las violaciones a los derechos de las mujeres y sancionar a las personas responsables."*[62] Igualmente, la normativa determina medidas de rehabilitación, entendidas como: "*la prestación de servicios jurídicos, médicos y psicológicos*

---

[59] *Ibidem*, P. 163.
[60] Protocolo de Actuación en la Investigación del Delito de Homicidio desde la Perspectiva del Feminicidio. http://cedoc.inmujeres.gob.mx/ftpg/EdoMex/edomex_meta4_1_2011.pdf. Consultada: 17-07-2017.
[61] Articulo1.- La presente Ley es de orden público, interés social y de observancia general y obligatoria en todo el Estado de México y tiene por objeto establecer la coordinación entre el Gobierno del Estado y los gobiernos municipales, para prevenir, atender, sancionar y erradicar la violencia contra las mujeres, así como establecer las políticas y acciones gubernamentales para garantizar el acceso de las mujeres a una vida libre de violencia que favorezca su desarrollo y bienestar conforme a los principios de igualdad y de no discriminación, que garanticen el desarrollo integral de las mujeres. http://legislacion.edomex.gob.mx/sites/legislacion.edomex.gob.mx/files/files/pdf/ley/vig/leyvig139.pdf.Consultada el 10-08-2017
[62] Mosco Urzúa, Valeria et al. *Informe de Impacto Psicosocial del Feminicidio de Nadia Alejandra Muciño Márquez.* México, Comisión Mexicana de Defensa y Promoción de los Derechos Humanos A.C. 2012. Pág. 58

especializados y gratuitos para la recuperación de las víctimas", así también de satisfacción, que "buscan una reparación orientada a resarcir los daños físicos y psicológicos de las víctimas de violencia".[63] Si bien esta ley, brinda la definición de violencia feminicida y señala las medidas para garantizar la seguridad de las mujeres; es el Código Penal del estado de México, el cuerpo normativo que configura la tipificación de esta forma de violencia como delito.

El 19 de marzo de 2011, el estado de México creó un tipo penal de feminicidio que se construyó en su mayoría con elementos subjetivos que obstaculizaban su acreditación; pues en los términos que fue legislado no se constituía como autónomo y requería previa acreditación del homicidio. Lo que quiere decir que el operador jurídico debía acreditar la existencia de un homicidio doloso primero, y después actualizarlo a alguna de las siguientes circunstancias:

- Que el homicidio se cometiera por razón de violencia de género; o sea que la privación de la vida estuviera vinculada a la exclusión, subordinación, discriminación o explotación de la victima
- El homicidio lo cometiera un individuo con quien la victima hubiera sostenido una relación sentimental, de confianza o afectiva.
- Que el sujeto activo hubiere realizado conductas sexuales crueles o degradantes,
- El sujeto activo hubiere mutilado el cuerpo de la víctima,
- La existencia previa de conductas que reflejaran violencia familiar.[64]

Como se puede observar, este tipo penal contenía características específicas a las conductas que debían acreditar la intencionalidad de la exclusión, subordinación o discriminación por parte del agresor.

> *Desde la construcción dogmática del delito de feminicidio estos elementos se materializan en los elementos objetivos a través de las conductas que realiza el sujeto activo para privar de la vida a las mujeres, como la violencia sexual, las lesiones o mutilaciones, los antecedentes de violencia, entre otros*[65].

---

[63] Artículo 27: - Ante la violencia feminicida, el Gobierno del Estado deberá establecer las acciones siguientes: I. El derecho a la justicia pronta expedita e imparcial: Se deben investigar las violaciones a los derechos de las mujeres y sancionar a las personas responsables; II. La rehabilitación: Es la prestación de servicios jurídicos, médicos y psicológicos especializados y gratuitos para la recuperación de las víctimas; III. La satisfacción: Son las medidas que buscan una reparación orientada a resarcir los daños físicos y psicológicos de las víctimas de violencia.
Entre las medidas a adoptar se encuentran: El diseño e instrumentación de políticas públicas integrales que eviten la comisión de delitos contra las mujeres; y La verificación de los hechos y la publicidad de la verdad. http://legislacion.edomex.gob.mx/sites/legislacion.edomex.gob.mx/files/files/pdf/ley/vig/leyvig139.pdf. Consultada el 18-08-2017

[64] Estrada Mendoza, María de la Luz. *Estudio de la implementación del tipo penal de feminicidio en México: causas y consecuencias 2012-2013.* Observatorio Ciudadano Nacional del Feminicidio. 2014. Pág. 115.

[65] *Ibidem*, P. 37.

Razón por la cual, el 22 de enero de 2014, se reformó el artículo 242 Bis del Código Penal del estado de México, para dar cabida a los elementos objetivos que lo conforman y así homologarlo con el tipo penal de feminicidio, que se indicaba en el Código Penal Federal. Actualmente, es el artículo 281[66] el que señala como características específicas del delito de feminicidio.

I. La existencia de signos de violencia de cualquier tipo en el cuerpo de la víctima.

II. Que el cuerpo de la víctima presente lesiones o mutilaciones denigrantes.

III. Que se hayan cometido actos de necrofilia con el cuerpo de la víctima.

IV. Que se cuente un antecedente de cualquier tipo de violencia en el en el ámbito familiar, laboral o escolar, o bien que haya datos que indiquen la existencia de amenazas relacionadas con el hecho delictuoso, acoso o lesiones.

V. La incomunicación de la víctima y que posteriormente el cuerpo de la víctima sea expuesto en un lugar público.

[66] Artículo 281.- Comete el delito de feminicidio quien prive de la vida a una mujer por razones de género. Se considera que existen razones de género cuando concurra alguna de las siguientes circunstancias: I. La víctima presente signos de violencia sexual de cualquier tipo. II. A la víctima se le hayan infligido lesiones o mutilaciones infamantes o degradantes, previas o posteriores a la privación de la vida o actos de necrofilia. III. Existan antecedentes, datos o medios de prueba de cualquier tipo de violencia en el ámbito familiar, laboral o escolar, del sujeto activo en contra de la víctima. IV. Haya existido entre el activo y la víctima una relación sentimental, afectiva o de confianza. V. Existan datos o medios de prueba que establezcan que hubo amenazas relacionadas con el hecho delictuoso, acoso o lesiones del sujeto activo en contra de la víctima. VI. La víctima haya sido incomunicada, cualquiera que sea el tiempo previo a la privación de la vida. VII. El cuerpo de la víctima sea expuesto o exhibido en un lugar público. VIII. Como resultado de violencia de género, pudiendo ser el sujeto activo persona conocida o desconocida y sin ningún tipo de relación. En los casos a que se refiere este artículo, la penalidad será de cuarenta a setenta años de prisión o prisión vitalicia y de setecientos a cinco mil días multa. Además de las sanciones descritas en el presente artículo, el sujeto activo perderá todos los derechos con relación a la víctima, incluidos los de carácter sucesorio. La pena se agravará hasta en un tercio cuando la víctima sea mujer menor de edad, embarazada o discapacitada, así como cuando el sujeto activo sea servidor público y haya cometido la conducta valiéndose de esta condición. En caso, que no se acredite que existieron razones de género al privar de la vida a una mujer, al momento de resolver, para la imposición de las sanciones penales correspondientes, el juez aplicará las disposiciones señaladas en los artículos 242, fracción II y 245 fracción V, inciso d) de este ordenamiento. Se entenderá como homicidio doloso, la privación de la vida de una mujer por razones de género, para los efectos de: 1) La imposición de la prisión preventiva oficiosa. 2) La remisión parcial de la pena, tratamiento preliberacional, libertad condicionada al sistema de localización y rastreo y libertad condicional. http://legislacion.edomex.gob.mx/sites/legislacion.edomex.gob.mx/files/files/pdf/ley/vig/leyvig139.pdf. Consultada el 15-10-2017.

Bibliografía

1. Castillo Lara, Clara. *Estudio socio-jurídico de las Sentencias de la Corte Interamericana de Derechos Humanos*". Revista alegatos, UAM-A, México, No. 89., enero-abril, 2015. Escobar, Guillermo, *Derechos de la mujer,* Madrid. Federación Iberoamericana de Ombubsman. II Informe sobre Derechos Humanos. 2004.
2. Estrada Mendoza, María de la Luz. *Estudio de la implementación del tipo penal de feminicidio en México: causas y consecuencias 2012-2013.* Observatorio Ciudadano Nacional del Feminicidio. 2014. Pág. 115.
3. Franco Rodríguez, María José. *Los Derechos Humanos de las mujeres en la Jurisprudencia de la Corte Interamericana de Derechos Humanos.* Colección Sistema Interamericano de Derechos Humanos. México, 2011.
4. Mosco Urzúa, Valeria et al. *Informe de Impacto Psicosocial del Feminicidio de Nadia Alejandra Muciño Márquez.* México, Comisión Mexicana de Defensa y Promoción de los Derechos Humanos A.C. 2012.
5. Olamendi, Patricia, *Feminicidio en México.* México, Tirant lo Blanch. 2016.
6. Ramos de Mello, Adriana. *Feminicidio: Un análisis criminológico -jurídico de la violencia contra las mujeres.* Tesis Doctoral, Universidad Autónoma de Barcelona, España, 2015.
7. Observatorio Ciudadano Nacional del Feminicidio, *Estudio de la implementación del tipo penal de feminicidio en México: Causas y consecuencias 2012-2013.* México, Ed. Católicas por el Derecho a decidir A.C. 2014.
8. Vasil´eva, Jana, et al. *Violencia de género y feminicidio en el Estado de México: La percepción y las acciones de las organizaciones de la sociedad civil.* México, D.F., Ed. Centro de Investigación y Docencia Economicas. 2016.

Medios electrónicos

9. Diana Russell, Jane Caputi. "Feminicide": Speaking the Unspeakable. Disponible en http://www.unc.edu/~nkleinman/handouts/Femicide.pdf. Consultada el 5-10-2017.
10. http://www.diputados.gob.mx/LeyesBiblio/proceso/lxi/254_DOF_14jun12.pdf. Consultada el 15-10-2017
11. http://www.jornada.unam.mx/2011/06/04/opinion/017a1pol. Consultada el 08-08-2017
12. https://www.unicef.org/panama/spanish/MujeresCo_web.pdf .Consultada el 12-06-2017.
13. https://www.unicef.org/spanish/crc/index_framework.html. Consultada el 22-05-2017.

Legislación

14. Convención para la Eliminación de Todas las Formas de Discriminación contra la Mujer, y su Protocolo Facultativo. México, Comisión Nacional de los Derechos Humanos. 2012.
15. Protocolo de Actuación en la Investigación del Delito de Homicidio desde la Perspectiva del Feminicidio. Disponible en:http://cedoc.inmujeres.gob.mx/ftpg/EdoMex/edomex_meta4_1_2011.pdf.

16. Código Penal Federal. Disponible en: https://www.juridicas.unam.mx/legislacion/ordenamiento/codigo-penal-federal#10227.
17. Convención Interamericana para Prevenir, Sancionar y Erradicar la Violencia contra la Mujer. Disponible en: http://www.oas.org/juridico/spanish/tratados/a-61.html.
18. Convención Interamericana para Prevenir, Sancionar y Erradicar la Violencia contra la Mujer. Disponible en: https://www.unicef.org/argentina/spanish/ar_insumos_ConvencionBelem.pdf.
19. Convención sobre la Eliminación de Todas las Formas de Discriminación contra la Mujer. Disponible en: http://www.un.org/womenwatch/daw/cedaw/text/sconvention.htm.
20. Declaración de Viena Disponible en: http://www.ohchr.org/SP/NewsEvents/OHCHR20/Pages/WCHR.aspx.
21. Ley General de Acceso de las Mujeres a una Vida Libre de Violencia. Disponible en: http://www.dof.gob.mx/nota_detalle.php?codigo=4961209&fecha=01/02/2007.

Análisis crítico del nuevo tipo penal de tortura mexicano desde la óptica del Derecho Internacional

María José Araya Álvarez[1]
Jorge Arturo Ulloa Cordero[2]

Introducción

La comisión generalizada y sistemática de la tortura es un hecho constatado en nuestra región latinoamericana. México no es la excepción, inclusive se ha determinado que la práctica es común entre las agencias estatales de investigación, la policía y el ejército. Producto de ello, el Poder Legislativo recientemente ha reformado la normativa federal existente sobre la materia y, con ello, ha cumplido con diversas recomendaciones que organismos internacionales han realizado a este país.[3]

El cometido en esta monografía es traer a colación algunas puntualizaciones básicas de la tortura, vista tanto como fenómeno social, psicológico, histórico, político y jurídico (principalmente desde la óptica del Derecho Internacional de los Derechos Humanos, el Derecho Penal Internacional y el Derecho Internacional Humanitario). Intentaremos dar algunos puntos de vista -a modo de *outsiders*- para analizar el nuevo tipo penal desde una postura crítica a partir del Derecho Internacional de los Derechos Humanos.

Como punto de partida, se expondrá la tortura como un fenómeno real que trasciende el Derecho, para lo cual haremos uso de las aproximaciones teóricas de las Ciencias Sociales. Se continuará con la exposición de algunas de las líneas interpretativas más importantes en el Derecho Internacional consuetudinario, entre las que se encuentran: las del Tribunal Europeo de Derechos Humanos (en adelante "el TEDH"), de la Corte Interamericana de Derechos Humanos (de seguido "la Corte IDH"), el Tribunal Penal Internacional para la antigua Yugoslavia (de seguido "el TPIY"), el Tribunal Penal Internacional para Ruanda (en adelante "TPIR") y la Corte Penal Internacional (en adelante "la CPI"). Esta batería teorética nos permitirá realizar el análisis crítico del nuevo tipo penal de tortura mexicano. Ahora bien, si el lector considera que tiene interés en solo alguno de estos puntos, puede ir directamente a la sección de su interés, sin que existan mayores distorsiones para comprender lo expuesto.

---

[1] Lic. en de Derecho en la Universidad de Costa Rica. Correo electrónico: majo_araya@msn.com
[2] Lic. en Derecho por la Universidad de Costa Rica. Correo electrónico: jacano12@hotmail.com
[3] Ver: CIDH, *CIDH saluda avances importantes en materia de tortura en México*, Comunicado de Prensa no. 100/17 (OEA: Washington, 18 de julio de 2017), extraído de http://www.oas.org/es/cidh/prensa/comunicados/2017/100.asp (consultado el 16 de febrero de 2018); Amnistía Internacional, *México: La nueva ley contra la tortura, un atisbo de esperanza que debe traducirse en justicia* (Autor: México, 26 de abril de 2017), extraído de https://www.amnesty.org/es/latest/news/2017/04/mexico-la-nueva-ley-contra-la-tortura-un-atisbo-de-esperanza-que-debe-traducirse-en-justicia/ (16 de febrero de 2018) y Pérez-Rivera y Cárdenas Villarello, *Los estados, el foco el combate a la tortura*, (Animal Político: México, 10 de julio de 2017), extraído de http://www.animalpolitico.com/blogueros-seguridad-180/2017/07/10/los-estados-la-implementacion-la-ley-la-tortura/ (16 de febrero de 2018).

Como advertencia *a limine* debe aclararse que esta investigación está delimitada al acto de tortura como violencia y tipo penal, se omiten análisis sobre las maneras de comisión, la violencia sexual, el derecho de las víctimas, las consecuencias en estas y los aspectos administrativos de la prevención. Pese a lo anterior, al final, se exponen algunas líneas heurísticas que pueden deducirse del análisis socio-jurídico expuesto.

Aspectos preliminares[4]

El concepto "tortura"[5] no es unívoco, basta con leer algunas investigaciones serias en la materia para denotar su polisemia. Por ello, para instrumentalizar dicho concepto es necesario definirlo convencionalmente de forma previa, para comprender lo que se entenderá en este escrito por tortura, asimismo, para advertir que no se considerará como tal.

No se pretende exponer *la* definición, que venga a zanjar para siempre la discusión (netamente de palabras) sobre este aspecto polisémico de la tortura. Ahora bien, tampoco se caerá en la trampa de creer (con fe ciega) que el Derecho por sí mismo dará una definición suficiente para aproximarse al fenómeno social en estudio.

Por ello, se exponen algunas ideas básicas, a partir de la Sociología, la Psicología, la Historia y el Derecho, con una pretensión interdisciplinaria, que nos permitirá llegar a algunas conclusiones de interés.[6] Ello enriquecerá la investigación con visiones diferentes de las que nos da el Derecho por sí solo.[7] Además, de estas se pueden obtener algunas líneas heurísticas, que no deben ser obviadas si se pretende una formulación normativa que responda a lo que Hans Albert denominó como "Jurisprudencia social-tecnológica."[8]

Una definición estipulativa-instrumental

Es menester poner en relieve que este tipo de conceptos multívocos implican que el intérprete tome partido, pues las palabras por sí mismas *no significan nada*, son

---

[4] Las Secciones 1 y 2 son una versión ampliada y revisada de lo expuesto en: María J. Araya y J. Arturo Ulloa, "¡Tortura en Costa Rica! Algunas reflexiones hermenéuticas en torno a la sentencia N° 2014-007274 de la Sala Constitucional", *Revista Costarricense de Derecho Internacional,* Edición Especial Derecho Penal Internacional, (diciembre de 2015): 58-75.

[5] Como dato de interés, la etimología de la palabra "tortura" proviene del latín *torquere* que significa torcer, que refiere a una técnica antigua. Ver: Paul D. Kenny, "The Meaning of Torture", *Polity,* vol. 42, núm. 2, (abril de 2010): 146, doi: 10.1057/pol.2009.21.

[6] Al respecto expone Einolf: "*In the past, human rights advocates have concentrated on promulgating treaties that proscribe human rights violations, including torture. These efforts have had some effect in establishing international norms and regimes prohibiting torture, but the establishment of norms and regimes has not been enough to stop torture in actual practice. Knowledge of the patterns described here could help advocates focus their efforts*". En: Christopher Einolf, "The Fall and Rise of Torture: A Comparative and Historical Analysis", *Sociological Theory,* vol. 25, núm 1 (junio 2007): 118, doi: 10.1111/j.1467-9558.2007.00300.x.

[7] Esto en contraposición de las ideas del derecho como un "sistema jurídico cerrado (*geschlossenes Rechtssystem*)" defendida principalmente por Günther Teubner, quien se basa en la teoría social de la *autopoiesis* de Luhmann. Para una descripción y atinada crítica ver: Minor E. Salas, *Yo me engaño, tú te engañas , él se...: un repertorio de sofismas corrientes en las ciencias sociales, o de la guerra sin fin contra el "pensamiento domático",* Primera ed., (ISOLMA S.A.: Costa Rica, 2011): 148-153.

[8] Hans Albert, *La ciencia del derecho como ciencia real*, trad. de Minor E. Salas, (Fontamara: México, 2007).

instrumentos para comunicar ideas.[9] Por ello, existen tantas definiciones e interpretaciones como autores hay.

A grandes rasgos, se puede exponer -cuanto menos- cinco líneas generales seguidas por las definiciones existentes: (1) aquellas que gradúan el nivel de dolor o sufrimiento; (2) aquellas que implican solo la comisión por agentes estatales; (3) aquellas que implican algún motivo para la comisión; (4) aquellas que se restringen a unos cuantos motivos predeterminados y (5) aquellas que excluyen la tortura cuando es producto de un hecho legítimo. Cada una de estas acepciones tiene su correspondiente negación y pueden entremezclarse.

Por el interés de esta investigación, hemos escogido la siguiente definición estipulativa-instrumental: *tortura es la imposición mediata y deliberada de dolor o sufrimiento*[10] *a una persona sobre la cual uno o varios sujetos tienen sobre la primera el control físico (poder),*[11] *con algún fin determinado (o determinable).*[12]

Esta definición involucra tres ámbitos: el político (relación de los sujetos con el ejercicio del poder), el social (relación del humano con los universos simbólicos creados por este)[13] y el psicológico-psiquiátrico (patrones de comportamiento y lo subjetivo de la persona). Esta definición estipulativa-instrumental toma como base lo definición realizada por la Asociación Médica Mundial en la *Declaración de Tokio de Normas Directivas para Médicos con respecto a la tortura y otros tratos o castigos crueles, inhumanos o degradantes, impuestos sobre personas detenidas o encarceladas,*[14] así como los apuntes de Miguel A. Pichardo,[15] Christopher Einolf[16]

---

[9] Cita de Ogden y Richards en: Enrique Pedro Haba, *Metodología (Realista) del Derecho*, Tomo I, (Editorial UCR: Costa Rica, 2012): 52. **Nota:** claro que hay que partir de significados básicos de aquellos términos que por lo general no son controvertidos, aunque todo concepto implica una interpretación, la tarea es hacerla más o menos intersubjetiva.

[10] Al respecto debe recordarse una explicación realizada por Kenny, de acuerdo con la cual esa diferenciación entre dolor y sufrimiento es producto de la idea utilitarista (falsa) sobre la posibilidad de cuantificarlos gradualmente. Evidentemente estas son experiencias psicológicas personales que son difícilmente cuantificables, ver: Kenny, *The Meaning...*: 149.

[11] Sobre control, se debe aclarar que: "[c]*ontrol, in this context, means to have physical power or command over another person's body. Control is meant here in a time-specific rather than a generic sense.* [...] *Of course, the physical control to which I am referring may also entail a kind of psychological captivity, but this additional element is neither necessary nor sufficient. The victim of torture has no freedom to leave.* [...] *For torture to occur, escape must be impossible, not just impractical"*. En: Kenny, *The Meaning...*: 153.

[12] Se abandona la idea de especificar cada uno de los motivos, pues habrá tantos como sujetos que comenten tortura, consideramos que debe existir un motivo, pero no uno específico. En el mismo sentido: Kenny, *The Meaning...*: 139.

[13] Peter Berger y Thomas Luckmann, *La construcción social de la realidad*, trad. de Silvia Zuleta, (ICALMA: Argentina, 2001): 125-129.

[14] Asociación Médica Mundial, *Declaración de principios éticos Adoptada por la 29ª Asamblea Médica Mundial en Tokio, Japón, octubre de 1975, revisada en su redacción por la 170ª Sesión del Consejo Divonne-les-Bains, mayo de 2005 y por la 173ª Sesión del Consejo*, (Autor: Francia, mayo de 2006), extraída de: http://www.wma.net/es/30publications/10policies/c18/index.html (30 de julio de 2015).

[15] Miguel A. Pichardo, *Perspectiva histórico-psicosocial de la tortura*, (Instituto de Salud Mental y Derechos Humanos Ignacio Martín-Baró: México, 2002), extraído de: http://www.corteidh.or.cr/tablas/r26105.pdf (consultada el 27 de julio de 2015).

[16] *Cfr.* Einolf, *The Fall...*

y Paul D. Kenny,[17] con la aclaración de que esta interpretación es más amplia de las ahí recogidas, pero con la intención pragmática de mantener los límites necesarios para no confundir la tortura con otros fenómenos.

La tortura como fenómeno psicosocial

A continuación, se presenta la tortura desde un análisis de las Ciencias Sociales como un fenómeno psicosocial, para ello se presenta un análisis psicosocial de la tortura como acto de violencia, generalmente institucional, en su vertiente como acto formal, el perfil cultural, el contexto posibilitador y el trasfondo ideológico; lo anterior para poder dar -a manera de propuesta- los caracteres de diferenciadores de la tortura como acto de violencia.

Análisis psicosocial de la tortura como acto de violencia

El investigador Miguel A. Pichardo propone un análisis psicosocial para comprender los patrones en los que sucede la tortura.[18] Los aspectos constitutivos de este acto violento, según dicha propuesta, son: a) la estructura formal del acto, b) el perfil cultural, c) el contexto posibilitador, y d) el trasfondo ideológico del acto.[19] Se exponen cada uno de ellos, con algunas precisiones.

Estructura formal de acto de tortura

Este aspecto constitutivo refiere al acto violento en su completitud. Se intenta responder la pregunta *qué es esto*. Aquí es fundamental la diferenciación realizada por Martín-Baró entre violencia instrumental y terminal: "*un acto de violencia instrumental es aquél realizado como medio para lograr un objetivo diferente, mientras que el acto de violencia final es aquél realizado por sí mismo, es decir, el acto buscado como fin.*"[20] De tal forma, la violencia instrumental es mediata y la terminal es inmediata, con respecto a los fines. La segunda se agota por el mismo hecho de ocurrir, la primera es tan solo un medio para conseguir un fin.

De tal forma, de acuerdo con la definición expuesta *supra*, la tortura se agrupa en el sentido de violencia instrumental, esto se denota con la expresión "*la imposición mediata*" de la definición expuesta. Sobre este aspecto se ha determinado que esta es *instrumentalizada* para fines como: la obtención de información o confesiones, mecanismo de readaptación social de determinados sujetos, sembrar desconfianza en un grupo opositor al poder, provocar la invalidez psicosocial ("sacarlos del juego") de opositores,[21] entre muchos otros.

Esta violencia instrumental mediatiza al sujeto y violenta su noción de "sí mismo", sea la *construcción psicosocial del yo.*[22] Dicha afectación es tanto psicológica como

---

[17] *Cfr.* Kenny, *The Meaning...*

[18] Es claro, como todo análisis de la realidad, que este responde a una división meramente académica-explicativa, pues realmente es muy difícil separar dichos aspectos del acto total.

[19] Pichardo, *Perspectiva histórico-social...*: 10.

[20] Ronald Ling Ching Céspedes, *Psicología forense: principios fundamentales*, (EUNED: Costa Rica, 2005): 261-262.

[21] Pichardo, *Perspectiva histórico-social...*: 11. *Cfr.* Einolf, *The Fall and Rise...*: 104.

[22] Pichardo, *Perspectiva histórico-social...*: 11.

física,[23] no importa cuál sea el medio de comisión. Por ello, no se debería hablar de tortura física o psicológica, sino de métodos físicos (afección físico-corporal) o psíquicos (estrés mental) para la comisión de esta.[24]

La tortura también impacta "*en las esferas psicológicas, corporales, físicas, interaccionales, redes sociales, ideológicas, acciones sociales, situación política, participación social, estado legal, relaciones internacionales, etc.*"[25] Ergo, esta no se agota en la interacción dual torturador-víctima, sino que incide en una parte (más o menos amplia) del dinamismo social del momento histórico en general.[26]

El perfil cultural de la tortura

Este aspecto, de acuerdo con Pichardo, caracteriza cuál es el perfil cultural que incide sobre el sujeto para que cometa tortura.[27] Esto en la línea de las investigaciones que establecen que en lugar de buscar elementos psicopatológicos del "torturador" (como símbolo antonomástico) se debe buscar aquello que incide sobre los sujetos "normales" para que cometan actos violentos como la tortura.

Para entender lo anterior, son de importancia cardinal los experimentos psicosociales sobre la obediencia de Stanley Milgram.[28] Estos buscaban determinar si los individuos "normales" infligirían dolor en una tercera persona inocente, bajo las órdenes de otro sujeto cómplice en el experimento. Las principales conclusiones fueron: 1) que existe una "sociedad de la obediencia",[29] donde no hay modelos adecuados para la desobediencia y se toma *a priori* la verdad de la autoridad sin cuestionarla; 2) que si por un lado, la conformidad con el grupo (tendencia a seguir mayorías)[30] aumenta la obediencia, por otro lado la cercanía psicológica con la

---

[23] Metin Basoglu, Maria Livanou, & Cvetana Crnobaric, "Torture vs Other Cruel, Inhuman, and Degrading Treatment: Is the Distinction Real or Apparent?", *Archives of General Psychiatry*, vol. 64, núm. 3, (2007): 283, doi: 10.1001/archpsyc.64.3.277.

[24] La ONU la califica como una diferenciación artificial, vid.: ONU, *Protocolo de Estambul: Manual para la investigación y documentación eficaces de la tortura y otros tratos o penas crueles, inhumanos o degradantes*, HR/P/PT/8/Rev.1 (Autor: Ginebra y Nueva York, 9 de agosto de 1999 (rev. 2004): 55. Para ver la lista de formas de comisión ver: ONU, *Protocolo de Estambul*...: 55-57. Para más ejemplificaciones de métodos de tortura ver: Einolf, *The Fall*...: 103-104.

[25] Pichardo, *Perspectiva histórico-social*...: 12.

[26] Al respecto la ONU apunta: "*La tortura suscita profunda inquietud en la comunidad mundial. Su objetivo consiste en destruir deliberadamente no sólo el bienestar físico y emocional de la persona sino también, en ciertos casos, la dignidad y la voluntad de comunidades enteras. Es algo que concierne a todos los miembros de la familia humana porque ataca a la misma base de nuestra existencia y de nuestras esperanzas de un futuro mejor*". Ver: ONU, *Protocolo de Estambul*...: 1.

[27] Pichardo, *Perspectiva histórico-social*...: 14. *Cfr.* International Committee of the Red Cross, *Tackling Torture: Who are the torturers?* (Autor: Ginebra, 15 de febrero de 2016), extraído de: https://www.icrc.org/en/document/lutter-contre-la-torture-qui-sont-les-tortionnaires (3 de marzo de 2016).

[28] Stanley Milgram, "Some Conditions of Obedience and Disobedience to Authority", *Human Relations*, vol. 18, núm. 57, (febrero de 1965): 57-76, doi: 10.1177/001872676501800105.

[29] Enrique Barra Almagiá, *Psicología social* (Universidad de Concepción: Concepción, 1998): 271, extraído de: http://www.sibudec.cl/ebook/UDEC_Psicologia_Social.pdf (30 de julio de 2015).

[30] En cuanto a la *conformidad,* son clásicos los estudios de Solomon Asch, en los cuales se determinan como factores que la afectan: tamaño el grupo, cohesión y la unanimidad. Lo contrario a la conformidad puede ser la independencia (tomar la propia decisión sin importar las normas del grupo) o la anticonformidad (oponerse a

víctima, disminuye el seguimiento de órdenes dañinas para con esta; 3) la obediencia a la autoridad es una poderosa arma social definida por la aparente legitimidad, la aceptación de responsabilidad por la autoridad, la facilidad de seguir la orden dada y la dificultad de oponerse.[31] El autor Barra Almagiá agrega lo que se denomina como efecto *pie-en-la-puerta*, según el cual una vez iniciada una conducta se hace más fácil continuar obedeciendo e ir incrementado el actuar.[32]

No obstante lo anterior, también se ha concluido que existen factores que contrarrestan la obediencia, como: 1) hacerles saber a los sujetos que tanto ellos como la autoridad son responsables de lo ocurrido; 2) exponerlos a otros sujetos que no siguen ciegamente la autoridad para romper la conformidad de grupo; 3) incitar a los sujetos a ser críticos de las motivaciones, juicios valorativos y capacidad de las autoridades; 4) hacer conscientes a los individuos, por medio de la difusión de los hallazgos científicos, del poder social con el que cuentan las autoridades y cómo influencian su conducta.[33] Estos factores serán trascendentales para legislar lo atinente a la tortura.

El contexto posibilitador de la tortura

Este elemento del acto de tortura refiere al ambiente criminógeno que lo desencadena o potencia. Para que esta suceda deben confluir una serie de variables, tanto en el momento inicial (desencadenamiento) como en la realización misma (ejecución del acto). Se distinguen: el contexto social amplio (mediato) y el contexto social situacional (inmediato).[34]

El contexto social amplio involucra los sistemas axiológicos, sociales y político-jurídicos que resultan propicios.[35] Las investigaciones apuntan que en los "*Estados democráticos liberales*" existe una tendencia menor a tolerar o justificar actos de tortura, sea por su prohibición u ocultación.[36] Según Einolf en estos contextos, esta se dirige contra aquellos considerados como *not full members of a society*, sea *no-ciudadanos*, como los extranjeros, ciertas etnias, ciertos cultos, entre otros, o *ciudadanos-no-plenos*, como los prisioneros, delincuentes, grupos sociales marginalizados, entre otros.[37]

---

la mayoría, como una dependencia negativa), en: Barra Almagiá, *Psicología social*...: 227-238. *Cfr.* Solomon Asch, *Psicología Social*, (Editorial Universitaria de Buenos Aires: Buenos Aires, 1964).

[31] De acuerdo con Smith y Mackie, citados en: Barra Almagiá, *Piscología social*...: 279-280.

[32] Barra Almagiá, *Piscología social*...: 281-282.

[33] Barra Almagiá, *Piscología social*...: 282-283.

[34] Ling Ching Céspedes, *Psicología forense*...: 261.

[35] Pichardo, *Perspectiva histórico-social*...: 15.

[36] Einolf, *The Fall and Rise*...: 109-111. Pese a ello, la ONU llama la atención que la tortura se practica en más de la mitad de los países del mundo, ver: ONU, *Protocolo de Estambul*...: 1.

[37] Es importante resaltar que dicho investigador refuta la exposición idealista -muy cercana al *wishful thinking*- de la "decaída y abolición de la tortura" propuesta por Langbein, Silverman, Foucault, entre otros. Einolf expone que dicha abolición es meramente formal (*law in books*) y declamatoria, pues en la realidad constatable la tortura está muy lejos de haber sido abolida en la práctica. Ver: Einolf, *The Fall and Rise*...: 102-110. Este fenómeno fue denominado por los psicólogos sociales Abrams, Houston, Van de Vyver y Vasiljevic como *Equality Hypocrisy* (igualdad hipócrita), según el cual las personas están de acuerdo con admitir una igualdad de derechos humanos cuanto más indeterminado es el grupo referido, pero cuando se especifica (como por

En el contexto social situacional de la tortura se pueden nombrar algunos elementos potenciadores: (i) escenarios y estímulos ambientales, por ejemplo, las prisiones y campos de concentración; (ii) situaciones de poder y la oportunidad de realizar tortura; y (iii) presión grupal.[38]

Gracias a las investigaciones de Philip Zimbardo,[39] se comprobó que cualquier sujeto "normal", bajo ciertas condiciones ambientales, puede espontáneamente cometer actos como la tortura, aspecto que -a diferencia de las conclusiones de Milgram- no implican necesariamente el seguimiento de órdenes. Esto se denominó como "poder situacional" y "juego de roles", es decir, existen ciertas situaciones en las cuales unos sujetos tienen más poder que otros, o bien, que unos sujetos se encuentren en alguna circunstancia de vulnerabilidad que es aprovechada por los victimarios. En dichos momentos, los sujetos asumen roles que han sido socialmente determinados y construidos, papeles que son cumplidos por los sujetos, generalmente sin mayor reflexión.[40]

Trasfondo ideológico del acto de tortura

Esta característica remite a las justificaciones y fundamentos del acto violento de tortura.[41] Sería un tanto ingenuo considerar que todos los actos de violencia tengan alguna justificación o motivo, pero, restringiéndonos a nuestra definición de tortura (como un acto violento mediato-instrumental), dicha violencia sí tendrá un componente ideológico.

La tortura se justifica dentro de un determinado sistema social axiológico, en el cual el perpetrador se siente con la suficiente legitimidad para torturar a un sujeto que ve "deshumanizado" (el *otro*)[42] o que se encuentra en una posición vulnerable. De

---

ejemplo: extranjeros, etnias minoritarias, minorías religiosas, etc.) no se admite tal asimilación de derechos y se ven como los "otros" que amenazan "lo nacional", ver: Abrams, Houston, Van de Vyver y Vasiljevic, "Equality Hypocrisy, Inconsistency, and Prejudice: The Unequal Application of the Universal Human Right to Equality", *Peace and Conflict: Journal of Peace Psychology,* vol. 21, núm. 1, (febrero de 2015): 28-46, http://dx.doi.org/10.1037/pac0000084 (20 de febrero de 2018).

[38] Pichardo, *Perspectiva histórico-social*...: 15-16.

[39] Philip Zimbardo, *El efecto Lucifer: el porqué de la maldad* (PAIDOS IBERICA: Barcelona, 2008). Para observar el video de una entrevista a Phillip Zimbardo, ver: http://www.redesparalaciencia.com/2559/redes/2010/redes-54-la-pendiente-resbaladiza-de-la-maldad (30 de julio de 2015).

[40] Esta idea puede relacionarse con: "[...] *el universo simbólico ordena y por ende legitima los «roles» cotidianos, las prioridades y los procedimientos operativos colocándolos* sub specie universi, *vale decir, en el contexto de marco de referencia más general que pueda concebirse*", en: Berger y Luckmann, *La construcción social*...: 129. Un ejemplo muy reciente de este fenómeno de seguimiento de patrones y cumplimiento de roles, puede observarse en los profesionales de la salud que contribuyeron en la realización de actos de tortura en Guantánamo, llamados el Equipo de Consulta sobre Ciencias de la Conducta (*Behavioral Science Consultation Team*), quienes tuvieron papeles tanto pasivos (observaban y daban primeros auxilios) hasta activos (infligieron actos de tortura y utilizaron la prisión como un "*laboratorio de batalla para nuevas técnicas de interrogatorio*"), aspectos que violentan tajantemente los principios éticos de la profesión y lo establecido en el Protocolo de Estambul, al respecto ver: CIDH, *Informe: Hacia el cierre de Guantánamo* (Autor: Washington, 2015): 52-54, extraído de: http://www.oas.org/es/cidh/informes/pdfs/Hacia-cierre-Guantanamo.pdf (4 de enero de 2016).

[41] Ling Ching Céspedes, *Psicología forense*...: 261-262.

[42] Sobre la construcción sociológica de los "otros" diferentes al "nosotros", son de referencia obligatoria los trabajos del sociólogo argentino Daniel Feierstein, enfocados en el fenómeno genocidio, ver: Daniel Feierstein, "Igualdad, autonomía, identidad. Las formas sociales de construcción de «los otros»", en Hamurabi Noufouri

acuerdo con el pensar de quien tortura, la víctima merece dicho acto violento, para alcanzar un fin determinado.[43] Esta auto justificación se realiza generalmente con fórmulas retórico-emotivizantes como "interés de la nación", "seguridad nacional", "darles su merecido", "mantener la paz social", entre muchísimas otras.[44] Lo anterior es generado por una disonancia cognitiva del sujeto, sea una separación psicológica entre el sujeto que tortura y el sujeto de "siempre", quien eufemísticamente justificará (ante sí y ante los otros) su acto violento de tortura, aunque este sea contrario a su forma de actuar habitual y sus valores.[45]

Caracteres de diferenciación de la tortura

A partir de la definición dada, se pueden apuntalar algunos *usos lingüísticos comúnmente aceptados por la generalidad de sus locutores,*[46] dentro de los círculos discursivos de las Ciencias Sociales, que diferencian la tortura de otros fenómenos. De manera general son:

- La tortura es un acto violento de carácter netamente mediato que no se agota en sí mismo, pues es un instrumento para fines ulteriores.[47] Esto implica un carácter sistemático, causal, motivacional, técnico y -hasta cierto punto- racional.[48]
- El agente que comete la tortura no es -necesariamente- un sujeto con problemas psicopatológicos, pues podría ser cualquier sujeto "normal".[49] Esta idea común del torturador como sujeto con alguna psicopatología (una especie diferente a la normalidad que se excluye del "nosotros") es una respuesta infantilista (función ideológica tranquilizadora) para entender algo tan complejo como la tortura y la existencia de individuos que la ejecutan.[50]
-
- Por más cruel y degradante que resulte un acto violento, si no cumple con estas características estipulativas, no puede ser denominada tortura, pues caeríamos en una equiparación con el sadismo y la crueldad.[51] Lo anterior no implica que estos no puedan ser parte de un acto de tortura.

(comp.), *Tinieblas del crisol de razas,* (Editorial Cálamo: Buenos Aires, 1999): 39-70 y Daniel Feierstein, *El genocidio como práctica social. Entre el nazismo y la experiencia argentina*, (Fondo de Cultura Económica: Buenos Aires, 2007).

[43] ONU, *Protocolo de Estambul*...: 86.

[44] Pichardo, *Perspectiva histórico-social*...: 17. *Cfr.* ICRC, *Tackling Torture*...

[45] Esto aplicará para aquellos sujetos que se consideran normales, es decir, que siguen el sistema normativo y logran diferenciar aspectos básicos del bien y del mal. Es claro que existirán sujetos inmorales que abiertamente aceptaran que realizaron dichos actos perversos, pero estos escapan de esa categorización de normalidad que se ha seguido en este estudio.

[46] Enrique Pedro Haba, *Tratado Básico de Derechos Humanos con especial referencia al Derecho Constitucional latinoamericano y al Derecho Internacional. Examen Realista Crítico*, Tomo I, (Editorial Juricentro: San José, 1986): 438.

[47] Kenny, *The Meaning*...: 142 y Pichardo, *Perspectiva histórico-social*...: 11-12.

[48] Pichardo, *Perspectiva histórico-social*...: 12. Por racional debe entenderse que no es producto de un impulso irracional psicopatológico.

[49] Milgram, *Some Conditions*...: 74-75. *Cfr.* ICRC, *Tackling Torture*...

[50] Pichardo, *Perspectiva histórico-social*...: 13.

[51] Kenny, *The Meaning*...: 142.

La tortura en el derecho internacional público

A continuación, realizaremos una conceptualización panorámica sobre la tortura en el Derecho Internacional en general y, específicamente, en el Derecho Internacional de los Derechos Humanos y el Derecho Penal Internacional. Lo anterior a partir de las interpretaciones realizadas por el TEDH, la Corte IDH, la CPI y algunos tribunales penales internacionales *ad hoc*.

La tortura como práctica prohibida por el derecho internacional

La práctica de la tortura está prohibida por la dogmática del Derecho Internacional, que la constituyó como una norma de *ius cogens*.[52] A nivel universal se adoptó, en 1984, la *Convención de las Naciones Unidas contra la tortura y otros tratos o penas crueles, inhumanas o degradantes* (de seguido, "Convención contra la tortura"),[53] la cual vino a desarrollar la prohibición existente en el artículo 5 de la *Declaración Universal de los Derechos Humanos* (1948)[54] y el artículo 7 del *Pacto Internacional de Derechos Políticos y Civiles* (1966).[55] La definición contenida en dicho instrumento[56] implica la gravedad del hecho, la intencionalidad del autor (con una enumeración de *numerus apertus*),[57] la realización por parte de un funcionario público (delito funcional) y excluye resultados gravosos de sanciones legítimas.

Adicionalmente, dicho instrumento preceptúa una serie de obligaciones para los Estados Parte de prevenir y sancionar la práctica de la tortura (artículos 2° y 12), por medio de la incorporación del tipo penal en las legislaciones internas (artículo 4°) y de la educación (artículo 10°). Es interesante que, por los principios del Derecho Penal Internacional consuetudinario, se instaurara la obligación de los estados de investigar, aunque los hechos no ocurrieran en su territorio (artículos del 5° al 9°), producto del principio de justicia universal.

[52] CIDH, *Informe sobre Terrorismo y Derechos Humanos*, (Autor: Washington, 2002): párr. 155, extraído de: http://www.cidh.org/Terrorism/Span/indice.htm (4 de enero de 2016). *Cfr.* CIDH, *Informe: Hacia el cierre…*: 56. Sobre dicho concepto ver: Convención de Viena sobre el Derechos de los Tratados, 23 de mayo de 1969, artículo 53 y Rafael Nieto-Navia, "International Peremptory Norms (Ius Cogens) and International Humanitarian Law", en Lal Chand Vohrah et al (comps.), *Man's Inhumanity to Man*, (Kluwer International Law: La Haya, 2003): 595-640.

[53] Adoptada y abierta a la firma, ratificación y adhesión por la Asamblea General de la ONU en su resolución 39/46, de 10 de diciembre de 1984.

[54] Establece: "*Nadie será sometido a torturas ni a penas o tratos crueles, inhumanos o degradantes*".

[55] Estatuye: "*Nadie será sometido a torturas ni a penas o tratos crueles, inhumanos o degradantes. En particular, nadie será sometido sin su libre consentimiento a experimentos médicos o científicos*".

[56] El artículo 1.1. reza: "*A los efectos de la presente Convención, se entenderá por el término 'tortura' todo acto por el cual se inflija intencionadamente a una persona dolores o sufrimientos graves, ya sean físicos o mentales, con el fin de obtener de ella o de un tercero información o una confesión, de castigarla por un acto que haya cometido, o se sospeche que ha cometido, o de intimidar o coaccionar a esa persona o a otras, o por cualquier razón basada en cualquier tipo de discriminación, cuando dichos dolores o sufrimientos sean infligidos por un funcionario público u otra persona en el ejercicio de funciones públicas, a instigación suya, o con su consentimiento o aquiescencia. No se considerarán torturas los dolores o sufrimientos que sean consecuencia únicamente de sanciones legítimas, o que sean inherentes o incidentales a éstas*".

[57] En cuanto a dicha enumeración no podemos obviar que al respecto existe una larga y añeja controversia, que será abordada *infra*, baste por el momento decir que -en nuestra opinión- la definición incluye la cláusula "o por cualquier razón basada en cualquier tipo de discriminación", la cual permite que se incluyan finalidades análogas a las ahí expuestas.

A nivel regional se han establecido una serie de instrumentos y mecanismos en cuanto a la problemática de la tortura. Empero, las definiciones que se han delineado difieren significativamente, sea a nivel normativo o jurisprudencial. Ello evidencia la multivocidad del concepto en las diversas interpretaciones efectuadas en la práctica internacional. Por ello, esbozaremos las líneas hermenéuticas generales del TEDH y de la Corte IDH.

Línea hermenéutica del Tribunal Europeo de Derechos Humanos

El Convenio Europeo de Derechos Humanos (en adelante "CEDH") estipula la prohibición de la tortura en su artículo 3, el cual señala: "*nadie podrá ser sometido a tortura ni a penas o tratos inhumanos o degradantes*." El TEDH, como máximo intérprete autorizado del Convenio Europeo,[58] ha considerado que el artículo mencionado contempla uno de los valores fundamentales de la sociedad democrática[59] que no admite derogación ni ninguna excepción,[60] es decir, es una norma de *ius cogens*.

De acuerdo con este Tribunal, en ese artículo se realiza una distinción entre la tortura y los tratos inhumanos o degradantes. Por ello, para determinar si un hecho responde a una u otra figura debe tomarse en consideración la "gravedad del sufrimiento," pues la figura de "*la tortura acarrea un estigma especial para ocasionar un tratamiento inhumano que derive en muy graves y serios sufrimientos,*"[61] superiores a los producidos en la segunda figura. A su vez, los tratos inhumanos o degradantes deben alcanzar un nivel mínimo de gravedad, el cual debe ser evaluado según las circunstancias concretas del caso, por ejemplo: la duración del acto, sus efectos psíquicos o mentales, el sexo, la edad y estado de salud de la víctima, entre muchos otros.[62]

Asimismo, ha interpretado que el artículo 3 del CEDH debe conjugarse con el artículo 1° de la Convención contra la tortura, en cuanto al requisito de la existencia de un propósito en el agente activo, que implica la finalidad de obtener información, infligir castigo o intimidar.[63] Se puede aseverar que la definición realizada por el

---

[58] Artículos 19 y 32, Convenio Europeo de Derechos Humanos, 4 de noviembre de 1950.

[59] TEDH, Caso Bataliny c. Rusia, No. 10060/70, Sentencia de Juicio, 23 de julio de 2015, párr. 81. Cfr. TEDH, Caso Serikov c. Ucrania, No. 42164/09, Sentencia de Juicio, 23 de julio de 2015, párr. 56; TEDH, Caso Andonocki c. La Antigua República Yugoslava de Macedonia, No. 24312/10, Sentencia de Juicio, 23 de julio de 2015, párr. 95; TEDH, Caso Mironovas y otros c. Lituania, No. 40828/12, 29292/12, 69598/12, 40163/13, 66281/13, 70048/13 y 70065/13, Sentencia 8 de diciembre de 2015, párr. 115.

[60] TEDH, Caso Mironovas y otros c. Lituania, No. 40828/12, 29292/12, 69598/12, 40163/13, 66281/13, 70048/13 y 70065/13, Sentencia de Juicio, 8 de diciembre de 2015, párr. 115.

[61] TEDH, Caso Bataliny c. Rusia, No. 10060/70, Sentencia de Juicio, 23 de julio de 2015, párr. 83; TEDH, Caso Reino Unido c. Irlanda, Serie A No. 25, Sentencia de Juicio, 18 de enero de 1987, párr. 167; TEDH, Caso Hajrulahu c. La Antigua República Yugoslava de Macedonia, No. 37537/07, Sentencia de Juicio, 29 de octubre de 2015, párr. 98.

[62] TEDH, Caso Lyapin c. Rusia, No. 46956/09, Sentencia de Juicio, 24 de junio de 2014, párr. 110; TEDH, Caso Reino Unido c. Irlanda, Serie A No. 25, Sentencia de Juicio, 18 de enero de 1987, párr. 162; TEDH, Caso Mironovas y otros c. Lituania, No. 40828/12, 29292/12, 69598/12, 40163/13, 66281/13, 70048/13 y 70065/13, Sentencia de Juicio, 8 de diciembre de 2015, párr. 115.

[63] TEDH, Caso Bataliny c. Rusia, No. 10060/70, Sentencia de Juicio, 23 de julio de 2015, párr. 84; TEDH, Caso Selmouni c. Francia, No. 25803/94, Sentencia de Apelación, 28 de julio de 1999, párr. 97; TEDH, Caso

TEDH es restringida, pues establece como elemento constitutivo de la tortura la existencia de alguno de los propósitos prohibidos descritos. Igualmente, no se puede pasar por alto la utilización reiterada de fórmulas retóricas, tales como "la existencia de ciertos valores supremos" que son "fundamentales" dentro de una "sociedad democrática," que tienen poco o ningún significado concreto. Asimismo, dichas frases aluden a un fuerte contenido emotivo, característica del discurso de los derechos humanos.[64]

Sumado a la anterior, consideramos que la distinción entre tortura y otros tratos inhumanos, según un criterio de "severidad y seriedad del sufrimiento," resulta ser una *válvula abierta* que es interpretada caso por caso de acuerdo con el libre sentir y pensar de los juzgadores. Esto debe explicitarse para no caer en la trampa de considerar que existen criterios objetivos, pues en la realidad lo que existen son algunos argumentos razonables de los intérpretes autorizados, que, en el caso específico, distinguen entre una figura y la otra.

Línea interpretativa de la Corte Interamericana de Derechos Humanos

La *Convención Americana de Derechos Humanos* (de seguido "CADH") establece en el inciso 2) del numeral 5°: "*nadie debe ser sometido a torturas ni a penas o tratos crueles, inhumanos o degradantes.*" La Corte IDH, máximo intérprete autorizado de la CADH,[65] ha manifestado de forma reiterada que entre los elementos constitutivos de la tortura se encuentra el infligir de manera intencional sufrimientos físicos, mentales o morales agudas a una persona con cualquier fin, tales como obtener información de ella, castigarla, intimidarla, o incluso anular su personalidad para que se declare culpable de un determinado hecho delictivo,[66] entre otros posibles propósitos. Así, los elementos de la tortura son: (i) la intencionalidad del acto, (ii) la severidad del sufrimiento y (iii) la finalidad del trato.[67]

Hajrulahu c. La Antigua República Yugoslava de Macedonia, No. 37537/07, Sentencia de Juicio, 29 de octubre de 2015, párr. 98.

[64] *Cfr.* Enrique Pedro Haba, "Puntualizaciones terrenales en torno a las formas de discursear sobre el talismán «derechos humanos»", *Revista Telemática de Filosofía del Derecho*, núm. 16, (RTFD: Madrid, 2013): 7-8, extraído de: http://www.rtfd.es/n16.html (25 de julio de 2015).

[65] Artículo 33 y 62, Convención Americana sobre Derechos Humanos, 22 de noviembre de 1969.

[66] Corte IDH, Caso Rodríguez Vera y otros c. Colombia, Serie C No. 287, Sentencia de Excepciones Preliminares, Fondo, Reparaciones y Costas, 14 de noviembre de 2014, párr. 420. Cfr. Corte IDH, Caso J. c. Perú, Serie C No. 275, Sentencia de Excepción Preliminar, Fondo, Reparaciones y Costas, 27 de noviembre de 2013, párr. 364; Corte IDH, Caso Bueno Alves c. Argentina, Serie C No. 164, Sentencia de Fondo, Reparaciones y Costas, 11 de mayo de 2007, párr. 79; Corte IDH, Caso de los Hermanos Gómez Paquiyauri c. Perú, Serie C No. 110, Sentencia de Fondo, Reparaciones y Costas, 8 de julio de 2004, párr. 115; Corte IDH, Caso Tibi c. Ecuador, Serie C No. 114, Sentencia de Excepciones Preliminares, Fondo, Reparaciones y Costas, 7 de setiembre de 2004, párr. 149; Corte IDH, Caso Maritzia Urrutia c. Guatemala, Serie C No. 103, Sentencia de Fondo, Reparaciones y Costas, 27 noviembre de 2003, párr. 91; Corte IDH, Caso Cantoral Benavides c. Perú, Serie C No. 69, Sentencia de Fondo, 18 de agosto de 2000, párr. 100.

[67] Corte IDH, Caso Bueno Alves c. Argentina, Serie C No. 164, Sentencia de Fondo, Reparaciones y Costas, 11 de mayo de 2007, párr. 79. Cfr. Corte IDH, Caso Caesar c. Trinidad y Tobago, Serie C No. 123, Sentencia de Fondo, Reparaciones y Costa, 11 de marzo de 2005, párrs. 72 y 73; Corte IDH, Caso Ruano Torres y otros c. El Salvador, Serie C No. 303, Sentencia de Fondo, Reparaciones y Costas, 5 de octubre de 2015, párr. 121. *Cfr.* CIDH, *Informe: Hacia el cierre...*: 56.

De estos, cobra especial relevancia "la severidad del sufrimiento", en virtud de que la Corte IDH, en la misma línea del TEDH, ha señalado que la integridad personal puede ser violentada o vulnerada en diversos grados, lo cual puede abarcar -de menos a más- desde otros tratos crueles, inhumanos o degradantes hasta la tortura.[68] Igualmente, ha expuesto que las secuelas (físicas y psíquicas) de estos actos dependen de ciertos factores endógenos y exógenos, por ejemplo duración de los tratos, edad, sexo, salud, vulnerabilidad, los cuales serán evaluados e interpretados a partir de un análisis casuístico.[69] Se debe destacar el amplio margen de discrecionalidad con el que cuentan los jueces para evaluar estos elementos, esto derrumba cualquier pretensión de "establecer" o "encontrar" supuestos parámetros objetivos para dicho cometido.

La Corte IDH ha determinado que la tortura es una norma imperativa de Derecho Internacional General, convirtiéndola en una norma *ius cogens*, conclusión similar a la arribada por el TEDH. Ello implica un régimen de prohibición absoluta de todas las formas de tortura en la región, lo cual -en principio- no admitiría ninguna excepción.[70]

La tortura como delito internacional

Por las características antes expuestas, en especial su prohibición de *ius cogens*, la tortura ha sido configurada como un delito internacional, tanto en un contexto de guerra o de lesa humanidad.[71] Ello implica una serie de consecuencias que deben ser tomadas en cuenta a la hora de tipificar dicha figura en los ordenamientos internos. Estos serán expuestos a continuación.

Aspectos básicos de los delitos internacionales

De acuerdo con Werle, los delitos internacionales, también llamados crímenes fundamentales (*core crimes*) son actos ofensivos a los intereses fundamentales de

---

[68] La CIDH ha dispuesto: "*Ni la Declaración Americana ni la Convención Americana ni la Convención Interamericana para Prevenir y Sancionar la Tortura establecen lo que debe entenderse por 'tratos crueles, inhumanos o degradantes' o cómo éstos se diferencian de la tortura* [...] *El criterio esencial que permite distinguir entre 'tortura' y 'trato inhumano o degradante' deriva principalmente de la intensidad del sufrimiento infligido*. En: CIDH, *Informe: Hacia el cierre*...: 64-65.

[69] Corte IDH, Caso Cabrera García y Montiel Flores c. México, Serie C No. 220, Sentencia de Excepción Preliminar, Fondo, Reparaciones y Costas, 26 de noviembre de 2010, párr. 133. Cfr. Corte IDH, Caso Espinoza Gonzáles c. Perú, Serie C No. 289, Sentencia de Excepciones Preliminares, Fondo, Reparaciones y Costas, 20 de noviembre de 2014, párr. 184; Corte IDH, Caso Familia Barrios c. Venezuela, Serie C No. 237, Sentencia de Fondo, Reparaciones y Costas, 24 de noviembre de 2011, párr. 52.

[70] Corte IDH, Caso Espinoza Gonzáles c. Perú, Serie C No. 289, Sentencia de Excepciones Preliminares, Fondo, Reparaciones y Costas, 20 de noviembre de 2014, párr. 141. Cfr. Corte IDH, Caso Masacres de El Mozote y lugares aledaños c. El Salvador, Serie C No. 252, Sentencia de Fondo, Reparaciones y Costas, 25 de octubre de 2012, párr. 147; Corte IDH, Caso Cantoral Benavides c. Perú, Serie C No. 69, Sentencia de Fondo, 18 de agosto de 2000, párr. 95; Corte IDH, Caso Familia Barrios c. Venezuela, Serie C No. 237, Sentencia de Fondo, Reparaciones y Costas, 24 de noviembre de 2011, párr. 50; Corte IDH, Caso Ruano Torres y otros c. El Salvador, Serie C No. 303, Sentencia de Fondo, Reparaciones y Costas, 5 de octubre de 2015, párr. 120.

[71] Aunque alguna parte de la jurisprudencia y la doctrina también incluyen la tortura en el crimen de genocidio, debemos acotar que dicha inclusión en el artículo 6(b) del Estatuto de Roma no es meramente tortura, sino una de las formas de comisión del genocidio, por ello no lo incluiremos en este análisis.

la comunidad internacional,[72] establecidos convencionalmente en un determinado momento histórico. Esta idea nutre la doctrina de la *macrocriminalidad*, la cual -según Kai Ambos- comprende "*comportamientos conforme al sistema* [socio-político] *y adecuados a la situación dentro de una estructura de organización, aparato de poder u otro contexto de acción colectiva,*"[73] es decir, un "macro-acontecimiento" relevante para el derecho internacional y, por lo tanto, diferente a las formas "normales" o "tradicionales" de criminalidad.[74] El TPIY en el *caso de Drazen Erdemovic*, expuso que estos delitos son de una violencia muy seria, que daña lo más "esencial" de los seres humanos, es decir, su vida, libertad, bienestar físico, salud y dignidad. Estos hechos ilícitos trascienden a la víctima puntual, pues el ataque afecta a la humanidad entera, la cual aparece como víctima mediata.[75]

Una de las características, *inter alia*, de estos hechos ilícitos internacionales es su imprescriptibilidad, consagrada en la *Convención sobre la imprescriptibilidad de los crímenes de guerra y de los crímenes de lesa humanidad* (1968).[76] Dicha característica fue reafirmada en el Estatuto de Roma de la CPI, específicamente en el artículo 29, el cual reza: "*los crímenes de la competencia de la Corte no prescribirán.*"

Otra característica de interés de estos ilícitos es la forma especial de responsabilidad del superior jerárquico, introducida por la dogmática del Derecho Penal Internacional.[77] El artículo 28 del Estatuto de Roma establece este modo de responsabilidad, que es del tipo de omisión propia que "*sólo surge cuando existe una obligación legal para actuar,*"[78] en la cual el jefe militar o quien actúe como tal,[79] es responsable por los crímenes cometidos por fuerzas bajo su mando y control efectivo o su autoridad y control efectivo,[80] en tanto hubiere sabido o hubiere debido

---

[72] Gerhard Werle, *Tratado de Derecho Penal Internacional*, (Tirant lo blanch: Valencia, 2011): 78-81.

[73] Kai Ambos, *Derecho y Proceso Penal Internacional*, (Distribuciones Fontamara S.A: México D.F., 2008): 26.

[74] Ambos, *Derecho y Proceso...*: 26.

[75] TPIY, Fiscalía c. Drazen Erdemovic, IT-96-22-T, Sentencia de Juicio, 29 de noviembre de 1996, párr. 28. Nota: en esta cita predomina el lenguaje retórico, sin embargo, ese es el juego del lenguaje de estos actores y hay que tomarlo tal cual.

[76] Asamblea General de Naciones Unidas, Resolución 2391 (XXIII) AGNU, 1968. Se puede decir que el referente normativo, de *soft law,* anterior son los "Principios de Derecho Internacional reconocidos por el Estatuto y por las sentencias del Tribunal de Nuremberg", extraído de: https://www.icrc.org/spa/resources/documents/misc/treaty-1950-ihl-nuremberg-5tdmhe.htm (28 de diciembre de 2015).

[77] Kai Ambos, *La parte general del Derecho Penal Internacional,* (Fundación Konrad Adenauer: Montevideo, 2005): 295-333 y Héctor Olásolo, *Tratado de autoría y participación en Derecho Penal Internacional*, (Tirant lo Blanch: Valencia, 2013): 766-831.

[78] CPI, Fiscalía c. Jean-Pierre Bemba Gombo, Decisión de Confirmación de Cargos, ICC-01/05-01/08, 15 de junio de 2009, párr. 405. *Cfr.* TPIY, Fiscalía c. Mucic et al, Sentencia de juicio, IT-04-83-T, 16 noviembre 1998, párr. 334; TPIR, Fiscalía c. André Ntagerura, Sentencia de apelación, ICTR-99-46-A, 7 julio 2006, párr. 334.

[79] CPI, Fiscalía c. Jean-Pierre Bemba Gombo, Sentencia de Juicio, ICC-01/05-01/08, 21 de marzo de 2016, párrs. 176-179.

[80] Artículo 28 (a), Estatuto de Roma, A/CONF.183/9, 17 de julio de 1998; CPI, Fiscalía c. Jean-Pierre Bemba Gombo, Sentencia de Juicio, ICC-01/05-01/08, 21 de marzo de 2016, párrs. 180-190.

saber que las fuerzas estaban cometiendo esos crímenes o se proponían cometerlos;[81] o en tanto haya incumplido con su deber de prevenir (*a priori*) o castigar (*a posteriori*) el actuar ilícito de sus subordinados.[82]

El "*control efectivo,*" exigido por el Estatuto e interpretado por la CPI *in extenso* en la Sentencia de Juicio del caso Bemba-Gombo, requiere que el comandante tenga la capacidad material para prevenir o reprimir la comisión de los crímenes, o para someter el asunto a la competencia de las autoridades. Cualquier grado menor de control, como la capacidad para ejercer una influencia –aun una influencia sustancial- sobre las fuerzas que cometieron los crímenes, sería insuficiente para establecer la responsabilidad del superior jerárquico. El *"control efectivo"* es generalmente una manifestación de una relación de superior-subordinado entre el jefe militar y los subordinados en una relación jerárquica (cadena de mando) de *jure* o de *facto*. De forma tal que el superior debe tener algún tipo de jerarquía formal o informal de los que perpetran directa y materialmente los elementos del tipo.[83]

La CPI señaló una serie de factores que podrían indicar la existencia de un *"control efectivo,"* tales como: (i) la posición oficial de comandante dentro de la estructura militar y las tareas que realiza; (ii) la facultad de emitir órdenes, incluyendo su capacidad de ordenar a fuerzas o unidades bajo su comando, sea bajo su comando inmediato o en niveles inferiores, de participar en hostilidades; (iii) la capacidad para asegurar el cumplimiento de órdenes, incluida la consideración de si las órdenes fueron efectivamente cumplidas; (iv) la capacidad para re-subordinar unidades o realizar cambios en la estructura de comando; (v) el poder para promover, sustituir, eliminar o disciplinar a cualquier miembro de las fuerzas, y de iniciar investigaciones; (vi) la autoridad para enviar fuerzas a donde se llevan a cabo las hostilidades y retirarlas en cualquier momento dado; (vii) el acceso independiente a, y el control sobre, los medios para hacer la guerra, tales como equipos de comunicación y armas; (viii) el control de las finanzas; (ix) la capacidad de representar a las fuerzas en negociaciones o de interactuar con organismos o individuos externos, en representación del grupo; y (x) si representa la ideología del movimiento al que se adhieren los subordinados y posee un cierto nivel de perfil, que se manifiesta a través de apariciones públicas y declaraciones.[84] En un sentido similar, el TPIY ha interpretado el *"control efectivo"* como aquellas facultades de control e influencia sobre la conducta y las acciones de la persona subordinada por parte del superior.[85]

---

[81] Artículo 28 (a), Estatuto de Roma, A/CONF.183/9, 17 de julio de 1998; CPI, Fiscalía c. Jean-Pierre Bemba Gombo, Sentencia de Juicio, ICC-01/05-01/08, 21 de marzo de 2016, párrs. 191-196.

[82] CPI, Fiscalía c. Jean-Pierre Bemba Gombo, Decisión de Confirmación de Cargos, ICC-01/05-01/08, 15 de junio de 2009, párrs. 405 y 479. *Cfr.* TPIY, Fiscalía c. Milorad Krnojelac, Sentencia de apelación, ICTY-97-25-A, 17 setiembre 2003, párr. 171; TPIR, Fiscalía c. Ferdinand Nahimana et al, Sentencia de apelación, ICTR-99-52-A, SA, 28 noviembre 2007, párrs. 152-154 y 190-192.

[83] CPI, Fiscalía c. Jean-Pierre Bemba Gombo, Sentencia de Juicio, ICC-01/05-01/08, 21 de marzo de 2016, párrs. 183 y 184.

[84] CPI, Fiscalía c. Jean-Pierre Bemba Gombo, Sentencia de Juicio, ICC-01/05-01/08, 21 de marzo de 2016, párr. 188.

[85] TPIY, Fiscalía c. Vidoje Blagojevic y Dragan Jokic, Sentencia de apelación, IT-02-60-A, 9 mayo 2007, párr. 302. *Cfr.* TPIY, Fiscalía c. Zlatko Aleksovski, Sentencia de juicio, IT-95-14/1-T, 25 junio 1999, párrs. 73,74 y 76.

Bien jurídico tutelado

Como se ha expuesto, la tortura es tanto crimen de lesa humanidad, como de guerra. La diferenciación entre uno y otro radica en su ligamen a un determinado ataque ilegítimo dado en un contexto específico, pero en ambos casos comparten el mismo bien jurídico tutelado, es decir, la ley penal internacional tiene como cometido cumplir un fin axiológico determinado por medio de la protección de un valor y la sanción a su inobservancia (desvalor), sea en uno u otro contexto.

De acuerdo con Javier Dondé, dicho fin es el castigar el irrespeto del bien jurídico "dignidad humana,"[86] lo anterior con base en los Preámbulos de la Declaración Universal de Derechos Humanos y del Pacto Internacional de Derechos Civiles y Políticos, pues estos refieren a las "*pautas mínimas que deben regir las relaciones entre individuos y entre estos y los Estados, para conseguir su desarrollo personal y colectivo que se identifica con la frase «ideal del ser humano».*" De tal forma, la prohibición de la tortura busca proteger la dignidad humana, como "pauta mínima" o estándar, contenida en dichos instrumentos internacionales.[87] Aunado a lo anterior, también se ha determinado que la prohibición de la tortura es un aspecto preponderante del derecho a la seguridad personal.[88]

Tortura como crimen de guerra

En el Derecho Internacional Humanitario, la práctica de tortura está estrictamente prohibida[89] en los cuatro Convenios de Ginebra de 1949[90] y en dos de sus

---

[86] Javier Dondé, *Tipos penales en el ámbito internacional,* (Instituto Nacional de Ciencias Penales: México D.F., 2012): 100-101. *Cfr.* Michael Bothe, "War Crimes", en Antonio Cassese (comp..), *The Rome Statute of the International Criminal Court: A commentary*, vol. I, (Oxford University Press: Nueva York, 2002: 392) y Jean Pictet, *Comentario del artículo 3 común a los Convenios de Ginebra y relativo a la protección de las víctimas de los conflictos armados sin carácter internacional,* (International Committee of the Red Cross: Ginebra, 11 de noviembre de 1998), extraído de: https://www.icrc.org/spa/resources/documents/misc/5tdmmu.htm (28 de diciembre de 2015).

[87] Javier Dondé, *Tipos penales...*: 100-101.

[88] CIDH, *Informe: Hacia el cierre...*: 56.

[89] La CIDH ha expuesto: "*Quizá no haya campo donde exista mayor convergencia entre el derecho internacional de los derechos humanos y el derecho internacional humanitario, que en lo atinente a las normas de trato humano*". En: CIDH, *Informe: Hacia el cierre...*: 51.

[90] Vid.: en el *I Convenio de Ginebra para aliviar la suerte que corren los heridos y los enfermos de las fuerzas armadas en campaña*, 12 de agosto de 1949, el artículo 12 (protección, trato y asistencia de heridos y enfermos) y el artículo 50 (II. Infracciones graves) del Capítulo IX (Represión de los abusos y de las infracciones. En el *II Convenio de Ginebra para aliviar la suerte que corren los heridos, los enfermos y los náufragos de las fuerzas armadas en el mar*, 12 de agosto de 1949, el artículo 12 (Protección, trato y asistencia, de heridos, náufragos y enfermos) y el artículo 51 (II. Infracciones graves) del Capítulo VII (Represión de los abusos y de las infracciones). En el *III Convenio de Ginebra relativo al trato debido a los prisioneros de guerra*, 12 de agosto de 1949, el artículo 17 (Interrogatorio del prisionero) de la Sección I (Comienzo del cautiverio) del Título III (Cautiverio), el artículo 87 (Castigos) del Capítulo II (Representantes de los prisioneros de guerra) de la Sección VI (Relaciones de los prisioneros de guerra con las autoridades) y el artículo 130 (II. Infracciones graves) del Título VI (Aplicación del convenio). En el *IV Convenio de Ginebra relativo a la protección debida a las personas civiles en tiempo de guerra*, 12 de agosto de 1949, en el artículo 32 (Prohibición de castigos corporales, de tortura, etc.) de la Sección I (Disposiciones comunes a los territorios de las Partes en conflicto y a los territorios ocupados) del Título III (Estatuto y trato de las personas protegidas) y el artículo 147 (II. Infracciones graves) del Título IV (Aplicación del convenio).

protocolos.[91] Esta se considera como una infracción grave a las reglas durante los conflictos, de acuerdo con el artículo 3° común.[92] Pese a esta amplia normativización, la tortura no se encuentra definida en dichos instrumentos humanitarios.

Gracias a la labor de los tribunales internacionales *ad hoc*, basados en sus respectivos Estatutos, se le dio cierto contenido a la figura.[93] Estos instrumentos y la jurisprudencia de los mencionados tribunales sirvieron como base para a conceptualización de la tortura como crimen de guerra en el Estatuto de Roma.[94]

La tortura como crimen de guerra es uno de los tipos más específicos y se clasifica dentro de los tipos penales de maltrato (*officens of mistreatment*).[95] Para que se considere como crimen de guerra, debe estar ligada funcionalmente a un contexto de conflicto armado, sea internacional[96] o interno,[97] cuando sea parte de una comisión ilegítima a gran escala.[98] Esto constituye el elemento contextual de guerra.

En cuanto a los elementos específicos del crimen de guerra, aunque existe una diferenciación en cuanto al conflicto de tipo interno o internacional, no existe a nivel regulatorio mayor discrepancia.[99] El elemento objetivo (*actus reus*) dispone: (i) causar grandes dolores o sufrimientos físicos o mentales a una o más personas, (ii) que la víctima sea un sujeto protegido por los Convenios de Ginebra (crimen de

---

[91] Vid.: *Protocolo I adicional a los Convenios de Ginebra de 1949 relativo a la protección de las víctimas de los conflictos armados internacionales,* 8 de junio de 1977, en el artículo 75.2(a)(ii) (Garantías fundamentales) del Capítulo I (Ámbito de aplicación y protección de las personas y de los bienes) de la Sección III (Trato a las personas en poder de una Parte en conflicto). En el *Protocolo II adicional a los Convenios de Ginebra de 1949 relativo a la protección de las víctimas de los conflictos armados sin carácter internacional,* 8 de junio de 1977, en el artículo 4.2(a) (Garantías fundamentales) del Título II (Trato humano).

[92] En lo que interesa dicho artículo estatuye: [...] *A este respecto, se prohíben, en cualquier tiempo y lugar, por lo que atañe a las personas arriba mencionadas* [no combatientes]*: a) los atentados contra la vida y la integridad corporal, especialmente el homicidio en todas sus formas, las mutilaciones, los tratos crueles, la tortura y los suplicios;* [...]. Al respecto, de acuerdo con la CICR, dicho artículo, aunque refiere directamente a los conflictos no internacionales, este debe ser aplicado en cualquier tipo de disturbio interno, aunque no califique como conflicto armado, pues el Estado y todos aquellos involucrados no pueden violentar una norma internacional de *ius cogens* como la prohibición de la tortura. Ver: Jean Pictet, *Comentario del artículo 3 común...*

[93] Centro por la Justicia y el Derecho Internacional (CEJIL), *La tortura en el derecho internacional, guía de jurisprudencia,* (Autor: Buenos Aires, 2009): 147-170.

[94] CEJIL, *La tortura en...*: 177.

[95] Werle, *Tratado...*: 605.

[96] El crimen de guerra de tortura en conflictos armados internacionales se encuentra regulado en el Estatuto de Roma en el artículo 8.2(a)(ii), como primera alternativa, y en el artículo 8.2) a) ii)-1 de los Elementos de los Crímenes.

[97] El crimen de guerra de tortura en conflictos armados no internacionales se tipifica en el Estatuto de Roma en el artículo 8.2(c)(i), como última alternativa, y en el artículo 8.2) c) i)-4 de los Elementos de los Crímenes.

[98] Artículo 8, Estatuto de Roma. *Cfr.* Kai Ambos, *Los crímenes más graves en el Derecho Penal Internacional,* (INACIPE: México D.F, 2005): 71-89; Werle, *Tratado...*: 574-594.

[99] La diferenciación se encuentra en los Elementos de los Crímenes, específicamente en el inciso 3) del artículo 8.2) a) ii)-1 (conflicto armado internacional) y el mismo inciso del artículo 8.2) c) i)-4, esto por cuanto en el primero se exige que la víctima sea una persona protegida por los Convenios de Ginebra y el segundo estipula que la víctima no haya tomado parte activa de las hostilidades. Igualmente, el inciso 5) difiere en cuanto a que el primero exige que sea un conflicto armado internacional y el segundo un conflicto armado no internacional.

guerra internacional) o que no haya tomado parte activa de las hostilidades (crimen de guerra interno). Se omitió de forma deliberada como requisito que la víctima esté bajo control o custodia del autor.[100]

El elemento sujetivo (*mens rea*) establece: (i) que el autor haya cometido la tortura con la finalidad de obtener información o una confesión, castigar a la víctima, intimidarla o ejercer coacción sobre ella o por cualquier otra razón basada en discriminación de cualquier tipo y (ii) que el autor haya conocido la condición de protección de las víctimas. Aunque existe discrepancia jurisprudencial en cuanto a si las finalidades descriptas son exhaustivas, consideramos que la formulación de "tal como" (*such as*) de los Elementos de los Crímenes, le da un carácter de *numerus apertus*.[101]

Por último, debemos acotar que de acuerdo con la jurisprudencia de los tribunales *ad hoc*, la cual probablemente será seguida por la CPI, existe una especie de graduación de numerosos crímenes de guerra de acuerdo con la gravedad y severidad de los dolores o sufrimientos infringidos.[102] En tal inteligencia, la tortura es el más grave de todos ellos, y los "menos gravosos" son: tratos inhumanos,[103] causar deliberadamente grandes sufrimientos o atentar gravemente contra la integridad física o la salud[104] y cometer atentados contra la dignidad personal, especialmente los tratos humillantes y degradantes.[105] En síntesis, los caracteres diferenciadores de la tortura como crimen de guerra son: la finalidad ilegítima y la "gravedad" de las ofensas.[106]

Tortura como crimen de lesa humanidad

Los elementos contextuales del crimen de lesa humanidad de tortura exigen que dicho delito forme parte de un ataque generalizado o sistemático contra la población civil de conformidad con la política de un Estado u organización y con conocimiento de dicho ataque.[107]

La línea jurisprudencial de la CPI y de los Tribunales *ad hoc* -en términos generales-ha sido considerar como elemento objetivo (*actus reus*) de la tortura el infligir a un

---

[100] Ver nota al pie no. 35 de los Elementos de los Crímenes.

[101] Con una conclusión similar vid.: Werle, *Tratado...*: 606-607.

[102] CEJIL concluye: "*La 'tortura' constituye el delito más grave y exige la presencia del elemento motivacional. El delito que le sigue en términos de gravedad es el de 'causar intencionalmente un sufrimiento o lesión grave contra la integridad física o la salud de una persona'. Los actos que causan un sufrimiento menos grave, o daños a la dignidad, pueden etiquetarse como 'trato inhumano', 'trato cruel' u 'otros actos inhumanos', en función de las circunstancias de cada caso. Por último, si un acto no es lo suficientemente grave como para calificar como trato inhumano puede considerarse como trato humillante o degradante en tanto delito de ultrajes contra la dignidad de la persona*". CEJIL, *La tortura en...*: 170.

[103] Como crimen de guerra internacional, artículo 8.2 (a)(ii)-2 del Estatuto de Roma y de los Elementos de los Crímenes, como crimen de guerra no internacional, 8.2 (c)(i)-3 *ejúsdem*.

[104] Artículo 8.2 (a)(iii) del Estatuto de Roma y de los Elementos de los Crímenes.

[105] Artículo 8.2 (b)(xxi) del Estatuto de Roma y de los Elementos de los Crímenes.

[106] Michael Bothe, War Crimes...: 392.

[107] Artículo 7, Estatuto de Roma; Artículo 5, Estatuto del TPIY; Artículo 3, Estatuto del TPIR. *Cfr.* Ambos, *Los crímenes...*: 9-53 y Werle, *Tratado...*: 356-357.

sujeto, por acto u omisión, severo dolor o sufrimiento, físico o mental.[108] No obstante, cabe señalar que el artículo 7(1)(f) de los Elementos de los Crímenes establece que el autor debe tener bajo su custodia o control a la víctima. Ahora bien, a diferencia de la Convención contra la tortura, el Estatuto de Roma no exige que el autor sea funcionario público, por tanto, perdió su calidad de delito funcional.[109] Ello debe interpretarse bajo el elemento contextual de que los sujetos que pueden cometer delitos de lesa humanidad son aquellos que pertenezcan a una organización política, sea estatal o con características similares a esta.[110]

De acuerdo con dicho cuerpo normativo, no es tortura el dolor o sufrimiento que solo provenga, sea inherente o incidental de sanciones lícitas realizadas.[111] Consideramos que dicha disposición resulta innecesaria si se analiza el tipo objetivo del delito como una duplicidad de funciones, entre sistemática y conglobante,[112] ya que esta última excluiría aquello autorizado por otras normas de los ordenamientos jurídicos implicados.

En cuanto al elemento subjetivo (*mens rea*), de conformidad con la interpretación que ha realizado la CPI, no resulta necesaria la existencia de algún elemento de intencionalidad o propósito adicional a la mera causación de dolor o sufrimiento. Nótese el pie de página número 14 del artículo 7(1)(f) de los Elementos de los Crímenes: "*Se entiende que no es preciso probar ninguna intención específica en relación con este crimen.*" Es decir, el elemento de finalidad fue excluido del Estatuto de Roma de manera deliberada.[113]

Es menester precisar que la CPI no se ha referido *in extenso* sobre la tortura. No obstante, traemos el voto disidente de la jueza Sanji Mmasenono Monageng en la Decisión sobre la confirmación de cargos del caso de Callixte Mbarushimana:

---

[108] Artículo 7(2)(e), Estatuto de Roma; Artículo 7 (1)(f), Elementos de los Crímenes. *Cfr.* TPIY, Fiscalía c. Dragoljub Kunarac, Caso No. IT-96-23-T& IT-96-23/1-T, Sentencia de Juicio, 22 de febrero de 2001, párr. 497; TPIY, Fiscalía c. Delalic y otros, Caso No. IT-96-21-T, Sentencia de Juicio, 16 de noviembre de 1998, párrs, 468; TPIY, Fiscalía c. Anto Furundzija, Caso No. IT-95-17/1-T, Sentencia de Juicio, 10 de diciembre de 1998, párr. 162; TPIR, Fiscalía c. Jean Paul Akayesu, Caso No. ICTR-96-4-T, Sentencia de Juicio, 2 de setiembre de 1998, párr. 594; TPIR, Fiscalía c. Laurent Semanza, Caso No. ICTR-97-2, Sentencia de Juicio, 15 de mayo de 2003, párr. 343.

[109] Werle, *Tratado...:* 505-510 y Kai Ambos, *Los crímenes del nuevo Derecho Penal Internacional,* (Ediciones Jurídicas Gustavo Ibáñez C.: Bogotá, 2004): 199-205.

[110] Antonio Cassese, *The Rome...:* 374.

[111] Artículo 7(2)(e), Estatuto de Roma. De acuerdo con CEJIL esto tiene un fin pragmático, pues es: "*una disposición práctica para distinguir el trato que inevitablemente es parte de un sistema penal, en especial el sufrimiento inherente a la privación de la libertad. En todo caso, dichas sanciones legítimas no pueden contradecir el principio de la absoluta prohibición de la tortura*". En: CEJIL, *La tortura en...:* 178.

[112] Vid.: Eugenio Zaffaroni, *Manual de Derecho Penal,* (Ediar: Buenos Aires, 2005): 351-363.

[113] Dentro de los Trabajos Preparatorios del Estatuto de Roma, se señaló que algunas delegaciones (como la de Canadá y Alemania) solicitaron incluir un elemento de finalidad "por razones de coherencia con el artículo 8", pero al final no se incluyó expresamente, ver: Comisión Preparatoria de la Corte Penal Internacional, Grupo de Trabajo sobre los elementos de los crímenes, *Propuesta presentada por Canadá y Alemania respecto del artículo 7,* (ONU: Nueva York, 23 de noviembre de 1999): 4.

> [L]os elementos de la tortura como un crimen de lesa humanidad y la tortura como un crimen de guerra son significativamente diferentes, de acuerdo a los Elementos de los Crímenes. En particular, la tortura como crimen de guerra requiere que se demuestre un propósito especifico ("requisito de propósito especifico"), mientras que la tortura como crimen de lesa humanidad no contiene este requisito. Sin embargo, la tortura como un crimen contra la humanidad incluye el requisito de que "la persona o personas hayan estado en la custodia o bajo el control del perpetrador", algo que no se requiere para la tortura como crimen de guerra.[114]

Pese a dicha interpretación,[115] consideramos que la tortura como delito de lesa humanidad sí implica una intencionalidad general no específica. No puede olvidarse que para que exista un delito concreto de lesa humanidad deben concurrir los elementos contextuales, pues estos hechos de macrocriminalidad (Ambos) se engloban en un contexto generalizado (Werle) que implica, entre otros requisitos, una política para la comisión sistemática o generalizada de los tipos del artículo 7 del Estatuto de Roma.

Interpretamos que ese elemento subjetivo diferente del dolo, debe ser la finalidad de cumplir con una política de realización de actos de lesa humanidad. En caso contrario, no existiría un nexo de causalidad entre el hecho global y el acto específico de tortura, situación que lo convertiría en un hecho aislado o inconexo del ataque general que se juzga. Lo anterior explicaría por qué sí se exige un fin en la tortura como crimen de guerra, ya que en estos casos no existe necesariamente una política, sino que el contexto lo determina el nexo con un conflicto armado determinado.

En todo caso compartimos lo dicho por Werle, sobre que esta nueva definición de la tortura implica una ampliación de los motivos o finalidades, que de por sí ya habían sido interpretados de forma muy amplia por los tribunales *ad hoc*.[116] Estos han exigido un elemento adicional al dolo al señalar que la acción típica debe realizarse con algún propósito, tal como obtener información o una confesión, con el motivo de castigar, intimidar o coaccionar al torturado o a un tercero, o por motivos discriminatorios contra la víctima o un tercero.[117] Ambos tribunales *ad hoc* han señalado, en una no muy clara línea jurisprudencial, que dicha lista no es

---

[114] CPI, Fiscalía c. Callixte Mbarushimana, Caso No. ICC-01/04-01/10, Voto disidente en la Decisión de confirmación de cargos, 16 de diciembre de 2011, párr. 29 [traducción libre de los autores].

[115] La opinión de la jueza es compartida por la mayoría de la doctrina, ver *inter alia*: Werle, *Tratado...*: 506 y 509-510; CEJIL, *La tortura...:* 178 y Kai Ambos, *Los crímenes...:* 199-205.

[116] Werle, *Tratado...*: 510.

[117] Werle, *Tratado...*: 509. *Cfr.* TPIY, Fiscalía c. Dragoljub Kunarac, Caso No. IT-96-23-T& IT-96-23/1-T, Sentencia de Juicio, 22 de febrero de 2001, párr. 497; TPIY, Fiscalía c. Delalic y otros, Caso No. IT-96-21-T, Sentencia de Juicio, 16 de noviembre de 1998, párrs, 470-472; TPIY, Fiscalía c. Milorad Krnojelac, Caso No. IT-97-25-T, Sentencia de Juicio, 15 de marzo de 2002, párr. 179; TPIR, Fiscalía c. Jean Paul Akayesu, Caso No. ICTR-96-4-T, Sentencia de Juicio, 2 de setiembre de 1998, párr. 594; TPIR, Fiscalía c. Laurent Semanza, Caso No. ICTR-97-2, Sentencia de Juicio, 15 de mayo de 2003, párr. 343.

exhaustiva, sino que es *numerus apertus*.[118] También, han interpretado que el delito de tortura no requiere que se ejecute exclusivamente por un propósito prohibido, como fin principal, sino que este puede ser parte solamente de la motivación.[119]

Análisis del caso mexicano

En México, a nivel constitucional, la prohibición de la tortura se encuentra explícitamente estipulada en el artículo 20.b.II (principios del proceso penal acusatorio y oral) y en el párrafo segundo del numeral 29 (derechos indisponibles durante el estado de excepción por parte del Presidente y del Congreso), además se encuentra implícitamente dispuesta en la conjugación del artículos 1° (aplicabilidad del Derecho Internacional de los Derechos Humanos y el principio *pro personae*), el numeral 19 *in fine* (detenciones policíacas) y el artículo 22 (prohibición de tormentos como pena).[120]

4.1. Antecedentes y situación de la tortura en México

Anteriormente se encontraba vigente la *Ley Federal para prevenir y sancionar la tortura* de diciembre de 1991. Dicho cuerpo normativo tiene aplicación en el fuero federal y en el Distrito Federal como fuero común (artículo 1°) y se dirige principalmente para las autoridades y funcionarios públicos (artículo 2°). Por las características propias del sistema político-administrativo mexicano, este cuerpo normativo tiene alcance federal, lo cual genera que la tipificación de la tortura pueda diferir en las Entidades Federales, circunstancia que generaba que en algunos estados no se cumpla con los estándares universales y regionales, principalmente en Guerrero.[121]

Aunque desde dicha ley se declaraba la improcedencia de invocar prueba (confesiones e informaciones) producto de actos de tortura (artículo 8°) -lo que se conoce como la regla de exclusión-, era una práctica común de las autoridades

---

[118] Así dicho en las resoluciones: TPIY, Fiscalía c. Mucic y otros, Caso No. IT-96-21-T, Sentencia de Juicio, 16 de noviembre de 1998, párr. 470; TPIY, Fiscalía c. Delalic y otros, Caso No. IT-96-21-T, Sentencia de Juicio, 16 de noviembre de 1998, párr. 470. **Nota:** en la resolución TPIR, Fiscalía c. Laurent Semanza, Caso No. ICTR-97-20-A, Sentencia de Apelación, 20 de mayo de 2005, párr. 320, dicha cámara expone: "*Torture requires a specific, enumerated purpose: in this case, to obtain information or a confesión*", lo cual evidencia que no es una cuestión zanjada a nivel jurisprudencial. En igual sentido ver el análisis realizado en: Ambos, *Los crímenes...*: 201-204.

[119] TPIY, Fiscalía c. Mucic y otros, Caso No. IT-96-21-T, Sentencia de Juicio, 16 de noviembre de 1998, párr. 470. Cfr. TPIY, Fiscalía c. Dragoljub Kunarac, Caso No. IT-96-23-T& IT-96-23/1-T, Sentencia de Juicio, 22 de febrero de 2001, párr. 486; TPIR, Fiscalía c. Laurent Semanza, Caso No. ICTR-97-2, Sentencia de Juicio, 15 de mayo de 2003, párr. 343.

[120] También debe exponerse que el numeral 73.XXI.a) dispone como facultad exclusiva del Congreso de la Unión, la expedición de los marcos normativos mínimos referentes al tipo penal de tortura y otros tratos o penas crueles, inhumanos o degradantes. Dicha norma reformada mediante Decreto publicado en el Diario Oficial de la Federación el 10 de julio de 2015.

[121] Ver el punto 11 de las Observaciones del Comité Contra La Tortura sobre el cuarto Informe Periódico de México, CAT/C/MEX/CO/4, 6 de febrero de 2007. Reiterado en el punto 8 de las Observaciones del Comité Contra La Tortura sobre los Informes Periódicos quinto y sexto combinados de México, CAT/C/MEX/CO/5-6, 11 de diciembre de 2012. En la misma línea ver el punto 13 de las Observaciones Finales del Comité de Derechos Humanos de Naciones Unidas sobre el quinto informe periódico de México, CCPR/C/MEX/CO/5, 7 de abril de 2010.

judiciales darle relevancia probatoria pese a la prohibición vigente,[122] lo cual contrariaba el artículo 15 de la Convención contra la tortura. En este sentido, en el 2012 el Comité contra la tortura de Naciones Unidas –y reiterado en el 2014 por el Relator Especial Juan Méndez- determinó que ha existido una repetida utilización de actos de tortura en interrogatorios y procesos relativos al crimen organizado, por parte de las autoridades militares y policiales.[123] En esta línea, salta a la vista que pese a la enorme cantidad de denuncias y de ser una práctica generalizada,[124] México ocupa el puesto 58 de 59 países con mayor impunidad, con 98% de delitos impunes[125]. En esta línea, al mes de abril de 2015 solamente existían 15 sentencias por tortura, en contraposición de una cantidad bastante mayor de casos de abuso de autoridad, ejercicio abusivo de las funciones y uso indebido de atribuciones. [126]Lo anterior denota una especial y preocupante impunidad respecto de los responsables de cometer actos de tortura.[127]

Además, se ha determinado que existe evidencia de colusión entre autoridades del Ministerio Público y la fuerza policial en casos de tortura, así como la indiferencia de las autoridades judiciales para investigar casos en esta línea.[128] Otra de las

---

[122] Ver el punto 22 de las Observaciones del Comité Contra La Tortura sobre el cuarto Informe Periódico de México, CAT/C/MEX/CO/4, 6 de febrero de 2007. Reiterado en el punto 15 de las Observaciones del Comité Contra La Tortura sobre sobre los Informes Periódicos quinto y sexto combinados de México, CAT/C/MEX/CO/5-6, 11 de diciembre de 2012.

[123] Ver el punto 10 de las Observaciones del Comité Contra La Tortura sobre los Informes Periódicos quinto y sexto combinados de México, CAT/C/MEX/CO/5-6, 11 de diciembre de 2012. En el mismo sentido ver Informe del Relator Especial sobre la tortura y otros tratos o penas crueles, inhumanas o degradantes, Juan E. Méndez en su Misión en México del 2014, A/HRC/28/68/Add.3, 29 de diciembre de 2014, párr. 25. *Cfr.* CIDH, *Situación de los derechos humanos en México,* OEA/Ser.L/V/II. Doc. 44/15, (OEA: Washington, 31 diciembre 2015): párr. 214.

[124] Al mes de abril de 2015 existían 2.420 denuncias de tortura, ver: CIDH, *Situación de los derechos...*: párr. 212. Catalogada como "práctica generalizada" por el Relator Especial sobre la tortura y otros tratos o penas crueles, inhumanas o degradantes, Juan E. Méndez en su Misión en México del 2014 en su Informe A/HRC/28/68/Add.3, 29 de diciembre de 2014, párr. 23. *Cfr.* Amnistía Internacional, *Informe Anual 2015/16: La situación de los derechos humanos en el Mundo*, (Autor: Londres, 2016): 302-307, extraído de: https://www.es.amnesty.org/en-que-estamos/informe-anual/ (03 de marzo de 2016).

[125] Consejo de Derechos Humanos, ONU, *Informe de seguimiento del Relator Especial sobre la tortura y otros tratos o penas crueles, inhumanos o degradantes – México*, A/HRC/34/54/Add.4 (17 de febrero de 2017): párr. 35.

[126] CIDH, *Situación de los derechos...*: párr. 212. *Cfr.* Consejo de Derechos Humanos, ONU, *Informe de seguimiento del...*: párr. 38.

[127] Como ejemplo de ello, dice el Consejo de Derechos Humanos de la ONU: "*la impunidad en delitos de tortura ha sido la actuación del Estado al respecto de la decisión del UNCAT en Octubre de 2015, donde se encontró responsable a México y se concluyó que el Estado incumplió con sus obligaciones respecto de la prohibición de la tortura. El Comité concluyó que hubo violaciones a los artículos 1, 2 (párrafo 1), 12 al 15 y el 22 de la CAT por tortura de cuatro hombres mexicanos a manos de agentes del Ejercito Nacional. El Estado todavía no ha reparado a las víctimas de estos hechos. El Estado solamente inició la averiguación previa en la PGR a partir de la denuncia que presentó la CNDH y no como consecuencia de la recomendación del Comité*". En: Consejo de Derechos Humanos, ONU, *Informe de seguimiento del*...: párr. 36.

[128] Ver el punto 16 de las Observaciones del Comité Contra La Tortura sobre los Informes Periódicos quinto y sexto combinados de México, CAT/C/MEX/CO/5-6, 11 de diciembre de 2012. En la misma línea, ver el punto 13 de las Observaciones del Comité de Derechos Humanos sobre el quinto informe periódico de México, CCPR/C/MEX/CO/5, 7 de abril de 2010; Informe del Relator Especial sobre la tortura y otros tratos o penas

circunstancias que había denotado el Comité contra la tortura, es que el delito era prescriptible, por la aplicación común del Código Penal Federal Mexicano, pese a que es un delito de lesa humanidad.[129]

Ley General para prevenir, investigar y sancionar los delitos de tortura y otros tratos o penas crueles inhumanos o degradantes y otras reformas y derogaciones

El 26 de junio de 2017, día Internacional de las Naciones Unidas en Apoyo de las Víctimas de Tortura, el presidente Enrique Peña Nieto promulgó la *Ley General para prevenir, investigar y sancionar los delitos de tortura y otros tratos o penas crueles inhumanos o degradantes y otras reformas y derogaciones* (en adelante "Ley General contra la tortura"). Lo anterior como producto de un amplio debate que nació desde los colectivos de víctimas, la sociedad civil, universidades y la Comisión Nacional de Derechos Humanos, con el auspicio de organismos internacionales de derechos humanos, principalmente por las visitas del Relator de Derechos Humanos de la ONU en los años 2014 y 2016, producto del caso de los 43 estudiantes desparecidos.[130] Destaca que para la redacción de esta Ley se contó con el apoyo de la Oficina del Alto Comisionado de las Naciones Unidas para los Derechos Humanos, la Oficina de las Naciones Unidas contra la Droga y el Delito en México y la Delegación Regional del Comité Internacional de la Cruz Roja, y de la sociedad civil.[131]

En la nueva Ley se establece su observancia y la prohibición del empleo de la tortura en el territorio mexicano (artículos 1°, 2° y 3°), de forma tal que no existan diferenciaciones en la regulación en los estados. Establece como principios rectores en la materia: 1) el de dignidad humana, 2) debida diligencia, 3) enfoque diferencial, 4) no revictimización, 5) perspectiva de género y 6) transparencia y acceso a la información pública y 7) prohibición absoluta de la tortura de manera estricta, completa, incondicional e imperativa (artículo 6°).

---

crueles, inhumanas o degradantes, Juan E. Méndez en su Misión en México del 2014, A/HRC/28/68/Add.3, 29 de diciembre de 2014, párr. 27.

[129] Ver el punto 16 de las Observaciones del Comité Contra La Tortura sobre el cuarto Informe Periódico de México, CAT/C/MEX/CO/4, 6 de febrero de 2007. Reiterado en el punto 8(d) de las Observaciones del Comité Contra La Tortura sobre los Informes Periódicos quinto y sexto combinados de México, CAT/C/MEX/CO/5-6, 11 de diciembre de 2012.

[130] Consejo de Derechos Humanos, ONU, *Informe de seguimiento del Relator Especial sobre la tortura y otros tratos o penas crueles, inhumanos o degradantes – México*, A/HRC/34/54/Add.4 (17 de febrero de 2017): párrs. 7-8; CIDH, *CIDH saluda avances importantes en materia de tortura en México*, Comunicado de Prensa No. 100/17 (18 de julio de 2017), extraído de: http://www.oas.org/es/cidh/prensa/comunicados/2017/100.asp (16 de febrero de 2018); Amnistía Internacional, *México: La nueva ley contra la tortura, un atisbo de esperanza que debe traducirse en justicia,* (26 de abril de 2017), extraído de: https://www.amnesty.org/es/latest/news/2017/04/mexico-la-nueva-ley-contra-la-tortura-un-atisbo-de-esperanza-que-debe-traducirse-en-justicia/ (consultado el 16 de febrero de 2018) y Animal Político, *Los estados, el foco el combate a la tortura, Animal Político*, extraído de http://www.animalpolitico.com/blogueros-seguridad-180/2017/07/10/los-estados-la-implementacion-la-ley-la-tortura/ (16 de febrero de 2018).

[131] Exposición de motivos de Ley General para prevenir, investigar y sancionar los delitos de tortura y otros tratos o penas crueles inhumanos o degradantes y otras reformas y derogaciones.

El delito de tortura se tipifica en el artículo 24 de la Ley,[132] dispone que es un delito funcional[133] y establece que se debe cometer con alguna finalidad, enumerando seis razones específicas, a saber: 1) obtener información o una confesión, 2) con fines de investigación criminal, 3) como medio intimidatorio, 4) como castigo personal, 5) como medio de coacción o 6) como medida preventiva. A diferencia del tipo penal anterior, se incluye como motivo las razones discriminatorias y deja la cláusula abierta de "o cualquier otro fin", por lo que se afirma que es *numerus apertus*. A su vez establece tres conductas típicas que se consideraran tortura, a saber: 1) causar dolor o sufrimiento físico o psíquico a una persona; 2) realizar una conducta tendente o capaz de disminuir o anular la personalidad de la víctima, aunque no causara su dolor o sufrimiento físico o psíquico y 3) realizar procedimientos médicos o científicos en una persona sin su consentimiento o sin el consentimiento de quien legalmente pudiera otorgarlo.

En el artículo 25 de la Ley se hace una extensión del tipo funcional para los particulares, siempre y cuando se cumplan con las siguientes condiciones: 1) que las conductas descritas en el párrafo anterior se realicen con la autorización, el apoyo o la aquiescencia de un Servidor Público o 2) con cualquier grado de autoría o participación, intervenga en la comisión de las conductas descritas supra.

En el primer supuesto fáctico, se habla técnicamente en la doctrina de comunicabilidad de las circunstancias personales o principio de unidad del título de imputación, siempre y cuando el autor funcionario público, es decir, el *intraneus*,[134] o, de acuerdo con otros autores, al ser un delito de infracción de deber de una autoridad, siempre constituiría tortura no importa la participación del *intraneus*[135]. Interesante resulta el segundo supuesto, pues en dicho caso parecería a primera vista que se extiende el tipo penal de tortura para los particulares, sin embargo, la cláusula "intervenga" hace suponer que primero debe constituirse el delito de tortura en su concepción funcional, para luego poder admitir la autoría o participación de un particular, lo cual es una extensión que se admite desde la misma doctrina como se expuso en la primera parte de este párrafo, pero que por principio de estricta legalidad, se considera adecuado incluirlo de forma expresa, para que no quede al arbitrio de la interpretación doctrinaria.

Es de resaltar que el nuevo tipo no incluye la palabra "graves" para graduar los sufrimientos o dolores infligidos. Sin embargo, a diferencia del Proyecto presentado por el Ejecutivo, que en el artículo 17 disponía expresamente que la intensidad de

---

[132] Textualmente estipula: "*Comete el delito de tortura el Servidor Público que, con el fin de obtener información o una confesión, con fines de investigación criminal, como medio intimidatorio, como castigo personal, como medio de coacción, como medida preventiva, o por razones basadas en discriminación, o con cualquier otro fin: I. Cause dolor o sufrimiento físico o psíquico a una persona; II. Cometa una conducta que sea tendente o capaz de disminuir o anular la personalidad de la Víctima o su capacidad física o psicológica, aunque no le cause dolor o sufrimiento, o III. Realice procedimientos médicos o científicos en una persona sin su consentimiento o sin el consentimiento de quien legalmente pudiera otorgarlo.*"

[133] En el artículo 5, fracción XVI se define "funcionario público".

[134] Francisco Muñoz Conde, *Teoría General del Delito*, Tercera Ed., (Temis: Colombia, 2016): 193-194.

[135] Enrique Bacigalupo, *Derecho Penal Parte General*, Segunda Ed., (Hammurabi: Argentina, 2014): 513-515.

las penas, dolores o sufrimientos tenían efecto para la individualización de la pena por imponer (juicio de reproche),[136] mas no para subsumirlas en el tipo penal de tortura, en el texto aprobado no se incluye expresamente dicha disposición, pero se entiende al no contenerla en el supuesto fáctico del tipo penal.

El artículo 24 inciso II, dispone lo que se podría conocer como "tortura equiparada,"[137] que transforma el tipo en un delito de peligro concreto, pues penaliza el solo buscar poner en riesgo el bien jurídico tutelado "dignidad humana" aunque no exista resultado, es decir una "pseudo-ofensa". Lo anterior debe ser tratado con sumo cuidado, ya que con la evolución del derecho penal se ha buscado penalizar aquellas conductas materialmente exteriorizadas y que no impliquen una mera reprobabilidad moral, por ello, doctrinalmente, se ha puesto entredicho la viabilidad de los tipos de peligro.[138] Esto es una muestra clara de una ampliación del *ius puniendi* y de un retroceso al derecho penal de autor, pues en el fondo lo que se busca penalizar es al sujeto "torturador", que -aunque no haya causado un resultado (lesión real a la "dignidad humana")- tiene el *animus* de torturar, por ello -de acuerdo con tal inteligencia- debe y merece ser encarcelado por resultar un peligro.

En cuanto a la responsabilidad del superior solamente se incluye en el artículo 13 que indica: "[l]*os superiores jerárquicos serán considerados autores del delito de tortura en los términos de lo previsto en la legislación penal aplicable*." Ello excluye la mención explícita que realizaba el artículo 22 del Proyecto de Ley, el cual establecía que existía responsabilidad penal por la omisión de haber tomado las medidas necesarias para prevenir o impedir que las personas subordinadas inmediatas y bajo su control efectivo cometieran el delito de tortura; dicha exclusión expresa deja sin regulación legal la figura del Derecho Penal Internacional, contenida en el artículo 28 del Estatuto de Roma.

En cuanto a las penas, el artículo 26 dispone prisión de diez a veinte años (un aumento de dos terceras partes de la pena mayor anteriormente vigente) y de 500 a 1000 días multa al servidor público que cometa el tipo de resultado de tortura; la pena será de seis a doce años de prisión y de 300 a 600 días multa al particular que cometa el tipo de peligro de tortura, así como la destitución e inhabilitación para cargos públicos hasta por el mismo tiempo impuesto de prisión, que empieza a correr una vez que se encuentre en libertad.

---

136 Dicho artículo era una pretensión de crear una especie de baremo objetivo para cuantificar dicha intensidad, al disponer que se analizará la frecuencia, la duración y las secuelas físicas y psicológicas, la vulnerabilidad de la víctima, entre otras. Esto constituía un límite a la interpretación judicial, para determinar la pena, durante el juicio de reproche. Asimismo, ponía una limitación al daño psicológico, pues este solo se podía acreditar si existe alguna consecuencia física o existe anulación de la personalidad, ello en claro beneficio de los futuros imputados, al establecer algunas demarcaciones en las cuales se deberán mover las interpretaciones judiciales.

137 Exposición de motivos, *Iniciativa de Ley General de tortura*...: 9.

138 Ver una crítica incisiva al respecto: Zaffaroni, *Manual*...: 370-372. Para un detallado análisis de las posturas dogmáticas al respecto, ver: Claus Roxin, *Derecho Penal, Parte General*, tomo I, (Civitas, S.A.: Madrid, 1997): 60-62. Sobre ello, debe puntualizarse que dicho autor sí admite los delitos de peligro concreto al existir referencia directa a la tutela de un bien jurídico determinado.

Las agravantes del tipo se incluyen en el artículo 27 de la Iniciativa, las cuales son: 1) si la víctima es menor de edad; 2) mujer en estado de embarazo; 3) persona con discapacidad; 4) adulta mayor; 5) si la víctima es sometida a violencia sexual; 6) si es persona migrante, afrodescendiente o por su pertenencia a un pueblo o una comunidad indígena u otro equiparable, cuando ello sea el motivo para cometer el ilícito; 7) la víctima sea periodista o defensora de derechos humanos; 8) por la identidad de género o la orientación sexual de la víctima y 9) si los autores o partícipes cometen el delito con el propósito de ocultar información o impedir que las autoridades competentes tengan conocimiento sobre los hechos que conduzcan a la investigación de otro delito. En tales casos, la pena puede aumentarse hasta en un medio, treinta años de prisión en el caso más grave.

De conformidad con el numeral 28 de la Ley, sería una atenuante del delito de tortura, con una reducción del extremo mínimo de la pena hasta en una tercera parte, sería que el sujeto ayudare en la investigación, con información relevante o elementos de convicción para esclarecer los hechos o identificar a los otros responsables, mientras el imputado no sea reincidente y repare integralmente a la víctima. Pese a lo omiso de la redacción de la norma, deberá interpretarse que sólo será aplicable la atenuante si se trata de la misma gravedad.[139]

En cuanto a las causas de exclusión de la tipicidad, el artículo 9 dispone que la obediencia a órdenes o instrucciones de un superior jerárquico que dispongan, autoricen o alienten la comisión de actos de tortura, no constituye una autorización, ello en atención a la prohibición expresa del artículo 33 del Estatuto de Roma.[140]

En lo referente a las excluyentes de la responsabilidad, el numeral 10 indica que no se pueden invocar circunstancias especiales o situaciones excepcionales, tales como tiempo de guerra, invasión o su peligro inminente, [141] perturbación grave de la paz pública, grave peligro, conflicto armado, inestabilidad política interna o la suspensión de derechos y sus garantías.[142] Lo anterior, en concordancia con el artículo 2 de la Convención contra la tortura. Asimismo, se estatuye que los

---

[139] Aunque se aclara que en la motivación que realiza el Ejecutivo al presentar la Iniciativa, expone que es: "*una eficaz colaboración con la persecución de dichos delitos*", ver: Exposición de motivos, *Iniciativa de Ley General de tortura*...:10. Ello no es óbice de que la formulación lingüística es sumamente omisiva y sujeta a interpretaciones muy amplias.

[140] Inclusive incluye una cláusula específica que dice: "[l]*as órdenes de los superiores jerárquicos de cometer el delito de tortura son manifiestamente ilícitas y los subordinados tienen el deber de desobedecerlas y denunciarlas*." Esto implica una prohibición expresa de dichas órdenes y la imposibilidad absoluta de argumentan la exclusión de la culpabilidad por realizar dichas disposiciones.

[141] Esto por cuanto existen algunas teorías que dicen que los derechos fundamentales ceden ante peligros eminentes de la mayoría de la población. Esto podría denominarse como "bushismo", en referencia al expresidente estadounidense George W. Bush, quien autorizó y promovió el uso de la tortura y la privación de otros derechos humanos por el peligro del terrorismo, tesis que resurgen actualmente ante la llamada "amenaza yihadista". Sobre la improcedencia de estas teorías en un Estado respetuoso de los derechos humanos, se recomienda ampliamente: Gustavo Chan-Mora, "«Escenario de la bomba de tiempo a punto de explotar» y otros artilugios para la supresión de los derechos fundamentales", *Revista de Ciencias Penales*, núm. 20, vol. 25, (Universidad de Costa Rica: San José, 2008): 109-113.

[142] Artículo 29, párrafo segundo.

responsables no pueden gozar de inmunidades, indultos, amnistías ni otras figuras (artículo 17), por aplicación del principio de justicia universal.[143]

Es de interés indicar que existe una cláusula de prohibición de entregar, extraditar, expulsar, deportar o devolver personas por parte del Estado mexicano si existe la duda en cuanto a que la persona será sometida a tortura, ello establecido en el artículo 15, lo cual está incluido en el artículo 3 de la Convención contra la tortura.

La Ley tipifica el delito de tratos o penas crueles, inhumanas o degradantes, en el artículo 29.[144] Este resultaría como una especie de delito residual,[145] pues el tipo objetivo requiere de las conductas de vejar, maltratar, degradar, insultar o humillara una persona o grupo de estas con la motivación de intimidar, castigar o para discriminar. En este punto es menester realizar una puntualización, a diferencia de la Propuesta de Ley, en el tipo aprobado es necesario un *dolus specialis*. La pena para este delito será de tres meses a tres años y de hasta 200 días multa, lo cual implica que la multa es potestativa de la persona juzgadora sentenciadora, quien tendrá el límite dicho.

También se crean otros dos tipos penales (delitos vinculados). El primero, artículo 30 de la Ley, refiere al servidor público que injustificadamente se abstuviere de denunciar los delitos *supra* descriptos, en tal caso se impone pena de prisión de tres a seis años y de 250 a 500 días multa. El segundo, numeral 31 de la Ley, sanciona a quien impida el acceso a los lugares de privación de libertad para que se realicen las inspecciones en cuanto a la materia de la Ley, con una pena de 3 a 6 años y 100 a 250 días multa, por no indicarse expresamente, este no sería un delito funcional. Ambos tipos son una forma de combatir la connivencia e impunidad que existe en estos casos. El artículo 32 de la Ley estatuye que se puede imponer al funcionario público las penas conexas de destitución e inhabilitación para el ejercicio de la función pública hasta por el mismo plazo de la pena privativa de libertad impuesta, la cual se contabilizará una vez que haya cumplido con la pena principal.

En cuanto al ejercicio de la acción penal, se dispone que la investigación se realizará de oficio o por instancia de parte (artículo 33) y que es imprescriptible (artículo 8°). Esto último debe tomarse con sumo cuidado, pues la prescripción es resultado de la aplicación de los principios liberales del derecho penal, en donde el sujeto

---

[143] CorteIDH, Caso Barrios Altos c. Perú, Serie C No. 75, Sentencia de Fondo, 14 de marzo de 2001, párrs. 41-44; CorteIDH, Caso Gomes Lund y otros (Guerrilha do Araguaia) c. Brasil, Serie C. No. 219, Sentencia de Excepciones Preliminares, Fondo, Reparaciones y Costas, 24 de noviembre de 2010, párr. 147; CorteIDH, Caso Gelman Vs. Uruguay Serie C No. 221, Sentencia de Fondo y Reparaciones, 24 de febrero de 2011, párr. 195.

[144] Textualmente dispone, en lo de interés: "[a]*l servidor público que en el ejercicio de su encargo, como medio intimidatorio, como castigo o por motivos basados en discriminación, veje, maltrate, degrade, insulte o humille a una persona, se le aplicará una sanción de tres meses a tres años de prisión y hasta doscientos días multa.*"

[145] CECC, Fiscalía c. Kaing Guek Eav alias Duch, Caso 001, Sentencia de Juicio, 26 de julio de 2010, párr. 367; TPIY, Fiscalía c. Cerkez y Kordic, Caso No. 95-14/2, Sentencia de Apelación, 17 de diciembre de 2004, párrafo 1042; TPIY, Fiscalía c. Beara, Caso No. IT-02-57, Sentencia de Juicio, 10 de junio de 2010, párr. 888; TPIR, Fiscalía c. Musema, Caso No. 96-13, Sentencia de Juicio, 27 de enero de 2000, párrs. 230-233; CBH, Fiscalía c. Rasevic y Todovic, Sentencia de Juicio, 28 de febrero de 2008, pág. 50; CBH, Fiscalía c. Damjanovic et al, Sentencia de Juicio, 15 de diciembre de 2006, pág. 23.

represor (el Estado) se encuentra en una amplia ventaja frente al sujeto que sufrirá la sanción penal.[146] Por lo anterior, la desaplicación de un principio general (Capítulo VI, artículo 100 y siguientes del Código Penal Federal) no debe tomarse a la ligera.[147]

Corresponde aclarar que la imprescriptibilidad de los delitos de lesa humanidad y de guerra se fundamenta en el hecho de que en estos casos, generalmente, las autoridades represivas y judiciales no pueden o no pretenden investigar tales hechos, por las circunstancias excepcionales en que suceden (guerras, conmociones internas, períodos dictatoriales o de supresión de garantías y del Estado de Derecho, etc.), ante ello -con el fin de no generar impunidad- se estableció su imprescriptibilidad.[148] Por lo anterior, únicamente cuando un hecho pueda calificarse como de lesa humanidad o de guerra, en el sentido estricto del Estatuto de Roma (principalmente en cuanto a la existencia de los elementos contextuales), es que debe aplicarse tal característica, pues en caso contrario sería atentar contra la seguridad jurídica y los derechos de la persona imputada, al someterla *ad perpetuam* a investigaciones criminales o la amenaza constante de estas.[149]

La Ley General contra la tortura contiene especificaciones en cuanto a la investigación de estos delitos (ver artículo 34 y siguientes de la Ley). Se debe resaltar que la creación de las Fiscalías Especiales (ver artículo 55 y siguientes de la Ley) y que la competencia para la investigación de dichos ilícitos está dispuesta únicamente para autoridades civiles (ver numeral 53 párrafo segundo de la Ley).[150]

---

[146] En este punto, siguiendo las ideas de Zaffaroni, una imprescriptibilidad de la acción puede aumentar la problemática latinoamericana de los presos sin condena o los eternamente perseguidos, pues la prescripción resulta ser un límite del poder punitivo estatal a un ejercicio racionalizado en el tiempo, ver: Zaffaroni, *Manual...*: 687-689. Con una posición diferente, dice Roxin: "*En cambio, es lícito prolongar o suprimir plazos de prescripción que aún no hayan transcurrido totalmente, como se ha hecho en el asesinato (§211) respecto de los delitos de sangre nacionalsocialistas; pues en este caso no entra en juego la idea básica del principio de legalidad: el ciudadano tiene derecho a saber si puede ser castigado y, en su caso, en qué medida, pero el sentido del principio de legalidad no es el de decirle por cuánto tiempo se tendrá que ocultar tras la comisión del hecho, para luego poder reaparecer a salvo. La protección de dicho cálculo no se puede deducir de las raíces del principio de legalidad (nm. 18 ss.), máxime teniendo en cuenta que al margen de ello ya la institución de la interrupción de la prescripción le impide al delincuente la expectativa de un tiempo de prescripción fijado de antemano*". En: Roxin, *Derecho Penal...*: 165.

[147] Es claro que esto se encuentra en la línea de la jurisprudencia de la Corte IDH en cuanto a eliminar barreras procesales para el juzgamiento a lo interno de los Estados de delitos que afectan de manera grave los derechos humanos de las víctimas (ver, *inter alia*, Corte IDH, Caso Favela Nova Brasilia c. Brasil, Serie C No. 333, Sentencia de Excepciones Preliminares, Fondo, Reparaciones y Costas, 16 de febrero de 2017), pero ello no debe verse como una patente de corso para eliminar a diestra y siniestra garantías propias del Derecho Penal Liberal.

[148] Al respecto, ver la excelente exposición de Christine Van den Wyngaert y John Dugard, "Non-applicability of statute of limitations", en Cassese, *The Rome Statute...*: 873-888.

[149] Inclusive a nivel doctrinario no se tiene certeza sobre que dicha característica deba ser adoptada por el derecho interno, al respecto ver: Van den Wyngaert y Dugard, *Non-applicability of...*: 873-888 y Werle, *Tratado...*: 402.

[150] Es menester hacer mención que la Corte IDH ha determinado que esta clase de delitos está vedado para las cortes militares, al respecto indicó: "*tomando en cuenta la naturaleza del crimen y el bien jurídico lesionado, la jurisdicción penal militar no es el fuero competente para investigar y, en su caso, juzgar y sancionar a los*

Asimismo, se reafirman los principios del Protocolo de Estambul,[151] en cuanto a la investigación médico-forense (artículos 36 a 45 de la Ley), entre los que destacan: 1) no revictimización; 2) realización colegiada; 3) protección de las personas menores y derecho a ser acompañados por los padres o tutores; 4) exclusión de interrogatorios sobre la personalidad de la víctima o estigmatice, discrimine o propicien la revictimización; 5) realización en lugares seguros, salubres y que garanticen la privacidad de la víctima, sin replicar el lugar en donde se realizaron los actos de tortura y 6) en presencia únicamente de la persona perita y sus asistentes, solo en casos excepcionales se autorizará el ingreso de protección otros miembros de las Instituciones de Seguridad Pública o Policiales.[152] Resulta de interés que la Ley dispone que las personas privadas deberán ser examinadas para encontrar rastros de tortura (ver artículos 46 y 47 de la Ley).

Especial mención requieren las normas en cuanto a la exclusión de la prueba[153] obtenida por medio de tortura o violación a los derechos humanos, contenido en el artículo 20.A.IX constitucional, que había sido una de las principales críticas a la Iniciativa de Ley presentada por el Ejecutivo.[154] El artículo 50 de la Ley indica que: "[s]*erán excluidas o declaradas nulas, por carecer de valor probatorio, todas las pruebas obtenidas directamente a través de actos de tortura y de cualquier otra violación a derechos humanos o fundamentales, así como las pruebas obtenidas por medios legales pero derivadas de dichos actos*." Ahora bien, dicha formulación excluye aquellas pruebas que fueron obtenidas de forma indirecta por medio de tortura o violaciones a los derechos humanos, como serían las pruebas que se indiquen en una confesión obtenida por tortura, pues directamente se excluiría la confesión, pero no así las pruebas obtenidas de forma indirecta. De todas formas, en caso de duda le corresponde al Ministerio Público probar que el elemento probatorio se obtuvo lícitamente (ver numeral 51 *in fine* de la Ley).

Ahora bien, existe otra crítica en cuanto a la nulidad de las pruebas obtenidas por medio de tortura. Según el artículo 52 de la Ley, una vez que el Juez de Control se

---

autores de violaciones de derechos humanos sino que el procesamiento de los responsables corresponde siempre a la justicia ordinaria". Ver: CorteIDH, Caso Radilla Pacheco c. México, Serie C No. 209, Sentencia de Excepciones Preliminares, Fondo, Reparaciones y Costas, 23 de noviembre de 2009, párr. 272.

[151] Ello en concordancia con lo establecido por el Consejo de Derechos Humanos de la ONU, en el Informe de seguimiento del Relator Especial sobre la tortura y otros tratos o penas crueles, inhumanos o degradantes – México, A/HRC/34/54/Add.4, 17 de febrero de 2017, párrs. 47-52.

[152] Al respecto la PGR en junio de 2015 había promulgado la Protocolo Homologado para la investigación del Delito de Tortura.

[153] Sobre el tema ver: Delgado del Rincón, "La regla de exclusión de la prueba ilícita, excepciones y eficacia", en: *Ciudadanía, derechos políticos y justicia electoral en México: memoria del IV Seminario Internacional del Observatorio Judicial Electoral*, ed. Carlos Baéz Silva y Luis Efrén Ríos Vega, (Marcial Pons: Madrid, 2013): 405-426 y Biblioteca, *La prueba en el sistema acusatorio en México (prueba ilícita; eficacia y valoración)*, (Suprema Corte de Justicia: México, 2015), disponible en: https://www.sitios.scjn.gob.mx/cursoderechopenal/sites/default/files/Lecturas/Ensayo%20LA%20PRUEBA%20EN%20EL%20SISTEMA%20ACUSATORIO%20%28Mag.%20Aguilar%29%20Modulo%20VII.pdf (16 de febrero de 2018).

[154] *Cfr.* Consejo de Derechos Humanos, *Informe de seguimiento del Relator Especial sobre la tortura y otros tratos o penas crueles, inhumanos o degradantes – México*, A/HRC/34/54/Add.4, (ONU: Nueva York, 17 de febrero de 2017): párrs. 61-62.

haya pronunciado en cuanto a la licitud de la prueba sospechada de haberse sido obtenida por tortura, en juicio solamente se podrá alegar su nulidad por tenerse nuevos elementos de que confirmen la obtención por medio de tortura o que no se supiera de forma previa dicha procedencia. En pocas palabras, lo anterior constituye una convalidación del a prueba obtenida por tortura y que no se advirtió en el momento de la investigación.

Esto constituye una relativización inaceptable del principio de exclusión que debe ser absoluto, pues siempre que se llegue a considerar que una prueba fue obtenida por medio de tortura o violación a los derechos humanos, debe ser descartada, no interesa la fase en que se encuentre o que una autoridad jurisdiccional anteriormente haya declarado su licitud, ello por cuanto dichas pruebas son nulas de manera absoluta y de forma imprescriptible. Tanto es así, que una prueba obtenida por tortura u otra violación a los derechos humanos, es motivo suficiente para la nulidad de cualquier acto jurisdiccional, inclusive la sentencia condenatoria, que se haya pronunciado con fundamento, directo o indirecto, en ella. Admitir la mínima posibilidad de convalidar prueba obtenida por tortura o por cualquier otra violación a los derechos humanos, es tolerar de forma indirecta la comisión de dichos actos reprochables.[155]

La Ley contempla la creación de un Registro Nacional, el cual contendrá las estadísticas sobre los hechos denunciados y su investigación (artículo 83). Este incluirá, como mínimo, el lugar, la fecha, circunstancias, técnicas utilizadas, los supuestos responsables, el estado de las investigaciones, la información de la víctima, como su situación jurídica, edad, sexo y otras relevantes (artículo 84). Este estará a cargo de la Procuraduría, órgano fiscal de la República (artículo 85). Esto es resultado de las recomendaciones dadas al Estado mexicano[156] y, en definitiva, será una herramienta importantísima para las personas investigadoras y para la confección de los informes estatales ante los organismos internacionales.

Por último, de interés de esta investigación, el Transitorio Segundo dispone que aquellas personas actualmente sentenciadas con medios probatorios que fueron obtenidos en contravención de la Ley podrán accionar para declarar su nulidad y con ello una nueva sustanciación de sus responsabilidades penales.

Principales conclusiones

A partir de esta batería teorética expuesta podemos afirmar que las recientes modificaciones a la Constitución Política mexicana son un claro avance para cumplir

---

[155] En el mismo sentido, es preocupante la tesis aislada aunque reiterada de la Sala I que dispone: "*la jurisprudencia a que se alude tendrá aplicación siempre que se trate de asuntos en los que, como consecuencia de la tortura, se haya verificado la confesión o cualquier manifestación incriminatoria del inculpado, porque en tal caso, la autoridad jurisdiccional estará obligada a realizar una investigación a fin de determinar si se actualizó o no la tortura y, de corroborarse ésta, deberá ceñirse a los parámetros constitucionales fijados en relación con las reglas de exclusión de las pruebas ilícitas, esto es, que de no acreditarse el señalado supuesto de excepción, el citado criterio jurisprudencial operará en sus términos.*" Tesis 1ª./J.101/2017(10a.), publicada el viernes 24 de noviembre de 2017 a las 10:35 horas en el Semanario Judicial de la Federación.

[156] Ver Recomendación 16 y 19 del Informe de la CIDH, *Situación de los derechos...:* 234.

con sus obligaciones internacionales. Estas reformas plasman a nivel jurídico el compromiso de adecuar el derecho interno, de forma tal, que la comisión de la tortura sea proscripta como práctica estatal, sea por acción u omisión, al no investigar o tolerar dichos actos. Asimismo, la transformación del proceso penal mexicano a los estándares de los derechos humanos, con la incorporación del sistema acusatorio, es una forma de observancia de dicha obligación, al excluir y catalogar como absolutamente nula, cualquier prueba derivada de actos de tortura.[157]

En términos generales, se puede concluir que pese a ser parte del fenómeno de atomización del Derecho Penal,[158] la nueva Ley General contra la tortura cumple con los estándares internacionales y las recomendaciones de los organismos observadores de los derechos humanos. Destaca la pretensión de que sea una norma uniforme para todo el territorio mexicano; la inclusión de pautas de interpretación, por medio de principios generales y la creación de todo un sistema institucional, estatal y federal, para la prevención, vigilancia e investigación de actos de este tipo.

En este sentido, debe tomarse en cuenta los aportes de las ciencias sociales, en búsqueda de una formulación normativa que responda a una "Jurisprudencia social-tecnológica," en términos de Hans Albert. Al respecto se sugiere que deben atacarse aquellos factores que inciden sobre la tortura como acto violento, en especial sobre lo que se denominó sociedad de la obediencia y el ataque a las personas en condición de vulnerabilidad sujetos. Por ello es importante que las personas que se encuentren con poderes situacionales (como investigadoras, policías, militares) sepan que serán responsables, tanto ellas como sus superiores, por los actos que cometan; fomentar en las personas que realicen juicios críticos para que respeten los derechos humanos como máximas de comportamiento y, en especial, hacer de conocimiento público las sanciones y medidas tomadas contra aquellas personas que realicen actos contrarios a la dignidad humana. Sobre estos aspectos, cobra importancia el sistema institucional de prevención de la tortura, como forma de educación en derechos humanos y el Registro de acceso público, a manera de disuasión general (tanto como fin de prevención general negativa y positiva). No obstante, experiencias similares no han dado sus mejores resultados.[159]

Un realce especial, en nuestra opinión, merece la exclusión de la graduación del sufrimiento como uno de los elementos del tipo objetivo del delito de tortura, con ello se evita una averiguación de difícil constatación intersubjetiva, que afecta el principio de adecuada tipificación del acto delictivo.

Ahora bien, esto no implica que la Ley General contra la tortura sea perfecta -como cualquier otra obra humana-, pues deben revisarse varios puntos propuestos y ponderarse adecuadamente los derechos e intereses que se verán afectados. En

---

157 Ver Recomendación 15 del Informe de la CIDH, *Situación de los derechos...:* 233.
158 Pérez-Rivera y Cárdenas Villarello, *Los estados, el foco...*
159 Pérez-Rivera y Cárdenas Villarello, *Los estados, el foco...*

primer lugar, debe analizarse correctamente la imprescriptibilidad aplicada de modo generalizado, pensamos que debería enmarcarse solo para aquellos casos en que concurren circunstancias excepcionales (elementos contextuales) que los transforman de delitos comunes a internacionales o, en la línea de la Corte IDH, en aquellos delitos que impliquen graves violaciones a los derechos humanos.[160]

En segundo lugar, vinculado al anterior, es que las conceptualizaciones más recientes de la tortura la consideran como un delito que puede ser cometido por cualquier sujeto, siempre que este tenga la suficiente capacidad de tener bajo su control a la víctima, de forma similar a como lo haría el Estado, pero en donde no es necesaria la participación (sea en cualquier nivel) de funcionarios públicos. Esto supera la circunscripción de la tortura como delito eminentemente funcional y sería una forma de sancionar la tortura "extraestatal", como aquella cometida por grupos criminales.

Otro aspecto, no menos preocupante, es la cláusula de escape de la convalidación de las pruebas obtenidas por medio de tortura o por violación a los derechos humanos. El hecho de que sea posible que en un juicio no se pueda alegar la nulidad de una prueba obtenida por dichos medios ilegítimos, únicamente en el caso de nuevos hechos o que no se tuviera conocimiento previo del acto de tortura, es una forma de tolerar la utilización de la tortura como medio investigativo. Como punto final, el cual consideramos como el más controversial, proponemos la supresión de las categorías residuales cuando se habla de estos temas. Es decir, si ya se está dando el paso en eliminar la graduación de los sufrimientos de la víctima como elemento del tipo, debería eliminarse el delito de "otros tratos inhumanos", que es residual e inespecífico. La lógica de su existencia anterior se daba por ese elemento de graduación, así -antes- cuando un acto no era "suficientemente" doloroso, se tipificaba como ese tipo residual. Al dejar de existir tal elemento indemostrable intersubjetivamente, parece que lo idóneo sería utilizarlo como parte de la culpabilidad, en el juicio de reproche, aplicando el artículo 17 de la Iniciativa. De tal manera, se eliminan esas posibilidades de concursos aparentes de normas, que en el fondo son formas de evadir la aplicación del delito de tortura.[161]

No podemos dejar de mencionar que estas reformas, las constitucionales y las legales, no serán la panacea para el problema político y social de la tortura en México, no se debería caer en ese *wishful thinking*. Por más que se agraven las penas, que se declare su imprescriptibilidad, se amplíen los tipos, se cree más burocracia, nada sucederá si no existe un verdadero compromiso de todas las personas para eliminar estas prácticas. La confianza no debe estar enteramente en

---

[160] Ver, *inter alia*, Corte IDH, Caso Favela Nova Brasil c. Brasil, Interpretación de Sentencia, Serie C no. 345, Sentencia del 5 de febrero de 2018, párrs. 21-29.

[161] Desde una posición científica ver: "[...] *these findings do not support the distinction between torture and other cruel, inhuman, and degrading treatment made by the Convention Against Torture and Other Cruel, Inhuman, or Degrading Treatment or Punishment.1 Although both types of acts are prohibited by this convention, such a distinction nevertheless reinforces the misconception that cruel, inhuman, and degrading treatment causes less harm and might therefore be permissible under exceptional circumstances.*" En: Metin Basoglu, Maria Livanou, & Cvetana Crnobaric, *Torture...*: 284.

las normas escritas (*law in books*), se debe invertir en el cambio de mentalidad, por medio de la educación y el compromiso permanente sin claudicar por el respeto de los Derechos Humanos de todos y todas.

Fuentes bibliográficas
Bibliografía

1. Abrams, Houston, Van de Vyver y Vasiljevic, "Equality Hypocrisy, Inconsistency, and Prejudice: The Unequal Application of the Universal Human Right to Equality", *Peace and Conflict: Journal of Peace Psychology*, vol. 21, núm. 1, febrero 2015. http://dx.doi.org/10.1037/pac0000084.
2. Albert, H., *La ciencia del derecho como ciencia real*, trad. de Minor E. Salas, Fontamara: México, 2007.
3. Ambos, K., *Los crímenes del nuevo Derecho Penal Internacional,* Ediciones Jurídicas Gustavo Ibáñez C: Colombia, 2004.
4. ——— *La parte general del Derecho Penal Internacional,* Fundación Konrad Adenauer: Uruguay, 2005.
5. ——— *Los crímenes más graves en el Derecho Penal Internacional,* Instituto Nacional de Ciencias Penales: México, 2005.
6. ——— *Derecho y Proceso Penal Internacional.* Distribuciones Fontamara S.A.: México, 2008.
7. Amnistía Internacional, *Informe Anual 2015/16: La situación de los derechos humanos en el Mundo*, Autor: Inglaterra, 2016, extraído de: https://www.es.amnesty.org/en-que-estamos/informe-anual/ (3 de marzo de 2016).
8. Araya, M. J. y Ulloa, J. A., "¡Tortura en Costa Rica! Algunas reflexiones hermenéuticas en torno a la sentencia N° 2014-007274 de la Sala Constitucional", *Revista Costarricense de Derecho Internacional,* Edición Especial Derecho Penal Internacional, diciembre de 2015, extraído de: http://www.acodicr.org/images/Revista/ediciondpi (9 de enero de 2016).
9. Barra Almagiá, E., *Psicología social*, Universidad de Concepción: Chile, 1998, extraído de: http://www.sibudec.cl/ebook/UDEC_Psicologia_Social.pdf (30 de julio de 2015).
10. Bacigalupo, E. *Derecho Penal, Parte General*, Segunda Ed., Hammurabi: Argentina, 2014.
11. Basoglu, M., Livanou, M. & Crnobaric, C., "Torture vs Other Cruel, Inhuman, and Degrading Treatment: Is the Distinction Real or Apparent?", *Archives of General Psychiatry*, vol. 64, núm. 3, 2007, p. 277-285, doi: 10.1001/archpsyc.64.3.277.
12. Berger, P. y Luckmann, T., *La construcción social de la realidad*, trad. de Silvia Zuleta, Icalma: Argentina, 2001.
13. Biblioteca, *La prueba en el sistema acusatorio en México (prueba ilícita; eficacia y valoración)*, Suprema Corte de Justicia: México, 2015, disponible en:

https://www.sitios.scjn.gob.mx/cursoderechopenal/sites/default/files/Lecturas/Ensayo%20LA%20PRUEBA%20EN%20EL%20SISTEMA%20ACUSATORIO%20%28Mag.%20Aguilar%29%20Modulo%20VII.pdf (16 de febrero de 2018).

14. Cassese, A. (compilador), *The Rome Statute of the International Criminal Court: A commentary*, vol. I, Oxford University Press: EEUU, 2002.
15. Centro por la Justicia y el Derecho Internacional, *La tortura en el derecho internacional, guía de jurisprudencia,* Autor: Argentina, 2009.
16. Chan-Mora, G., "«Escenario de la bomba de tiempo a punto de explotar» y otros artilugios para la supresión de los derechos fundamentales", *Revista de Ciencias Penales,* vol. 20, núm. 25, 2008, pp. 109-113.
17. Chand Vohrah, L. et al (comps.), *Man's Inhumanity to Man*, Kluwer International Law: Países Bajos, 2003.
18. Comisión Interamericana de Derechos Humanos, *CIDH saluda avances importantes en materia de tortura en México*, Comunicado de Prensa no. 100/17 (OEA: Washington, 18 de julio de 2017), extraído de http://www.oas.org/es/cidh/prensa/comunicados/2017/100.asp (16 de febrero de 2018).
19. ——— *Informe sobre Terrorismo y Derechos Humanos,* Autor: EEUU, 2002, extraído de: http://www.cidh.org/Terrorism/Span/indice.htm (consultado el 4 de enero de 2016).
20. ——— *Informe: Hacia el cierre de Guantánamo.* Autor: EEUU, 2015, extraído de: http://www.oas.org/es/cidh/informes/pdfs/Hacia-cierre-Guantanamo.pdf (4 de enero de 2016).
21. ——— *Situación de los derechos humanos en México*. OEA/Ser.L/V/II. Doc. 44/15, Autor: EEUU, 2016, extraído de: http://www.oas.org/es/cidh/informes/pdfs/Mexico2016-es.pdf (3 de marzo de 2016).
22. Comisión Preparatoria de la Corte Penal Internacional, Grupo de Trabajo sobre los elementos de los crímenes, *Propuesta presentada por Canadá y Alemania respecto del artículo* 7, ONU: EEUU, 23 de noviembre de 1999.
23. Delgado del Rincón, L., "La regla de exclusión de la prueba ilícita, excepciones y eficacia", en: *Ciudadanía, derechos políticos y justicia electoral en México: memoria del IV Seminario Internacional del Observatorio Judicial Electoral*, ed. Carlos Baéz Silva y Luis Efrén Ríos Vega, Marcial Pons: España, 2013, pp. 405-426.
24. Dondé, J., *Tipos penales en el ámbito internacional,* Instituto Nacional de Ciencias Penales: México, 2012.
25. Christopher Einolf, "The Fall and Rise of Torture: A Comparative and Historical Analysis", *Sociological Theory,* vol. 25, núm 1, junio de 2007, pp. 101-121, doi: 10.1111/j.1467-9558.2007.00300.x.
26. Feierstein, D., *El genocidio como práctica social. Entre el nazismo y la experiencia argentina,* Fondo de Cultura Económica: Argentina, 2007.
27. Haba, E. P., *Tratado Básico de Derechos Humanos con especial referencia al Derecho Constitucional latinoamericano y al Derecho Internacional. Examen Realista Crítico*, tomo I, Editorial Juricentro: Costa Rica, 1986.

28. ——— *Metodología (Realista) del Derecho*, tomo I, Editorial UCR: Costa Rica, 2012.
29. ——— "Puntualizaciones terrenales en torno a las formas de discursear sobre el talismán «derechos humanos»", *Revista Telemática de Filosofía del Derecho*, núm. 16, 2013, pp. 3-81, extraído de: http://www.rtfd.es/n16.html (25 de julio de 2015).
30. International Committee of the Red Cross, *Tackling Torture: Who are the torturers?*, extraído de: https://www.icrc.org/en/document/lutter-contre-la-torture-qui-sont-les-tortionnaires (3 de marzo de 2016).
31. Kenny, Paul D., "The Meaning of Torture", *Polity,* vol. 42, núm. 2, abril de 2010, pp. 131–155, doi: 10.1057/pol.2009.21.
32. Ling Ching Céspedes, R., *Psicología forense: principios fundamentales*, EUNED: Costa Rica, 205.
33. Milgram, S., "Some Conditions of Obedience and Disobedience to Authority", *Human Relations*, vol. 18, núm. 57, 1965, pp. 57-76.
34. Muñoz Conde, F., *Teoría General del Derecho*, Tercera Ed., Temis: Colombia, 2016.
35. Noufouri, H. (comp.), *Tinieblas del crisol de razas,* Editorial Cálamo: Argentina, 1999.
36. Olásolo, H., *Tratado de autoría y participación en Derecho Penal Internacional*, Tirant Lo Blanch: España, 2013.
37. ONU, *Observaciones del Comité Contra la Tortura de Naciones Unidas sobre el cuarto Informe Periódico de México*, CAT/C/MEX/CO/4, Autor: EEUU, 6 de febrero de 2007.
38. ONU, *Observaciones del Comité Contra la Tortura sobre los Informes Periódicos quinto y sexto combinados de México*, CAT/C/MEX/CO/5-6, Autor: EEUU, 11 de diciembre de 2012.
39. ONU, *Observaciones Finales del Comité de Derechos Humanos sobre el quinto informe periódico de México*, CCPR/C/MEX/CO/5, Autor: EEUU, 7 de abril de 2010.
40. ONU, *Informe del Relator Especial sobre la tortura y otros tratos o penas crueles, inhumanas o degradantes de la ONU, Juan E. Méndez en su Misión en México del 2014*, A/HRC/28/68/Add.3, Autor: EEUU, 29 de diciembre de 2014.
41. ONU, *Protocolo de Estambul: Manual para la investigación y documentación eficaces de la tortura y otros tratos o penas crueles, inhumanos o degradantes*, HR/P/PT/8/Rev.1, Autor: EEUU, 9 de agosto de 1999 (rev. 2004).
42. Pérez-Rivera y Cárdenas Villarello, *Los estados, el foco el combate a la tortura*, Animal Político: México, 10 de julio de 2017, extraído de http://www.animalpolitico.com/blogueros-seguridad-180/2017/07/10/los-estados-la-implementacion-la-ley-la-tortura/ (16 de febrero de 2018).
43. Pichardo, M. A., *Perspectiva histórico-psicosocial de la tortura*, Instituto de Salud Mental y Derechos Humanos Ignacio Martín-Baró: México, 2002, extraído de: http://www.corteidh.or.cr/tablas/r26105.pdf (27 de julio de 2015).
44. Pictet, J., *Comentario del artículo 3 común a los Convenios de Ginebra y relativo a la protección de las víctimas de los conflictos armados sin carácter*

internacional, ICRC: Suiza, s.f., extraído de: https://www.icrc.org/spa/resources/documents/misc/5tdmmu.htm (28 de diciembre de 2015).
45. Presidencia de la República, *Iniciativa de decreto por el que se expide la Ley General para prevenir, investigar y sancionar los delitos de tortura y otros tratos o penas crueles inhumanos o degradantes*, Autor: México, 2015, extraído de: http://www.senado.gob.mx/sgsp/gaceta/63/1/2015-12-14-1/assets/documentos/Inic_EJEC_LEY_TORTURA_PENAS_CRUELES.pdf (2 de enero de 2016).
46. Roxin, C., *Derecho Penal: Parte General*, tomo I, Civitas: España, S.A., 1997.
47. Salas, M. E., *Yo me engaño, tú te engañas, él se…* ISOLMA, SA.: Costa Rica, 2011.
48. Werle, G., *Tratado de Derecho Penal Internacional,* Tirant lo Blanch: España, 2011.
49. Zaffaroni, R. E., *Manual de Derecho Penal,* Ediar: Argentina, 2005.
50. Zimbardo, P., *El efecto Lucifer: el porqué de la maldad*. PAIDOS IBERICA: España, 2008.

FSC
www.fsc.org
MIX
Papier | Fördert gute Waldnutzung
FSC® C083411

Kolibri 360 GmbH
Ferdinand-Jühlke-Straße 7
99095 Erfurt, Deutschland
produktsicherheit@kolibri360.de

Druck:
CPI Druckdienstleistungen GmbH
im Auftrag der
Kolibri 360 GmbH
Ferdinand-Jühlke-Str. 7
99095 Erfurt